사마천, 애덤스미스의 뺨을 치다

21세기역사오디세이 ❶

오귀환 지음

한겨레출판

일러두기

1. 한글 전용 표기를 원칙으로 하되, 독자가 오해할 우려가 있거나 독자의 이해를 돕기 위해 필요하다고 판단된 경우 ( ) 안에 한자를 병기했다.

2. 외래어표기법에 의해 현재 쓰이지 않는 중국의 인명·지명 등 고유명사는 한국 한자음으로 표기했으며, 현재 지명과 동일한 것은 중국어 표기법에 따라 표기하되, 필요한 경우 한자를 병기했다. 단 신해혁명 이후 활발히 활동한 중국인은 가급적 현지음으로 표기했다.
예) 루허우성〔劉厚生〕, 쑨진지〔孫進己〕

3. 온+오프 항해지도에는 더 읽을 만한 자료들을 소개했고, 사진의 경우 맨 뒤에 사진 출처를 밝혔다.

4. 거리, 길이와 같은 도량 표기는 미터법을 기준으로 표기했다.

고난은 인간을 키운다

나는 인생에서 처음으로 고난을 겪고서야 산을 찾고 역사책을 뒤지기 시작했다. 그 결과 한 가지를 깨닫게 됐다. '인간은 고난 없이는 성공하지 못한다.'

5000년 인류 역사에 아로새겨진 인물들을 되짚어보며 그 생각은 더욱 깊어졌다. 역사 속에서는 아무리 잘난 인간이라도 고난을 겪고서야 비로소 좀 더 큰일을 이루게 되는 경우가 한둘이 아니었다. 구약성서에 등장하는, 4000년 전 이집트 사람들과 이스라엘 사람들을 7년간 연속되는 기근의 대재앙에서 구한 요셉의 경우(〈요셉, 인류 최초의 재테크〉 편)를 보자. 자신을 시기하는 형제의 손에 의해 웅덩이에 던져지고, 또다시 이집트에 노예로 팔려가고, 다시 자신을 유혹하려다 실패한 여주인의 모함을 받아 감옥에까지 갇힌다. 끝내 그를 훨씬 더 성숙케 하고 남을 위해 훨씬 더 큰일을 할 수 있도록 이끈 것은 무엇이었던가? 아비의 편애였던가? 그가 잘났기 때문이었던가? 아니다. 오직 모든 고난과 억울함을 묵묵히 이겨낸 뒤에야 그는 온 세상을 구원하는 큰 지혜를 발휘하기 시작한다.

손빈(제2권 수록 예정)의 경우는 또 어떤가? 전국시대 병법의 대가 손빈은 스승 귀곡선사의 제자 가운데 가장 뛰어난 제자였다. 하지만 손빈은 질투와 시기의 힘, 세상 사악함의 파괴력을 충분히 알지 못하고 있었다. 그는 같은 문하 출신으로 먼저 위나라에 출사해 대장군까지 오른 방연의 초빙에 응했다가 그의 간계에 말려버린다. 무릎이 잘린 채 돼지우리에 돼지처럼 갇히게 된다. 이 처참한 지옥도에서 손빈은 자신의 최대능력인 지혜를 발휘해 제나라로 탈출하는 데 성공한다. 그 13년 뒤 손빈은 제나라 군대의 군사(전략참모)로서 위나라 군대를 공격해 결국 방연을 고슴도치처럼 화살세례를 받아 죽게 만든다(생포설도 있다). 손빈은 처절한 고난을 겪은 뒤에야 진정한 제1인자가 됐던 것이다.

이쯤 되면 이렇게 표현해도 될지 모르겠다.

'그러므로 고난은 곧 축복이다.'

역사는 항상 대가를 요구하고 있었다. 심지어 주인공의 목숨마저 요구했다.

전국시대 말기, 조나라에 인질로 온 진나라 왕자에게 전 재산을 투자한 여불위(〈돈과 권력을 모두 얻은 여불위와 범려〉 편)는 대성공을 거둔다. 진나라 왕자는 자신의 공작대로 진나라 왕이 됐다. 그뿐인가? 이미 자신의 아들을 잉태한 무희마저 그 진나라 왕자의 비로 들여보낸다. 그는 일개 상인에서 전국통일을 눈앞에 둔 최강대국 진나라 승상의 자리까지 오른다. 또한 사실상 자신의 아들인 진시황이 왕위에 오르는 감격까지 맛본다. 그러나 그도 결국 출생을 둘러싼 소문을 잠재우려는 진왕의 의지에 따라 마침내 몰락하고 만다. 아들인 진왕을 위한 마지막 사랑이었을까? 그는 하나뿐인 목숨마저 던져야 했다. 인질로 온 진나라 왕자에게 투자하지 않았다면, 사랑하는 무희를 그 인질 왕자에게 들여보내지 않았다면, 진나라의 승상 자리까지 욕심내지 않았더라면, 승상 자리에서 좀더 일찍 물러나 낙향생활을 했더라면……. 역사는 필연의 과정을 거쳐 그를 자살로 내몰아가고 있었다.

링컨(제2권 수록 예정)의 경우도 한번 살펴보자. 미국의 남북전쟁에서 승리하고, 흑인노예도 해방시키고, 저 유명한 '인민에 의한, 인민을 위한, 인민의 민주주의' 라는 명연설로 지금껏 회자되는 그는 19세기 역사에서 가장 큰 성공을 거둔 사람 가운데 하나다. 초등학교 1학년이 학력의 전부인 그는 온갖 실패의 경험을 딛고 미국은 물론 세계사의 스타가 되었다. 그러나 그 완전한 승리와 성공의 순간 암살당하고 만다. 후세에 역사상 가장 존경받는 미국 대통령으로 기록되지만, 그는 남북전쟁에서 승리한 지 1주일도 채 안 되어 그렇게 자신의 목숨을 성공을 위한 대가로 바쳐야 했다.

행복은 어디 있는가? 무엇이 인간을 기쁨으로 채워주는가?

권세에 있지도 않았다. 정복에 있지도 않았다. 세상을 떡 주무르듯 흔들어대던 로스차일드 가문(〈다섯 발의 화살, 유럽에 명중하다〉 편)의 돈에 있지도 않았다. 나라 안팎에서 골라 화려하게 치장한 솔로몬의 아름다운 여인들에게도 있지 않았다. 고대 세계 최대의 정복자 알렉산더는 그 넓은 땅덩어리를 정복하고도 자신과 자식의 목숨 하나 제대로 간수하지 못한 채 30대의 젊디젊은 나이로 죽어갔고, 탐하는 대로 여인을 취해본 솔로몬도 끝내 "헛되고 헛되고 헛되며 헛되니, 모든 것이 헛되도다"라고 탄식해야만 했다.

행복은 가까운 곳, 낮은 데 있었다.

"사방 백 리 안에 굶어 죽는 사람이 없게 하라." 작은 나라 조선의 경상도 지방에 사랑과 사람다운 삶을 심어 300년을 전해온 경주 최 부잣집(〈백 리 안에 굶는 이가 없게 하라〉 편)의 마음 같은 것이 곧 행복이었다. 가난한 사람 가운데서도 가장 가난한 이를 섬긴 마더 테레사(제2권 수록 예정)만이 종교의 차이를 넘어 힌두교도의 진정한 존경을 받았다. 그는 그렇게 참된 행복의 의미를 세상에 전했다. 바로 이렇게 남을 섬기는 마음이 있었기에 몽골 재상 야율초재(〈140만 목숨을 구한 생명의 수호자, 야율초재〉 편)는 그 학살과 살육의 시대에 죽음을 무릅쓰고 카이펑(開封) 백성 140만 명을 살리는 구명운동을 벌인 것이 아닌가? 역사 속에서, 행복은 이기심의 굴레를 벗을 때 시작되고 남과 함께 살아갈 때 그 열매를 맺고 있었다.

슬픔도 힘이다. 놀랍게도 슬픔도 패배도 역사의 수레바퀴를 굴리는 원동력이 되고 있었다.

고대 로마 검투사의 반란을 일으킨 스파르타쿠스(제2권 수록 예정)는 패배했지만 죽지 않았다. 그에게 군사적 승리를 거둔 크라수스는 성공하려는 자들의 참고인물 정도로 박제화됐지만, 그는 훨씬 더 많은 사람들이 2000여 년 이상 자신의 뜻을 이어나가도록 이끌고 있다. 압제와 착취에 시달리는 모든 세대, 모든 이들의 희망이 된 것이다. 어찌 슬픔과 패배가 역사를 만들지 못한다고 할 수 있단 말인가?

유관순(〈한민족의 영원한 잔 다르크〉 편)도 바로 이런 슬픔의 힘으로 한민족의 별이 되고, 제갈량(제2권 수록 예정)도 이룰 수 없었던 천하통일의 슬픔 때문에 오늘날에도 여전히 민중의 사랑을 받고 있지 않은가?

그리하여 간디(제2권 수록 예정)는 이렇게 말한다. "절망할 때가 찾아오면 역사를 통해서 진리와 사랑이 승리한 순간을 기억해내지. 독재자와 살인자는 절대 무너질 것 같지 않지만, 결국 늘 몰락하고 말았어. 항상 그걸 생각해보며 힘을 얻지."

무엇이 가장 의미 있고 오래 지속되는 것일까? 역사는 자신만의 해답을 내놓고 있었다. 신과 문자와 인구 그리고 그것을 종합해서 후대에 이어주는 교육이었다. 놀랍게도 모두 물질적인 것이 아니었다. 어느 인간 집단도 이 네 가지 가운데 하나만 제대로 가지고 있어도 살아남을 수 있었다. 상황에 따라선 세상의 패권까지 움켜쥘 수 있었다.

이스라엘 민족을 보면 이 요소들의 변증법을 가장 잘 이해할 수 있다. 그들은 가장 일찍 신의 존재와 가치를 제대로 안 족속 가운데 하나였다. 무엇보다 신과 자신들의 관계에 대해 기록해서 전승시킬 수 있는 문자를 가지고 있었다. 모세 5경 등 유대교의 경전과 탈무드 등의 가르침을 자신들의 히브리어 문자로 기록했다. 문자는 곧 교육체계로 이어진다. 랍비 요한나 벤 자카이는 로마군에게 유대 지역이 정복돼 깡그리 파괴될 때 오직 대학이 있는 유대교 교육도시 야브네만은 살려냈다. 나아가 이스라엘 민족은 인구라는 성장 엔진을 가장 먼저 가동시킨 족속이기도 하다. 요셉의 시대 이집트로 들어간 이스라엘 12지파 선조 70여 명이 불과 수백 년 만에 200만 명 규모로 확대되고 있다. 부부가 사랑하고 생육하는 것을 종교적으로 찬양하고 권장했기 때문이다. 그러나 그 독선적인 교리와 선민의식은 이웃의 반발과 혐오를 불러오고, 이슬람교의 탄압과 히틀러의 유대인 학살 같은 비극까지 겹쳐 이 인구라는 요소에 결정적인 타격을 입게 된다. 인구라는 성장 엔진은 이웃과 함께 사는 마음이 없인 제대로 가동되지 않는다는 것을 보여준 사례가 아닐까?

중국인은 이 가운데 신을 빼고 문자, 교육, 인구로 승부해 나름대로 성공을 거둔 사례라고 할 수 있다. 대영제국은 쇠락했어도 그들의 언어인 영어는 오늘날 세상을 지배하는 패권 문자가 돼 있다. 미국은 외형상 여러 민족을 다 받아들여 그것을 장점으로 승화시켰다. 민족의 용광로이자 문화의 용광로 같은 성격으로 발전의 모티프를 잡은 것이다. 이제 이 모든 주역들은 교육에서 진정한 승리를 이루기 위해 치열한 각축을 벌이고 있다. (이 부분은 또 하나의 주요 주제이기도 하다.)

달리는 말에 올라 산을 본 느낌이 바로 이런 것일까? 장님이 코끼리를 만지는 식으로, 전문가도 아니면서 자판을 두드렸다는 하염없는 부끄러움만 남는다. 2004년 1월부터 2005년 3월까지 〈한겨레21〉에 '오귀환의 디지털 사기열전' 이라는 이름으로 장기연재를 한 결과물을 감히 출판 계약을 하고 말았다. 모두 두 권으로 나올 예정인데, 그 1권이 바로 이 책 『사마천, 애덤 스미스의 뺨을 치다』이다. 깊은 부끄러움 속에서도 감히 책을 내게 했던 힘은 무엇이었을까? 잘 생각해보면, 그저 젊은 세대들에게 모자란 사람의 한마디를 하고 싶기 때문이 아니었을까 싶다.

"앞으로 자네들이 세상을 살아가노라면 어쩔 수 없이 고난이나 어려움과 맞닥뜨리게 될 거야. 선배나 친구의 조언도 좋지만, 깊은 밤 홀로 역사 인물의 이야기를 한번 읽어보시게나. 혼자 있어야 그 죽은 자가 다시 살아나 나와 대화할 수 있거든. 그리고 사람이 혼자 울어야 진정 슬픔의 힘을 깨닫게 될 때도 있거든. 또 가능하다면 언제 산에 올라 바다를 한번 바라보시게. 깊게 심호흡을 하고, 한번 크게 외쳐 보시게나. '바다야, 내가 간다! 세상아, 우리가 간다!' "

젊은 세대뿐 아니라 다른 세대 분들에게도, 요즘이 워낙 바쁜 시대인 만큼 수백 페이지가 넘는 역사 인물의 이야기를 간략하게나마 담아준 책이 필요하지 않을까 하는 기대도 내 마음을 움직였던 게 아닌가 싶다. 하지만 역시 모자라고도 모자란 글인지라 다시금 부끄러울 뿐이다.

그동안 모자란 글을 위해 소중한 지면을 내주신 〈한겨레21〉과 그 관계자 여러분, 그리고 무엇보다 시간과 노력을 아끼지 않으시고 글 가운데 잘못된 부분을 지적하고 가르쳐주신 분들께 깊이 감사드린다. 아울러 이렇게 책으로 만들 수 있도록 결단해준 한겨레신문사 출판사업단의 관계자 여러분께도 깊이 감사드린다.

2005년 5월 오귀환

차례

머리말 5

새로운 역사, 고구려

천상천하 중화독존! 18
중국은 이념의 만리장성을 쌓고 있는가

중국 역사전쟁, '악비의 벽'에 부닥치다 32
중국 중앙권력의 자의적인 역사 해석, 그리고 민중의 반발

동명성왕, 개척 정신으로 고구려를 세우다 44
기존 시스템을 거부하고 벤처창업을 주도한 주몽

국강상광개토경평안호태왕 57
한반도 역사상 가장 광대한 땅을 정복한 광개토대왕의 부활

바다의 지배자

정화, 아메리카를 발견하다 74
콜럼버스보다 71년 앞서 아메리카를 찾은, 3000개 나라 10만 리를 누빈 대항해

정화 함대의 기록을 불태워라 90
1000년 동안의 중국 역사에서 가장 비극적인 사건

장보고, 해양왕국을 꿈꾸다 100
청해진을 세계적인 국제 무역항으로 만든, 그 지칠 줄 모르는 벤처정신

운명을 바꾼 도박

140만 목숨을 구한 생명의 수호자, 야율초재 114
몽골제국의 대재상, 몽골군의 대학살에서 카이펑 백성 140만 명을 구하다

도쿠가와 이에야스, '인내'를 무기로 천하를 얻다 126
일본적 경쟁력의 뿌리, 근세 일본의 기초를 닦은 '고난의 영웅'

이순신, 내부의 적과 싸우다 138
모함과 투옥, 그러나 부정부패와 끝까지 타협하지 않은 영웅

울돌목에서 불가능의 목을 치다 148
궤멸한 조선 수군을 맨손으로 일으켜 명량해전을 승리로 이끌다

인류 최고의 경영자

요셉, 인류 최초의 재테크 160
구약성서 고난의 주인공, 신의 은총을 받아 경영자로 부활하다

경영학원론, 석가의 가르침 172
'주식회사 불교'는 어떻게 2600여 년을 살아남았나

마호메트, 독자적인 이슬람교의 근원 183
1400년 전 이슬람을 일으켰던 세계사적 모래폭풍, 한반도에 몰아닥친 것인가

부자의 철학

사마천, 애덤 스미스의 뺨을 치다 196
오늘날 되살아나는 「화식열전」의 놀라운 부의 철학

노예들의 유통 프랜차이즈 208
「화식열전」에 나타난 주인공들의 흥미로운 재테크

돈과 권력을 모두 얻은 여불위와 범려 220
거부를 이룬 뒤 권력 추구에 성공한 여불위, 대정치가였다가 상인으로 변신한 범려

명가문의 조건

다섯 발의 화살, 유럽에 명중하다 236
창업자 마이어 암셀로부터 8대째 내려오는 로스차일드 가문은 어떻게 부와 명성을 쌓았나

엘리자베스, 비밀의 열쇠를 찾아라 249
영국 왕가는 '군주들의 무덤'인 20세기에 어떻게 살아남았나

영원에 도전한 '오씨' 가문 262
왕조의 몰락과 참극 속에서도 살아남아 전 세계로 퍼져나간 영원한 가문

백 리 안에 굶는 이가 없게 하라 274
'조선의 노블레스 오블리주' 최 부잣집 300년의 비밀

당신도 고구려인일 수 있다 288
당나라 · 통일신라 · 일본 · 돌궐 등 각지로 흩어진 고구려인

화폐여성인물의 후보

난세를 치유한 한민족 최초의 여왕 302
화폐인물 여성 후보 1위 선덕여왕, 삼국통일의 기초를 닦다

그를 '현모양처'에 가두지 말라 315
화폐인물 여성 후보 2위 신사임당, 남성중심주의 공박한 조선시대의 대표적 예술가

한민족의 영원한 잔 다르크 326
화폐인물 여성 후보 3위 유관순, 어떤 남성 위인에도 뒤지지 않는 용기

온+오프 항해지도 338
더 읽을 만한 자료들

사진 출처 348

새로운 역사, 고구려

천상천하 중화독존! **중국은 이념의 만리장성을 쌓고 있는가**

중국 역사전쟁, '악비의 벽'에 부닥치다 **중국 중앙권력의 자의적인 역사 해석, 그리고 민중의 반발**

동명성왕, 개척 정신으로 고구려를 세우다 **기존 시스템을 거부하고 벤처창업을 주도한 주몽**

국강상광개토경평안호태왕 **한반도 역사상 가장 광대한 땅을 정복한 광개토대왕의 부활**

천상천하 중화독존!

중국은 이념의 만리장성을 쌓고 있는가

그 뒤 청조 통치자들은 이 세계적 대변화를 받아들이지 않았다. 자기가 크다고 착각한 채 스스로를 닫아버리고 선진 과학기술을 배우는 것을 거절했다. 마침내 100여 년밖에 안 되는 짧은 시기에 서방국가보다 크게 뒤떨어져 서방 열강의 군함과 대포 앞에 놓이는 신세로 전락하고 말았다. 이 역사적 교훈을 절대로 잊지 말자.

– 장쩌민, 중국 공산당 총서기

중국발 역사전쟁

역사전쟁이라는 '괴물'이 아시아를 휩쓸고 있다. 이 괴물은 쇠를 먹으면 한없이 커지는, 전설 속 불가사리처럼 중국을 뒤덮고 이제 그 뒤뚱거리는 거보로 주변 국가들을 뒤흔들기 시작했다.

10여 년 전 티베트를 무대로 서남공정(西南工程: 중국 서남 지방의 역사·지리·민족 문제를 다루는 프로젝트)이라는 역사 프로젝트를 시도하더니 이제는 동북공정(東北工程: 중국 동북 지방의 역사·지리·민족문제를 다루는 프로젝트)이라는 이름으로 고구려를 공격하고 나섰다.

아니, 조금 있으면 고조선과 발해도 괴물의 발자국 아래 무사하지 못할 조짐이다. 과연 누가 이 괴물의 전진을 막을 것인가? 이제 아시

1999년 중국이 건국 50주년 기념으로 발행한 소수민족 특집 우표. 중국은 현존하는 55개 소수민족의 역사를 송두리째 중국 역사로 편입하려 한다.

아는 동쪽 섬나라 일본에 이어 중앙부 대륙의 거대국가로 인해 긴장하고 있다.

중국발 역사전쟁의 논리를 제대로 이해하기 위해선 비슷한 시기에 중국에서 나타난 흐름을 정확하게 포착해야 한다. 왜냐하면 서로 긴밀하게 연결돼 있기 때문이다. 중국 지도부가 아무 의도나 목적 없이 그런 거대 프로젝트를 시도할 리도 없고, 제각각 따로 놀게 할 리도 없다.

중국발 역사전쟁과 비슷한 시기에 나타난 주요한 사회현상 가운데 하나가 '강건성세'(康乾盛世) 열풍이라고 할 수 있다. 1990년대 후반 중국에선 문학 작품과 텔레비전을 통해 대대적으로 한 시기의 역사가 주도면밀하게 주입되었다. 바로 청나라 때 가장 영명한 황제라는 강희제로부터 시작해 옹정제를 거쳐 건륭제에 이르는 청나라의 최전성기인 강건성세가 200여 년 만에 되살아나 중국 사회를 뒤흔들었던 것이다. 강희·옹정·건륭의 세 황제 시대를 주제로 한, 작가 이월하의 대하 역사소설 『제왕 3부곡』이 무려 4억 권이나 팔리는 슈퍼 베스트셀러가 되었다. 대학은 대학대로 갑자기 청나라와 세 황제에 대한 연구를 봇물 터지듯 쏟아내기 시작했다. 중국 최고 실력자 장쩌민 공산당 총서기가 현대화에 박차를 가하기 위해 강건성세의 역사적 교훈을 강조하는 동안, 다른 한편에선 주룽지 총리가 각 대학의 강건성세 관련 행사에 참석해 축사를 하기에 바빴다.

왜 중국은 21세기 개막을 눈앞에 둔 이 시기에 1661년에서 1799년에 이르는 138년의 과거사에 이토록 집착한 것일까? 왜 그들이 자랑하는 '중국 상하(上下) 5천 년 역사' 가운데 유독 이 시기를 지목해 국가 최고 지도부까지 나서 총력적인 이념사업을 펼친 것일까?

중국이 강건성세를 주목하는 이유

중국의 역사가들이 강건성세에 주목하는 이유를 살펴보자.

첫째, 바로 이 시기에 이른바 '국가 대통일적 국면'을 실현했다는 점을 중국의 역사가들은 강조한다. 오늘날 유지하고 있는 중국의 영토는 사실상 대부분 이때 그 뼈대가 정해졌다는 것이다. 특히 티베트의 달라이 라마 5세가 강희제의 아버지인 순치제 때 입조한 뒤 이 시기에 티베트가 중국의 영향권에 안정적으로 들어온 사실을 빼놓지 않는다. 이때부터 티베트는 중국에선 '시짱'〔西藏〕으로 불리기 시작해 지금도 '시짱 자치구' 라는 공식적인 행정명을 가지고 있다.

둘째, 이때 중국의 인구가 3억을 돌파했다는 것이다. 역사상 남송 소희황제 시대에 처음으로 1억 명에 도달한 이후 이 시기에 이르러 처음으로 인구 3억 고지를 돌파했다는 점을 강조한다. 정치적 안정과 경제 발전에 힘입어 중국의 인구가 비약적인 성장세에 돌입했다는 것이다.

셋째, 이 시기 황제들이 만주족이라는 소수민족 출신인데도 불구하고 '대중국' 의 관념을 관철시키고 있었다고 파악한다. 실제로 만주족과 한족의 융합과 화해를 상징하는 초대형 음식인 만한전석(滿漢全席)이 탄생한 것이 바로 이 시기다. '통일중국 군림천하' 를 선언한 것도 바로 이 시기의 황제 옹정제이다.

이 세 요소를 종합하면 이런 그림이 나온다. 강건성세는 바로 오늘날 중국의 영토를 사실상 결정한 시기일 뿐만 아니라 현재 중국이 세계 속에서 가장 강력한 경쟁력으로 자랑하는 '인구' 라는 엔진을 확실하게 작동하기 시작한 시기다. 그리고 무엇보다도 현재 중국 지도부가 최우선적인 국가 통합 이데올로기로 내세우는 '통일

고구려사가 중국사라면 고구려 무용총을 표지로 다룬 한국의 국사 교과서는 바뀌어야 할까?

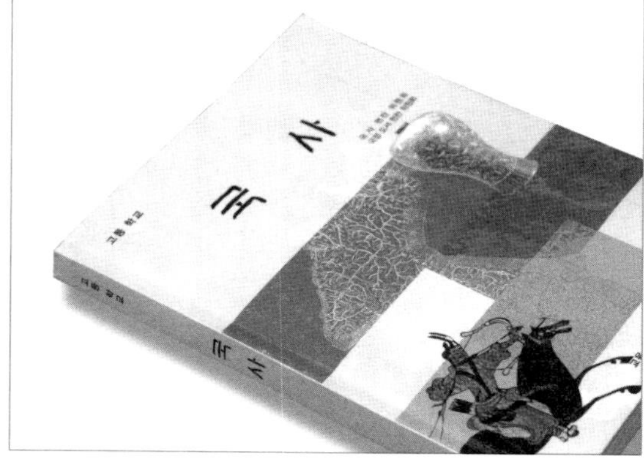

적 다민족국가'를 실현한 시기이기도 하다. '영토'와 '인구'와 '국가 이데올로기'의 삼박자가 들어맞는 이 절묘한 시대를 대상으로 중국 지도부가 의도적인 이념사업을 벌인 것이다.

중국 인민들이 소설과 텔레비전 드라마를 통해 강건성세에 빠져 있을 동안 다른 한편으로 역사학계에선 역사전쟁이 착착 진행되고 있었다. 이 전쟁의 기본 전략은 중국 최고 지도부로부터 비롯됐다. 2004년 가을, 충분히 검증되지는 않았지만, 중국발 역사전쟁의 동북지구판인 동북공정이 중국의 새로운 최고 권력자로 등장한 후진타오 국가 주석의 승인으로 시작됐다는 일부 보도는 대단히 주목할 만하다. 중국의 관영 신문 〈흑하일보〉는 2003년 8월 6일자에서 이렇게 보도했다.

"중국 사회과학원이 추진 중인 동북공정은 후진타오 국가 주석 등 중국 최고위층의 승인과 비준 아래 진행되고 있다."

후진타오는 중국 제4세대 지도자로 분류된다. 전후 신세대로서 실용주의적이라는 인상을 풍긴다. 그러나 그가 여러 경쟁자 가운데서 발탁된 것은 바로 시짱 자치구 당서기로 근무하고 있을 때 보여준 단호한 소수민족 탄압정책이 점수를 땄기 때문이라는 분석을 놓치지 말아야 한다. 1989년 티베트에서 반중국 폭동이 벌어지자 그는 계엄령을 선포했다. 그리고 현장에 헬멧을 쓰고 출동해 폭동을 무력으로 진압하는 데 앞장섰다. 중국의 원로 지도자들은 결정적으로 이 사건을 계기로 후진타오를 지지하는 분위기로 바뀌었다. 그런 후진타오가 동북공정을 승인했다? 그럼 이건 보통 일이 아니다.

이런 최고위층의 전략에 따라 구체적인 동북공정 전술을 철저히 수행하고 있는 사람들이, 국내에서도 점차 유명해지고 있는 쑨진지〔孫進己〕-쑨홍〔孫泓〕 부녀, 마다정〔馬大正〕, 리성〔勵聲〕, 리궈창〔李國

强〕, 양바오룽〔楊保隆〕 등의 역사학자다. 그들의 기본 전술은 "현재 중국 판도 위에서 일어난 모든 역사는 중국사에 귀속된다"는 고위금용(古爲今用)의 이론체계다. 현재의 국경을 기준으로 그 안에서 일어났던 모든 민족과 국가, 문명의 역사는 모두 중국사라고 규정해버리는 식이다. 바로 '이념의 만리장성' 을 쌓고 모든 민족의 독자성과 독립성을 가둬버리는 것이다. 이 논리대로라면 현재 중국에 존재하는 약 55개 소수민족의 역사가 송두리째 중국 역사로 편입된다.

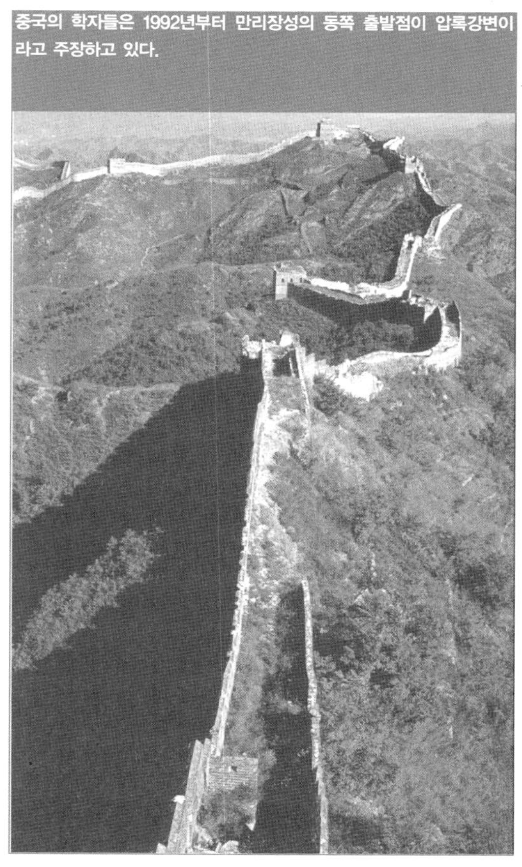
중국의 학자들은 1992년부터 만리장성의 동쪽 출발점이 압록강변이라고 주장하고 있다.

이 이론체계는 근본적으로 연역법적일 수밖에 없다. 결론을 미리 만들어놓고 역으로 그것을 실증하기 위한 사례를 수집해 정리하는 식이다. 중국의 학자들이 지난 1992년 "만리장성의 출발점은 랴오닝〔遼寧〕 성 단둥〔丹東〕 시의 압록강변"이라고 주장하고 나선 것도 이런 의도와 밀접한 관련을 맺는다. 그것은 중국 세력이 이미 춘추전국시대에 압록강까지 진출했다고 주장하는 것과 마찬가지이기 때문이다. 나아가 우리가 전혀 신경 쓰지도 않고 있는 사이 중국이 동명성왕부터 보장왕까지 역대 고구려 왕의 초상을 현대적 필치로나마 그려낸 것도 이런 논법과 무관하지 않다. 중국은 성병예라는 화가

가 그린 고구려 역대 왕의 상상화를 지안〔集安〕박물관에 대대적으로 배치하기 시작했다. 바로 고구려 왕들이 한민족이 아니라는 강한 암시인 셈이다. 광개토대왕 등의 '중국인 캐릭터화' 라고 할 수 있다.

이념의 만리장성

역사전쟁의 포탄이 '고구려' 에서 터진 배경은 무엇일까? 그것은 한반도에서 뿜어져 나오는 경제적·정치적·군사적 다이너미즘 때문이다. 한반도의 다이너미즘이 중국 지도부와 역사가들을 자극해 아직 장성을 채 완성하기도 전에 전투에 돌입하도록 만든 셈이다.

> 조한(朝韓: 북한과 남한) 학자들은 고구려와 지금 조선반도의 승계 관계들을 제멋대로 선전하고 고구려가 생활하던 지구를 그들의 고토라 하고, 중국의 동북지구에 대한 역사주권을 극력 부정한다. '만주는 자고로 우리 선조들의 땅' 이고, '장백산은 우리 조상의 성산이다' 라고 헛소리를 하고 있으며, 공공연히 북방영토를 수복하자는 의견을 (국회에까지) 제출하고 있다.
>
> – 동북사범대학 류허우성〔劉厚生〕교수

중국이 북한의 신의주 경제특구 계획에 대해 기술적으로 제동을 걸고 나선 것도 이런 역사전쟁과 관련이 있다는 분석도 가능하다. 역사전쟁에 나타난 중국의 논리대로라면, 적어도 신의주 경제특구에 대해선 자신들의 지배적 관련성이 확보돼야만 한다. 그렇지 않다면 중국은 계속 방해하거나 저지할 가능성이 높다.

당연히 이 '이념의 만리장성' 은 한민족(조선족)과 충돌할 수밖에 없는 만주 지역(동북 지역)에만 쌓이는 것이 아니다. 장성의 밖과 안에 있는 잠재적 강대 세력이나 분리독립 세력이 모두 '가상의 적'이 될 수 밖에 없다. 특히 티베트 문제라는 폭탄을 안고 있는 시짱 자치구를 비롯해 이슬람교도인 터키계 민족이 밀집해 있는 신장웨이우얼〔新疆維吾爾〕 자치구, 외몽골이라 부르는 몽골과 붙어 있는 거대한 초원벨트인 네이멍구〔內蒙古〕 자치구 등이 모두 '이념의 만리장성'을 쌓아야 하는 곳이다. 티베트의 경우 그 정신적 지도자 달라이 라마를 중심으로 한 분리독립운동이 반세기 넘게 계속되면서 세계 여론으로부터도 상당한 지원을 받고 있는 형세다. 달라이 라마는 지금도 세계 언론의 가장 인기 있는 인터뷰 대상자 가운데 한 명으로 꼽히고 있으며, 불교의 세계 포교 확대에 따라 티베트의 역사와 정치적 목소리를 보여주는 티베트 영화는 심심치 않게 세계시장의 문을 두드리고 있다. 브래드 피트가 주연한 영화 〈티베트에서의 7년〉을 비롯해 티베트 라마교 승려들의 월드컵 열기를 그린 영화 〈컵〉 등이 그렇다. 〔헐리우드의 스타인 리처드 기어와 이탈리아 세리에 A 축구스타인 로베르토 바조(Roberto Baggio) 등은 모두 티베트 불교신자이기도 하다.〕

이런 흐름을 차단하기 위해 이미 중국은 동북공정이 시작되기 10년 전인 1986년부터 동북공정의 티베트판인 서남공정(西南工程)을 시작한 것으로 확인된다. 중국 국책 연구기관으로 중국 사회과학원 밑에 있는 중국장학연구중심(中國藏學研究中心: 중국 티베트학 연구센터)은 홈페이지(www.tibetology.ac.cn)에서 이렇게 선언하고 있다.

"시짱(티베트)은 자고로 중국과 분리될 수 없는 중국의 일부분이다."

동북공정과 서남공정은 그 진행 방식이 대단히 유사한 것으로 확인돼 놀라움을 안겨준다.

서남공정은 당시 최고 지도자였던 덩샤오핑 중앙군사위 주석이 직접 지시해 시작됐다. 그 지시를 받아 사회과학원의 지휘로 장학연구중심이 티베트 역사의 중국 편입 연구를 시작한 것이다. 장학연구중심에서 당시 이러한 역사 작업에 투입한 연구원은 무려 130명에 이르는 것으로 확인된다. 당연히 엄청난 예산을 국가가 지원했다고 할 수 있다.

이것이 동북공정에서는 후진타오의 지시로, 역시 사회과학원 밑에 있는 변강사지연구중심(邊疆史地研究中心: 변경 지역 역사 지리 연구센터)이 대대적으로 학자와 예산을 투입하고 있는 것이다.

신장웨이우얼 자치구는 지금까지 중국 당국이 언론을 철저히 통제하는 등의 방법으로 그 실상을 가려왔다. 그러나 9·11 테러 이후 이슬람 세력의 전면화 움직임에 따라 언제고 분리독립운동이나 테러 등 폭발 양상으로 치달을 수 있는 지역이기도 하다. 나아가 네이멍구의 경우, 중국에 대해 비판적인 몽골이 엄연한 국가로서 실재하고 있는 데다가 미국과 러시아의 몽골 지원 가능성 때문에 그 어느 지역보다 유동적이라고 할 수 있다. 몽골은 세계 10위 안에 들어가는 엄청난 자원 추정 매장량으로 미국과 유럽의 투자가 크게 촉진될 것으로 보인다. 미국은 대중국 전략의 맥락 안에서 차지하는 몽골의 정치·경제·군사적 잠재력을 주목해 비자 발급에도 큰 편의를 주는 등 특별국가로 관리하고 있다.

이런 상황에서 부시 부자의 두 차례에 걸친 이라크 전쟁이 실행되었고, 중앙아시아 지역에 잇따라 미군이 진주하였다. 아프가니스탄과 키르기스스탄, 투르크메니스탄, 아제르바이잔, 그루지야 등에 미군기지가 들어서면서 중동 지역과 시베리아 그리고 중국 서부내륙으로부터 중국 중심부로 들어오는 에너지라인이 군사적으로 포위되거나 위협에 노출되기 시작한 셈이다. 나아가 21세기 세계 패권적 지위를 놓고 미국과 중국 사이에 벌어질 전면적인 경쟁은 중국의 통일적 다민족 국가론을 결정적으로 불안정 기류 속으로 밀고 갈 가능성이 높다. 미국이 중국을 겨냥해 언젠가 시도할 전략이 중국 주요 지역의 분리독립으로 나타날 수 있기 때문이다. 이미 미국은 그런 방식으로 냉전을 통해 소련을 해체하는 데 성공한 바 있지 않은가?

한국, 문화전쟁의 선봉?

중국은 이런 불안정한 역학관계 속에서 '이념의 만리장성', '역사의 방풍림'을 만들고 있다고 할 수 있다. 그러나 본질적으로 이 전략은 중국의 의도와는 달리 점차 부정적인 결과로 이어질 가능성이 높다. 우선 한민족을 비롯해 티베트·몽골 신장웨이우얼 등 주변 강대 소수민족의 반발과 반중 기류가 지속적으로 확대·재생산될 것이기 때문이다. 특히 인터넷 등 현대문명의 기술적 특성에 따라 이 역사전쟁에서 한국의 비중은 매우 높아질 것이다. 결국 한국이 선봉으로 나설 이 문화전쟁의 양상은 이런 식으로 전개될 가능성이 높다.

① 한국-중국간 네티즌들을 중심으로 한 인터넷대전
② 중국 당국의 의도적인 한류 차단
③ 한국-중국 스포츠에서의 국민감정적 경쟁심 촉발
④ 상대방 제품에 대한 민간 차원의 자연발생적인 불매운동 확산
⑤ 세계의 미디어와 주요 사이트를 겨냥한 양국간 전면적 홍보전 격화
⑥ 민간 차원의 '한민족-몽골-티베트-신장웨이우얼 역사동맹' 형성

이런 양상을 거치며 주변 지역에선 점차 중국으로부터 멀어지는 원심력이 강해질 것이 확실하다. 여기에 국제적 요인이 개입할 수 있다. 미국과 유럽 진영은 중국을 견제하는 전략으로 나올 가능성이 높다.

미국의 〈워싱턴 포스트〉가 2004년 1월 22일 "(고구려 문제와 관련해) 한국정부가 많은 자금을 투입해 고구려 연구학회를 발족키로 하는가 하면 남북이 이 문제에 공동 대응해 한목소리를 내는 등 한국인의 민족 감정이 확산되고 있다"고 보도한 것은 이런 개입의 시발일 뿐이다. 세계 모든 매스컴이 이 문제를 본격적으로 다루는 사태가 벌어질 것이다. 이런 양상이 중국 제품과 중국의 이미지에 부정적인 영향을 미칠 가능성은 매우 높다.

중국 내부에서도 이런 식의 역사전쟁에 대한 비판여론이 확산될 가능성도 배제할 수 없다. 이른바 내부로부터의 반란인 셈이다. 왜냐하면 '이념의 만리장성'을 가능하게 하는 기본 전제가 한족 중심주의의 전면 폐기라는 대단히 예민하고 심각한 문제이기 때문이다. 중국 인구 가운데 한족의 비율은 외형상 92퍼센트를 차지할 정도로 압도적이다. 한족은 역사적으로 고구려를 자기네 국가로 편입하는 데는 찬성하겠지만, 동시에 악비격하운동 등 한족 중심주의의 전면 폐기에 대해선 거부감이 매우 크다.

이런 점에서 볼 때 중국이 쌓는 이념의 만리장성은 매우 불안정하다. 체제 수호적이라기보다 전쟁 유발적인 성격이 강하다. 그리고 그 결과는 부정적이다. 역사적으로 만리장성은 북방 기마민족의 무력에 뚫린 것이 아니라, 성을 지키는 쪽에서 민족갈등으로 인해 스스로 방어를 포기하고 문을 열어버렸기 때문에 뚫린 것이다. 중국 체제에 위기가 찾아온 것은 변경 소수민족을 철저히 중국화하지 못했기 때문이 아니라, 내부 대다수 한족 자체의 모순이 격화되었기 때문이 아닌가?

자객, 이데올로기에 무릎을 꿇다

중국 정부가 내세우는 '통일적 다민족국가론'의 이데올로기를 가장 잘 구현한 영화 가운데 하나가 장이모 감독의 〈영웅〉이다. 이 영화는 『사기』 가운데 「자객열전」의 한 주인공으로 등장하는 형가의 이야기를 소재로 하고 있다. 그러나 이 영화는 역사적 사실을 변용하는 방법으로 진시황의 무자비한 통일 과정을 정당화한다.

『사기』의 형가는 진왕(나중의 진시황)의 통일을 저지하기 위해 진왕의 암살을 기도한다. 후세 사람들은 암살에 나선 형가의 이념적 배경을 진나라와 진왕의 '반문명'에 대한 저항으로 해석하곤 했다. 실제 역사에서 형가는 진왕을 암살하기 위해 최후까지 노력하지만 실패해 죽고 만다. 이와 달리 〈영웅〉에서는 주인공의 거사가 거의 성공하는 듯하다가 막판에 시황제의 이념에 설파돼 암살을 포기하고 죽음을 택하는 극적인 반전이 벌어진다. 시황제는 자객에게 묻는다. "지금 통일을 대신할 가치 있는 것이 있는가? 나를 여기서 죽이면 과연 백성들에게 영원한 평화가 오는가? 그렇다고 확신한다면 날 죽여라." 그러면서 검을 자객에게 내던져 맡긴다. 자객인 주인공은 이 물음—통일적 다민족국가를 적극적으로 옹호하는 이론—에 무릎을 꿇고 검을 거둔다.

중국의 '통일적 다민족국가' 이데올로기에 충실히 기여하고 있는 영화 〈영웅〉의 한 장면.

2003년 1월에 개봉한 이 영화는 1년 뒤인 2004년에도 춘절 연휴 기간의 황금시간대에 중국 국영 방송을 통해 재방영됐다. 중국 정부는 그만큼 이 영화의 정치적 의미를 중요시하고 있는 것이다.

실제로 중국 정부는 영화 제작에도 엄청난 지원을 아끼지 않은 것으로 알려진다.

무협지로 동양권에서 폭발적인 명성을 얻고 있는 김용의 작품들도 사실상 '통일적 다민족국가'의 이데올로기에 충실하다고 할 수 있다. 그의 대표작 『사조영웅전』을 비롯해 『천룡팔부』 등 많은 작품들이 다민족끼리의 충돌을 거쳐 궁극적으로 화합에 이르는 과정을 절묘하게 묘사하고 있다. 몽골과 금나라 남송 등이 각축을 벌이는 『사조영웅전』에서 주인공 곽정은 몽골에서 자라 결국 몽골과 싸우는 남송의 영웅으로 부상하지만 동시에 칭기즈 칸과는 결정적으로 적대하지 않고 화해를 이룬다. 역시 거란과 대리국 등 소수민족과 한족의 애증관계가 복잡하게 얽혀 있는 『천룡팔부』에서 거란인 주인공 소봉은 거란족과 한족의 전쟁을 막기 위해 마지막으로 자신을 희생하는 길을 선택한다. 이 흥미진진한 무협 공간 속에서 개인과 개인은 원수일 수 있지만, 민족 대 민족의 갈등은 절묘하게 원한관계로부터 비껴나고 있다.

이런 공적 때문일까? 중국 당국은 2005년 3월부터 고등학교 2학년 어문독본 교과서에 『천룡팔부』의 일부를 싣기 시작했다.

고구려사는 중국사?

중국에서는 1990년대까지 일부 학자들을 중심으로 '고구려사는 중국사'라는 주장이 나오긴 했어도 소수에 지나지 않았다.

고구려연구회 대표 서길수 교수는 "전체적으로 1993년까지만 하더라도 고구려사가 한국사라는 것이 일반적인 관점이었다"고 평가한다. 그 사이 북한은 1979년 주체사상에 입각해 연구한 성과를 토대로 『조선전사』를 새롭게 내놓는다. 특히 고구려사를 다룬 『조선전사』 3권에서는 대외투쟁에 관한 내용을 많이 다뤄 고구려의

'반침략적 애국투쟁정신' 을 강조하기 시작했으며 이런 내용은 중국 학자들을 상당히 자극했다고 평가된다. 마침내 북한과 중국은 공식석상에서 고구려 문제를 놓고 설전을 벌이기에 이른다. 서길수 교수가 전하는 1993년 8월 11일 중국 지안에서 열린 '제1차 고구려 문화 국제 학술토론회' 의 논쟁 장면을 보자.

"이 토론회에는 중국, 한국, 북한, 일본, 대만, 홍콩에서 많은 학자들이 참석했다.…… 첫날 종합토론이 진행되는 도중 방청석에서 북경대학의 정인갑 교수가 (고구려의) 귀속 문제에 대해 질문하고 나섰다. 당시 지안박물관 부관장이던 경테화〔耿鐵華〕가 '나 개인의 학설이자 중국 동북 지방 역사 및 고고학의 성과인데, 장수왕이 평양으로 천도한 서기 427년부터는 고구려가 조선 역사와 밀접한 관계를 맺게 되는 것은 사실이지만, 분명한 것은 고구려 문화가 독자적인 것이 아니라 중국 동북 지방의 용(龍)문화에 속한다는 것이다' 고 밝혔다. 이에 대해 북한 김일성대학의 역사학계 원로인 박시형 교수(당시 84세)가 반박하고 나섰다. '과거의 고조선-고구려 땅이 지금 중국 영토가 됐다고 해서 그 역사를 어떻게 중국사에 갖다 붙여 중국 소수민족 운운하는가 이해할 수가 없다. 고구려야 옛날부터 고조선-부여와 함께 중국인들 스스로가 역사책에서 동이족이라고 독립해 지칭했고 중국의 한 소수민족이란 서술은 역대 어느 사서에도 없다.' 이에 대해 다시 중국 쪽 심양동아연구중심 쑨진지 주임이 되받는다. '우리들이 고구려사를 중국사라고 주장하는 것은 오늘날의 국경을 근거로 하는 것이 아니고, 역사상 고구려는 오랫동안 중국의 중앙 황조에 예속돼 있었기 때문이다. 그렇기 때문에 고구려인의 후예는 조선족이라고 할 수 없고 대부분은 오늘날 중국의 각 민족이 됐다.' 당시 회의에 참가한 한국의 학자들은 경악했다. 한 번도 고구려 역사가 한국사가 아니라는 생각을 해보지 못했기 때문에 충격이 컸던 것이다. 이런 충격은 중국인 학자들에게도 마찬가지였다."

중국 역사전쟁, '악비의 벽'에 부닥치다

중국 중앙권력의 자의적인 역사 해석, 그리고 민중의 반발

중국이 역사전쟁을 통해 역사를 왜곡하려는 시도는 과연 성공할 수 있을까?

이 물음에 대한 중국 내부의 대답을 찾아보는 것은 매우 유용하다. 내부적으로 정당성을 인정받지 못하면 그 시도는 언젠가 무너질 것이기 때문이다. 중국의 역사는 항상 내부의 민심을 잡지 못하면 왕조가 무너진다는 진리를 보여준다. 먼저 한 일화부터 보자.

> 대학 동창 하나가 있는데 주변 사람들은 그를 백족(白族) 총각이라고 생각한다. 그러나 신분증에는 '한족'(漢族)이라고 적혀 있다. 또 다른 회사 동료는 성이 왕씨다. 몽골족인데도 호적지와 출생지가 모두 한족 문명의 중심지인 허난(河南) 성 남양으로 돼 있다. 전에 산시(山西) 성과 네이멍구 자치구를 여행할 때 운전을 맡은 기사는 자신이 산시 성 출신의 한족이라고 했다. 그런 그가 나중에는 할아버지가 몽골족이라는 집안의 비밀을 솔직하게 털어놓았다.…… 여기 무너져 내린 만리장성의 모습을 보면 엄청난 역사극들이 지금까지 이어져 내려왔다는 것을 알 수 있다. 그런데 이곳을 주름잡던 그 수많은 소수민족들은 도대체 다 어디로 갔단 말인가?
>
> – 중국의 한 네티즌이 쓴 글 '한족, 중화민족 그리고 악비정신' 중에서

2003년 12월 중국에선 동북공정 등 중앙권력이 추진하는 역사 재해석과 관련해 주목해야 할 사건들이 잇따라 터져나왔다. 가장 먼저 등장한 것은 때아닌 '민족영웅 논쟁'이다. 12월 9일 〈베이징청년보〉 등 중국 언론들이 "신판 고등중학교 역사 대강에서 '악비(岳飛)와 문천상(文天祥)은 외국 침략에 대항한 인물이 아니므로 더 이상 민족영웅이라고 부를 수 없다'고 정의했다"고 보도하면서 엄청난 파문이 일어난 것이다.

보도 직후 'sohu.com'을 비롯해 중국 유수의 사이트는 이 조처를 비난하는 글로 도배되다시피 했다.

> 우스워서 말도 안 나올 일이네…… 요 귀여운 변증법에, 요 귀여운 중국 역사 학자들이란!…… 이건 정말 중국 역사상 가장 무식한 교육당국이라고 할 수밖에 없다.
>
> — 'sublexical'이라는 아이디의 네티즌

> 진짜 열받는다. 나는 지금까지 정말로 조국을 사랑했다. 어릴 적부터 국가의 민족영웅들을 숭배해왔는데…… 이제 악비가 더 이상 민족영웅이 아니라

『중국통사』에 실린 악비의 그림. 그는 12세기 초 여진의 금나라에 맞서 싸운 남송의 명장으로, 위난에 빠진 송나라의 자존심을 한껏 높여주었다.

고? 진짜 소름끼칠 일이다.

– '운해옥궁연' 이라는 아이디의 네티즌

애국은 당연히 불변하는 정의이다.…… 한번 물어보자. 어느 날 중국이 일본을 병합했다고 치자. 그러면 우리 교과서도 고쳐야 하는 게 아닌가? 일제 침략에 대항해 싸운 장군들은 결국 애국을 한 게 아니란 말이지 않은가? 결과적으로 한 나라가 됐는데 무슨 애국이라는 것이 성립할 수 있단 말인가?

– '람성목어' 라는 아이디의 네티즌

중국에서 나름대로 권위를 인정받는 최고 원로급 대학 교수들마저 공개적으로 당국을 비판하고 나섰다. 중국 사학계의 원로 학자 다이이〔戴逸〕 박사와 중국 송사(宋史)연구회의 왕쩡위〔王曾瑜〕 회장까지 나서서 어떻게 교육 당국이 이런 결정을 내릴 수 있느냐고 분노했다. 일부 네티즌과 학자들은 당국의 결정을 지지하고 나섰지만, 압도적인 비판 여론에 밀릴 수밖에 없었다.

당시 중국은 기록적인 경제성장에다 2008년 베이징 올림픽과 2010년 상하이 엑스포까지 잇따라 유치하고, 나아가 최초의 유인 인공위성 선저우〔神舟〕 5호의 발사 성공으로 국가적 자존심과 국민적 통합 열기가 한층 고조되고 있었다. 이런 상황에서 중국 사회에서 전혀 예상할 수 없었던 이상한 여론의 먹구름이 형성돼버린 것이다. 악비로 상징되는 민족영웅 논쟁은 역사 재해석과 떼려야 뗄 수 없는 논리적 관련을 맺고 있다. 역사를 재해석할 경우 중국의 민족관은 전혀 달라지게 된다. 현재의 중국 국경 안에서 활동한 모든 역사적 주역을 모두 중화민족의 주역으로 해석해야 하며 당연히 민족영웅도 새롭게 해석해야 한다. 칭기즈 칸과 누르하치도 중국의 민족영웅이라고 해야 한다.

여기서 심각한 민족정서의 균열이 온다. 몽골군에 맞서 싸운 남송의 한인정권과 그 항몽 전쟁의 주역들은 무엇이란 말인가? 그 직전에 금나라에 맞서 싸운 거란족의 항금 전쟁 주역들은 무엇이란 말인가? 중앙권력이 이 물음에 대한 강제적인 해결을 시도하자 민중들은 당혹을 금치 못하며 저항을 선택했다. 악비가 더 이상 민족영웅이 아니라는 권력자들의 해결책을 향해 민중들이 반발한 것이다. 악비논쟁은 바로 이 민중적 저항의 1차적 표현이었던 것이다. 도대체 악비가 어떤 인물이기에 이런 사태를 불러일으킨 것일까?

한족 출신의 명장, 악비

악비는 12세기 초 여진의 금나라에 맞서 싸운 남송의 한족 출신 명장이다. 그가 '한족'이라는 점을 주목해야 한다. 당시 한인 정권인 송나라는 여진족 정권인 금나라의 공격으로 수도 카이펑(開封)을 빼앗기고 휘종과 흠종 두 황제마저 금나라에 포로로 잡혀가 있는 상황에서 간신히 남송의 이름으로 왕조를 유지하고 있었다. 악비는 농부 출신이지만 문과 무를 겸비한 장군이었다. 그는 금나라 군사의 대공세로 조국 송나라가 위기에 빠졌을 때 악가군(岳家軍)이라 불리는 자신의 사병군단을 이끌고 항전에 나섰다. 그 결과 여러 번 큰 전과를 올린다. 서기 1134년 그는 북벌에 나서 후베이(湖北) 성을 출발해 허난 성까지 진격해 위난에 빠진 송나라, 즉 한족의 자존심을 한껏 고양시켰다. 모두 세 차례 북벌에 나선 그는 한때 송나라의 수도였던 카이펑 인근 정저우(鄭州)까지 진격하기도 했다. 이 때문에 금나라 군에서는 "산을 무너뜨리기는 오히려 쉬워도 악가군을 무너뜨리기는 정말 힘들다"라는 말이 공공연히 떠돌았다.

당시 악비를 비롯해 가군(家軍)을 동원해 대금 항쟁에 나선 지도자들은 이른바 비천한 신분 출신이 많았다. 악비는 농민, 장준(張浚)은 도적, 그리고 한세충(韓世忠)은 졸병 출신이었다. 이 가운데 주전파였던 악비는 주화파인 재상 진회(秦檜)의 집중적인 견제를 받는다. 악비가 시문에도 능하고 상당한 교양을 갖춘 데다가 도덕적인 품성 때문에 부하들의 신망과 존경을 한몸에 받고 있었기 때문이다.

당시 금나라와 화평을 추진하던 진회는 가군 지도자들의 분전으로 전세가 금나라에 불리한 방향으로 진행되자 자신의 지위에 불안을 느낀다. 결국 그는 군부의 영향력이 커지는 것을 우려하는 황제 고종을 움직여 악비 등 주전파 장군들을 군대로부터 격리하려 한다. 진회는 가군 지도자들을 소환해 명목상의 고위직을 준 뒤 가군을 해체하고 관군으로 재편성한다. 가군 지도자들을 군사적으로 무력화한 뒤 화평교섭을 추진하기 위해서다. 장준은 이미 포섭돼 이런 움직임을 두말없이 따른다. 상대적으로 강직한 성격을 지닌 한세충도 결국 어쩔 수 없이 복종하고 만다. 그러나 악비는 그런 조처에 강력하게 반발하면서 따르려 하지 않았다. 금나라에 끝까지 항전해야 한다는 것이다.

결국 악비가 관직을 내놓고 물러나자 진회는 기습적으로 악비와 그 아들 악운을 체포했다. 그리고 두 달 만에 반란죄를 뒤집어씌워 처형해버린다. 그때 악비의 나이 39세였다. 악비가 그렇게 억울하게 독살된 뒤 두 달 만에 남송과 금나라는 제2차 강화조약을 맺고 회수를 경계로 북쪽은 금나라가, 남쪽은 남송이 지배하게 된다. 남송은 나아가 금나라에 해마다 세공으로 은 25만 냥과 비단 25만 필을 바치기로 한다. 1차 강화 때보다 훨씬 나빠진 강화 조건이었다. 하지만 이미 악비와 같은 주전파 충신들을 모조리 제거하거나 무력화한 뒤이기에 남송 정권은 이 굴욕적인 조건을 순순히 받아들였다.

이렇게 억울하게 죽었지만, 악비는 후세에 그 충절과 공적을 인정받아 화려하게 복권된다. 죽임을 당한 지 37년 뒤에는 무목이라는 시호를 추증받고, 70년 뒤에는 악왕(岳王)으로 추서됐다. 이런 관직상의 복권보다 더욱 중요한 것은 민족영웅으로 부활했다는 사실이다. 그는 문화적으로 훨씬 비중 높은 인물로 복권됐을 뿐만 아니라 시대가 갈수록 더욱 주가를 높여갔다. 몽골족의 원나라 때조차 그는 '매국노 진회가 살해한 비운의 민족영웅'으로 화려하게 각색돼 민중의 사랑을 받는다. 원나라 때의 가극인 원곡(元曲) 중에는 악비의 전설을 다룬 작품이 여러 편 있다. 이 원곡의 전설을 바탕으로 명나라 때 단편소설 「풍도에서 놀다」에도 인용되고, 명나라 말기에는 악비를 주인공으로 하는 이른바 '악가군 소설'이라는 것까지 등장한다. 17세기 후반부터 18세기 전반에 걸친 청나라 초기에는 『설악전전』(說岳全傳)이라는 악가군 장편소설마저 나오고 있다.

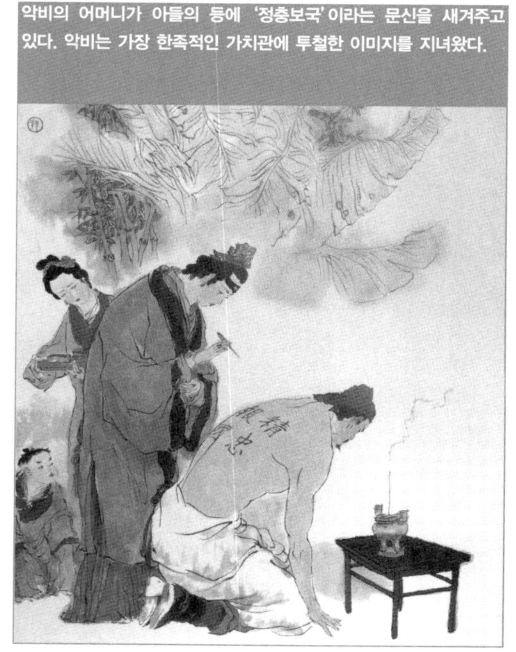
악비의 어머니가 아들의 등에 '정충보국'이라는 문신을 새겨주고 있다. 악비는 가장 한족적인 가치관에 투철한 이미지를 지녀왔다.

원곡이 나온 시대가 몽골족이 지배한 원나라 때이고, 『설악전전』이 유행한 시대가 여진족이 지배한 청나라 시기라는 점을 주목해야 한다. 이민족의 지배를 받는 시대에 한인들의 악비 사랑은 더더욱 깊어갔던 것이다.

무엇보다 악비는 이런 특징을 지닌다고 할 수 있다.

첫째, 한족의 송나라가 거란족의 요나라, 여진족의 금나라, 몽골족의 원나라에 이르기까지 모두 세 차례나 이민족에게 시달리던 시기에 무력 면에서 유일하게 자랑할 수 있는 인물이다. 둘째, 가장 중국적인 문화를 꽃피운 시대로 평가받는 송왕조 때의 명장이면서도 시문에 능한 문화인물적인 성격을 함께 갖췄다. 셋째, 어머니가 등에 새겨준 '정충보국'(精忠報國)이라는 문신이 상징하듯이 한족적인 가치관을 가장 투철하게 반영하는 인물이다. 넷째, 아직 충분히 젊은 나이에 아들과 함께 한을 품고 죽은 비극적 인물이다.

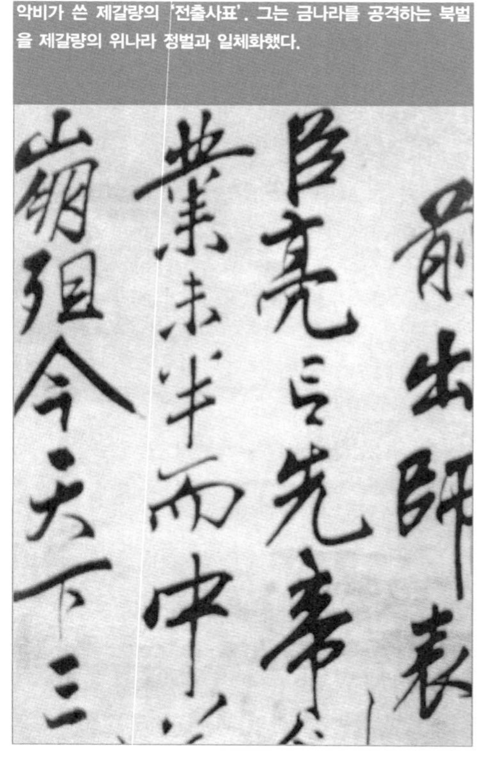
악비가 쓴 제갈량의 '전출사표'. 그는 금나라를 공격하는 북벌을 제갈량의 위나라 정벌과 일체화했다.

이런 요소들의 결합으로 그가 오늘날까지 역사상의 스타로 자리잡고 있는 것이다. 이런 악비에 대해 중국 당국이 전격적으로 고등학교 교과서에서부터 그 존재를 부정하고 격하시키겠다니 전 사회적인 반발을 불러일으킨 것이다. 그러나 이 논쟁의 핵심이자 본질은 특정 인물의 평가라는 겉모습을 훨씬 뛰어넘는 폭발력을 안고 있다. 중국 당국이 역사전쟁을 통해 '이념의 만리장성'과 함께 '민족의 만리장성'을 쌓고 있는 판에 뜻하지 않게 현대 중화민족의 통합성·정체성을 정면으로 뒤흔드는 결과를 몰고 왔기 때문이다. 한마디로 중국 사회에 잠재된 '민족폭탄'의 뇌관을 건드린 것이다.

악비가 더 이상 민족영웅이 아니라는 논리의 근거는 대략 이렇다.

첫째, 악비는 금나라 사람과 싸웠다. 그런데 당시 금과 송은 '형제끼리 담을 쌓고 집 안에서 싸운 것'이다. 따라서 악비는 국가를 보위하고 민족을 보위한 공로가 없다. 당연히 그를 민족영웅이라고 부를 수 없다.

둘째, 중국은 50여 개 민족으로 이뤄진 대가정이다. 한족중심주의적인 악비를 민족영웅이라고 하면 그건 한족중심주의를 노골화하는 것이다.

셋째, 악비가 남송을 보위할 무렵 고종을 황제로 한 당시의 남송은 극도로 부패해 망해야 마땅한 나라였다. 따라서 망해야 할 나라를 보위한 악비는 역사의 흐름을 거역한 것으로서 민족영웅이라고 할 수 없다.

넷째, 외래 침략자에 저항하는 과정에서 공을 세운 사람을 민족영웅으로 정의한다면 악비는 그냥 한족의 영웅이라고 할 수 있을 뿐이다. 악비가 활약하던 당시 중화민족은 일체화되기 전이었다. 중앙정부가 직접적으로 시짱·윈난·몽골·신장웨이우얼에 행성을 설치하고 중국 역사상 처음으로 직접 관리하기 시작한 것은 원나라 이후부터인 것이다.

중국 권력이 악비를 이렇게 재해석하는 '신악비론'은 사실 대단히 무서운 목표를 겨냥하고 있다고 할 수 있다. '이념의 만리장성'을 새롭게 쌓는 역사전쟁의 연장선에서 구체적으로 내부의 모든 소수민족의 '무장해제'를 시도하는 것이라 할 수 있기 때문이다. 하지만 신악비론에 대한 민중적인 반발은 사태가 중국 당국의 의도대로 흘러가지 않으리라는 강력한 경고의 성격을 띤다. 비판의 뼈대는 이렇다.

첫째, 신악비론에서 제시하는 결과론적인 접근 방법은 역사의 정의, 민족의 정의를 결정적으로 해칠 것이다. 예컨대 만일 일본의 대동아공영권이 현실화됐다면 왕징웨이〔汪精衛〕 등 친일파의 거두들이 모조리

영웅이 되고 항일전쟁 중 숨진 3500만 명의 영웅들은 다 천벌을 받은 셈이 된다.

둘째, 그러한 논법대로 악비를 부정한다면 중국 과거사에서는 나라와 나라, 민족과 민족 사이의 침략 전쟁이 전혀 없었다는 대단히 비합리적이고 황당하기조차 한 결론에 이른다.

셋째, 악비의 가치는 시대와 민족의 한계성을 넘어 통시대적인 보편성을 갖는다. 송·금시대의 악비를 지금 여러 민족이 영웅으로서 존경하는 것은 외부의 침략과 압박에 대해 저항하는 정신 그 자체를 존중하는 데서 비롯됐다.

이런 여론에는 싱가포르 등의 해외 화교들까지 가세하는 양상으로 발전했다. 결국 중국 당국은 후퇴하는 자세를 취한다. 중국 교육부 기초교육과정 교재발전중심의 관계자는 기자회견을 열고 "원래 내용과 보도된 내용이 다르다"고 밝혔다. 실제로는 교과서가 아닌 참고서인 '학습지도'에서 참고자료로 이 문제를 다루었다는 것이다.

"일찍이 50년대 어떤 학자가 악비를 민족영웅이라고 부르는 것은 다른 민족의 감정에 영향이 가지 않겠느냐고 제의해 그 대비책으로 전문가와 학자들의 개인적인 관점을 정리해 보급했다."

이 논법을 누가 수긍할까마는 중국 당국은 그런 식으로 설명한다. 악비논쟁은 결과적으로 중국 사람들에게 자신의 민족적 정체성을 다시 한 번 생각하게 하는 계기가 됐다. 그리고 중국 당국의 의도와는 달리 한족중심주의를 자극하고, 비한족들도 그 귀추를 주시하도록 이끌고 있다.

과연 악비논쟁은 어디로 갈 것인가? 미래 중화민족의 운명이 사실상 거기 숨겨져 있다.

문관 문천상의 비극적 최후

악비가 이민족에 저항하다가 죽음에 이른 대표적인 무인이라면, 문천상(文天祥: 1236~1282)은 대표적인 문관이다. 이 때문에 역사적으로 그는 악비와 함께 애국충절의 대명사처럼 불려왔다. 중국 광명일보출판사에서 발간한 『중국통사』에서는 그를 '남송의 위대한 민족영웅' 이라고 표현하고 있다.

악비와 함께 '남송의 위대한 민족영웅'으로 불려온 문천상.

문천상은 20세에 진사(당나라·송나라 때 과거에 합격하면 얻게 되는 직급)에 수석으로 합격해 관직에 올랐다. 장원급제 출신인 것이다. 또한 그는 몽골군이 남하해 수도 임안에 이르자 문관인데도 근황군 1만을 이끌고 방위전에 참가해 분전했던 문무를 겸비한 인물이다. 몽골군이 남송을 계속 압박해오자 문천상은 어린 황제와 탁종과 이종의 황후를 해상으로 대피시키고 자신들은 성에서 일전을 벌이겠다고 주장했다. 그러나 다른 조정 대신들의 반대로 받아들여지지 않았다. 결국 황제 공제의 '항복 교섭에 나서라' 는 명령에 따라 우승상 겸 추밀사의 자격으로 원의 병영에 간 그는 몽골군 총대장 바얀과 쟁론을 벌이다가 몽골군에 의해 억류됐다. 나중에 남송은 1279년 몽골군의 총공격을 견디지 못하고 애산도에서 승상 육수부가 어린 황제를 등에 업고 물에 뛰어들어 자살함으로써 멸망하게 된다.

문천상은 포로가 돼 북으로 호송되던 중 탈출해 다시 근황군을 일으킨다. 그는 푸젠〔福建〕 성 푸저우〔福州〕에서 탁종의 장자 익왕을 받들며 게릴라전을 지휘했다. 익왕에 의해 전직인 우승상 겸 추밀사에 임명되기도 했다. 그 뒤 1277년 군을 조직해 이웃 장시로 진격해 여러 주와 현을 수복하기도 했으나 병사의 수가 적어

다시 광둥〔廣東〕으로 퇴각했다. 결국 그는 오파령 전투에서 패해 다시 몽골군에 붙잡혔다. 이때 그는 바로 몽골군의 군선 위에서 포로의 처지로 남송의 멸망을 장식하는 애산도의 해전을 목격하게 된다. 그 뒤 그는 대도(지금의 베이징)로 호송됐다. 투옥 중 독약을 먹고 자살을 기도했으나 실패했다. 원 세조 쿠빌라이는 그의 재능을 아껴 원왕조에 충성할 것을 요구했으나 그는 끝까지 응하지 않은 채 죽여달라고 했다. 결국 문천상은 3년 동안 투옥됐다가 46세의 나이로 북경에서 참수됐다.

그는 시에도 능해 옥에 있을 때 「정기가」를 짓기도 했다. 애국주의적인 호소력을 지닌 이 시는 300자 오언고시(五言古詩) 대작이다. 강렬한 예술적 감동을 남기는 작품으로 지금까지 널리 애송되고 있다. 이와 함께 문집 『문산전집』을 남겼다.

악비를 죽인 진회는 민족 영웅?

'중국발 역사논쟁' 에서 등장한 신악비론은 매우 이상하고 황당한 논리적 귀결점을 향하고 있다. 그 논리대로라면 이른바 중국 역사에 끊이지 않고 등장하는 '민족배신자들' 은 전면적으로 재해석되거나 새로 기술돼야 한다.

당장 악비를 죽인 남송의 주화파 재상 진회는 당연히 더 이상 민족반역자가 아니게 된다. 오히려 '민족통일적 과정' 에서 중화민족 대가정의 가치를 일찌감치 꿰뚫어보고 중화민족 전체의 힘을 분산시킬 송·금 전쟁을 막기 위해 총력을 다한 '민족영웅' 인 셈이다. 그가 주화파의 우두머리로서 악비를 비롯한 주전파를 온갖 수단과 방법을 다해 죽이거나 숙청한 일들도 더 큰 대의를 위해서라는 이유로 정당화돼야 한다. 이에 따라 악비를 떠받들기 위해 악왕묘 앞에 세워 침세례 등 모욕을 받도록 만든 진회 부부의 조각상은 없애거나 새로운 조각상을 세워야 할 판이다. 악왕묘 자리에 오히려 진회를 위한 묘를 세워야 할지도 모른다.

실제 역사에서 주전파의 피와 죽음을 딛고 권세와 천수를 누린 진회는 이제는 더 큰 역사 기록의 영화를 누려도 될 판이다.

몽골의 중원 점령과 함께 대거 등장한 한족 출신의 토호들인 '한간세후'(漢奸世侯)들 역시 '통일적 다민족국가'의 전령사들이 돼야 한다. 이들에게 붙인 간신의 '간' 자를 떼는 등 실질적인 명칭도 바뀌어야 한다. 쿠빌라이의 장군이 되어 몽골의 벌송군 총대장 바얀과 함께 전공을 세운 사천택 같은 사람은 중국 통일을 실현하는 데 혁혁한 공을 세운 새로운 '민족영웅'으로 기록돼야 한다. 역시 쿠빌라이의 참모로 활약했던 유병충, 장문겸 같은 유학자들 역시 그렇다.

모욕적인 형상으로 만들어진 진회 부부의 석상. 그는 중국 역사에서 '민족배신자'로 평가받아왔다.

명말청초 때 명을 배신하고 청을 위해 일한 오삼계 역시 민족통일에 기여한 인물로 정리돼야 한다. 오삼계는 난공불락의 요새 산해관을 관할하고 있으면서 명의 반란군인 이자성군으로부터 산해관을 방어한다는 명목으로 더 큰 강적인 청나라 군대를 끌어들여 사실상 명의 멸망을 결정지었다. 비록 그가 나중에 삼번의 난을 일으키기도 했지만, 어쨌든 민족통일적 관점에서 보면 청의 대의에 순종해 피해를 최소화하면서 통일에 기여한 공이 큰 셈이다.

동명성왕, 개척 정신으로 고구려를 세우다

기존 시스템을 거부하고 벤처창업을 주도한 주몽

천제(天帝)의 아들 해모수는 압록강가에서 목욕을 하던 하백(河伯: 물의 신)의 아름다운 세 딸을 보고 연심을 느낀다. 그는 결국 하백과 싸움을 벌여 큰딸 유화를 차지한다. 그러나 그가 유화를 지상에 그대로 두고 하늘로 올라가자 하백은 크게 분노한다. '네 얼굴이 반반해서 그 따위 욕을 당했으니 너는 내 딸이 아니다' 라며 징벌로 유화의 입술을 석 자나 늘여놓고 태백산 남쪽 우발수에 던져버렸다. 유화는 우발수에 사냥을 나온 부여의 금와왕을 만나 궁중으로 들어간다. 유화는 곧 태양빛이 되어 다시 찾아온 해모수의 어루만짐을 통해 임신을 한다.

유화는 아기 대신 닷 되들이 알을 낳는다. 부여 궁중에서는 그 알을 불길하게 생각해 마굿간에도 버려보고 급기야 산속에까지 버렸으나 오히려 알은 뭇짐승의 보호를 받는다. 결국 어미에게 되돌아온 알에서는 준수한 사내아이가 태어난다. 이 아이는 태어난 지 몇 달이 지나자마자 말을 하고, 어머니가 만들어준 활로 파리를 잡는 등 백발백중의 활솜씨를 보인다. 아이는 부여말로 '활 잘 쏘는 사람' 이라는 뜻을 지닌 주몽으로 불린다. 주몽이 재덕을 겸비한 채 활도 잘 쏘고 용력도 있을 뿐 아니라, 부하도 아끼고 덕까지 갖춰 사람들의 존경을 받자 금와왕의 아들인 대소왕자를 비롯한 일곱 왕자는 그를 시기하고 질투한다. 주몽은 생명의 위협을 느끼고 망명을 결심한다. 유화 부인은 아들의 망명을 위해 준마를 고른다. 주몽이 좌천돼 책임을 맡고 있던 목장으로 가 채찍으로 말들을 갈겨 그중 울타리도 성큼 뛰어넘을 정도로 가장 높이 뛰는 말을 골라 그 혓바닥에 바늘을 꽂아놓은 것이다. 바늘 박힌 말은 먹지 못한 채 빼빼 말라 결국 주몽에게 하사품으로 내려진다. 주몽은 이 말을 다시 잘 먹여 명마로 되돌려놓은 다음 남쪽으로 떠난다. 유화 부인은 아들에게 보리를 비롯해 오곡의 씨앗을 준다. 오이, 마리, 협부와 함께 떠난 주몽은 모둔곡에서 재사, 무골, 수거의 세 사람을 만난다. 주몽 일행은 졸본천에 이르러 나라를 세운다. 고구려가 탄생한 것이다. 그때 주몽의 나이는 22세였다. 주몽은 이웃의 말갈족을 공격해 굴복시킨다. 그 뒤 주몽은 비류강 상류에 있던 비류국의 송양왕과 경합을 벌여 비류국까지 흡수한다.

주몽이 즉위한 지 4년째 되는 해 7월, 골령에서 검은 구름이 이레 동안 가리워서 산이 보이지 않게 된다. 그 속에서는 수천 명이 떠드는 소리와 집 짓는 소리만이 들릴 뿐 사람의 그림자는 하나도 보이지 않았다.

왕은 '이것은 하늘이 나를 위해 궁성을 지어주시는 것이다'라고 했고, 과연 7일이 지나서 운무가 사라지자 화려한 성곽과 궁궐이 완성된다. 왕은 하늘에 제사하고 곧 그 궁궐에 입성한다. 재위 6년 고구려는 행인국을 합병한다. 재위 19년 그가 향년 40세로 세상을 뜨자 후세 사람들은 그를 동명성왕이라고 했다.

– 이규보 「동명왕편」

© 장광석

동명성왕 상상도.

옛적 시조 추모왕(鄒牟王: 주몽)이 나라를 세

웠다. (왕은) 북부여에서 태어났으니, 천제의 아들이요, 어머니는 하백의 딸이었다. 알을 깨고 태어나셨는데 태어나면서부터 성덕이 있어…… 길을 떠나 남쪽으로 내려가는데 부여의 엄리대수를 거쳐가게 됐다.……

– 광개토대왕비

주몽은 고씨가 아니라 해씨?

고구려의 기원과 성립 과정에 대해선 여러 가지 역사와 신화 그리고 전설이 전해오고 있다. 우리 것이 있는가 하면 중국 것도 있다. 700여 년에 이르는 긴 세월(북한은 900년설을 주장)을 백제·신라라는 삼국의 다른 경쟁국가는 물론 중국 대륙에서 명멸해간 수많은 왕조와 싸우며 버텨온 나라답게 그 시작부터 복잡하고 역동적이다. 우리 것으로는 삼국시대의 역사를 다룬 정사 격인 김부식의 『삼국사기』를 비롯해 야사 격인 『삼국유사』 그리고 고구려 건국 신화를 운문체로 표현한 이규보의 「동명왕편」 같은 것들이 있다. 지금은 전해지고 있지 않지만, 통일신라의 역사서인 『구삼국사』도 빼놓을 수 없다. (이규보의 「동명왕편」은 바로 이 『구삼국사』의 고구려 건국신화에서 따온 것으로 알려진다.) 이와 함께 서기 414년에 세워진 광개토대왕비도 고구려 건국에 대해 기술하고 있어 중요한 사료적 가치를 인정받고 있다. 중국의 문헌으로는 『위서』(서기 336년에서 534년까지 존속한 북위의 역사), 『양서』(서기 502년에서 557년까지 존속한 양나라의 역사), 『주서』(서기 557년에서 580년까지 존속한 북주의 역사), 『수서』(서기 581년에서 618년까지 존속한 수나라의 역사), 『북사』(서기 420년에서 589년까지 존속한 북조의 역사) 등이 있다.

이 자료들은 고구려의 건국 기원에 대해 서로 조금씩 다르게 전하고

'길 떠나는 주몽'(왼쪽)과 '말 달리는 주몽'(오른쪽). 평양시 동명왕릉 옆 전각의 내부 그림들이다.

있다. 기원만 하더라도 북부여, 부여, 동부여 등 세 갈래로 나타나는 형편이다. 나아가 중국과 일본의 사학자 가운데 일부는 당대의 정치적 필요에 복속해 자의적이거나 의도적으로 사료를 해석하는 사례도 적지 않다. 그만큼 고구려의 실체에 접근하는 일은 어렵고 복잡하다.

어쨌든 한국인의 마음에 자리잡은 고구려의 일반적인 모습은 낭만적인 분위기로 채색된 이규보의 「동명왕편」에 가장 가깝다고 할 수 있다. 배경도 제법 아름답고 스케일도 크다. 그동안 역사학자들은 고구려 건국에 관한 사료나 신화, 전설에서 비과학적인 요소를 제거하고 좀더 진실에 가깝도록 조명하는 작업을 벌여왔다. 고구려 건국에 관한 역사나 신화에 나타난 특징은 대략 이렇게 정리할 수 있다.

① 주도 세력의 (부여로부터의) 남하 및 분리독립

② 난생설화 및 조류숭배사상의 채용

③ 새로운 국가산업으로서 농업의 숭상

④ 인수·합병(M&A)을 활용한 벤처형 국가 발전

⑤ 강력한 독립성과 고유문화

주몽을 중심으로 한 주도세력은 부여 계통 출신이다. 주몽의 가계는 부여족의 지도자 출신으로 보는 견해가 우세하다. 주몽의 아버지 해모수는 하백족과 싸워 이겨 유화와 결혼한 뒤 결국에는 이탈·도주한 세력이라고 여겨진다. 따라서 주몽은 우리가 알고 있는 '고' 씨가 아닌 '해' 씨였을 가능성이 높다고 보는 학자도 있다. '해' 씨는 부여의 왕족과 같은 성씨이기도 하다. 한 걸음 더 나아가 '해' 씨를 '해'(태양) 로 보는 견해도 있다. 해모수 자체를 우리 옛말에 비춰 해석하면 '혬수', '갬수', '검수' 가 되는데, '검' 은 신(神)을 말하고 '수' 는 남성을 말하니 결국 '남신' 을 말한다고 보기도 한다. 어쨌든 주몽은 부여의 기존 체제에서 이탈(또는 탈출)해 새로운 나라를 세우는 데 성공한다. 그 1차 동조 세력이 같이 남하한 오이, 마리, 협부이고, 2차 동조 세력이 모둔곡에서 만난 이들이다. 이 동조 세력은 전사집단이었을 가능성이 높다. 이렇게 새로 나라를 세운 뒤 그들은 점차 본류였던 부여와 대립-경합하는 단계로 발전한다.

유화 부인이 알을 낳았다는 난생설화는 일반적으로 남방의 설화로 알려져 있다. 그런데 고구려라는 북방에서도 채용되고 있다. 신라의 시조 박혁거세 설화도 난생설화다. 나아가 유화 부인의 입술이 아버지에 의해 '석 자' 나 늘어진 것은 조류숭배사상으로 보는 견해가 유력하다. 결국 유화 부인은 늘어진 입술을 여러 차례 잘라낸 뒤에야 비로소 말을 하게 된다. 이런 조류숭배사상은 박혁거세의 아내 알영에 대한 설화에서도 발견된다. "알영이라는 우물가에 한 계룡(鷄龍)이 나타나더니 왼쪽 옆구리로 옥 같은 여아 하나를 낳았는데 그 입부리가 닭같이 뾰족하여 월성 북쪽 냇물가에다가 그 입부리를 떼어버리고 나니 어여쁘기 그지 없었다." 〔그래서 알영이라는 이름을 갖게 되는데, 일부에서는 아리영(阿利英)이라고도 적혀 있다. 이 '알', '아리'라는 말은 모두 우리 옛말에서는 거룩하다는 뜻을 가진 것이라고 한다.〕 난생설화와 조류숭배사상이 고구려와 신라의 건국설화에서 공통적으로 나타나는 것은 매우 흥미로운 일이다. 어느 의미에서는 고구려 건국 주도세력에 남방계의 요소가 포함돼 있다는 반증이라고 할 수 있다.

한편 이탈·도주한 것으로 보이는 아버지 해모수 쪽은 고구려 역사에서 그렇게 추앙받지 못하지만, 어머니 유화 부인 쪽은 고구려의 농업신으로 추앙받는다. 건국전설에서 유화 부인은 여러 가지 역할을 수행하는데, 보리를 비롯한 5곡의 씨앗을 아들 주몽에게 전해주고 있다. 유화 부인의 이런 역할은 두 가지로 해석할 수 있다. 하나는 아직 사회에 모계중심적 성향이 강하게 남아 있는 것을 반영한다는 견해다. 다른 하나는 전사집단 중심으로 세워진 국가에서 농업을 새로운 산업으로 육성하는 정책이 펼쳐진 것과 깊은 관련을 맺는다는 해석이다. 전사집단은 이미 이 지역에 발달한 철제 단조 기술로 철제 농구를 제작해 농업생산을 높이는 장책을 쓰기 시작했을지도 모른다.

주몽의 건국 과정은 오늘날의 관점에서도 매우 눈길을 끈다. 어느 의미에서 주몽은 유능한 벤처 창업가로서 이른바 인수·합병(M&A)에 대단히 능했던 대가라고 평가할 수 있다.

주몽이 창업한 벤처, 고구려

주몽의 남하는 기존 시스템에 대한 거부이자 새로운 벤처창업을 상징한다. 그가 가지고 있던 초기 잠재역량(지분)은 북부여를 함께 탈출한 오이, 마리, 협부 등 북부여 세력이다. 거기에 재사, 무골, 묵거 등 모둔곡 세력이 합류한다. 이 과정은 우호적 인수·합병의 과정을 밟는다. 그 뒤 졸본천을 중심으로 한 졸본부여(오늘날의 중국 랴오닝 성 환런〔桓仁〕 현 지역)의 토착 세력과 연합하는 제2차 인수·합병이 벌어진다. 이 과정에선 이른바 '로맨스'랄까 '정략결혼'의 성격이 강하게 나타난다. 졸본부여의 연합 세력을 대표하는 것은 이 지역의 유력자인 소서노이다. 졸본의 부호인 연타발의 딸로 우태와 결혼해 비류와 온조 두 아들을 낳았던 그녀는 남편과 사별한 상태였다. 소서노는 주몽과 재혼한 뒤 전 재산으로 주몽의 창업을 돕는다. 비류수 상류에 있던 비류국과의 제3차 인수·합병도 우여곡절을 겪었지만 큰 틀에서는 우호적 인수·합병이라고 할 수 있다. 비류국의 송양왕이 스스로를 '선인'이라고 한 점에서 이 나라는 단군의 후손이자 고조선의 후예를 자처했던 것으로 해석된다.

일부 역사가들은 비류국이 소노 집단을 상징하며, 비류국의 합병은 바로 고구려연맹체에서 주몽의 계루 집단으로 주도권이 넘어가는 과정이라고 파악한다. 나중에 송양왕은 '송양후' 또는 '송양왕'으로 명칭을 유지한다. 동명성왕 재위 6년에 있었던 행인국(혜산 일대) 정벌과 재위 10년에 있었던 북옥저 정벌은 적대적인 인수·합병의 형태를 띤다. 두 나라는 그대로 고구려의 성읍으로 편입됐고 스스로의 지분을 인정받지는 못했다. 이처럼 주몽은 우호적 인수·합병을 바탕으로 세력을 키워 고구려의 영역을 확대해나가는 데 성공한다.

부여라는 기존 틀에서는 성장할 수 없는 사업 부문을 이끌고 별도로 분사해 중소기업을 세운 뒤 우호적, 적대적 인수·합병 등을 적절히 결합해 대단히 경쟁력 있고 성장성이 높은 첨단기업으로 발전시킨 셈이다. 그의 뒤를 이은 2대 유리왕, 3대 대무신왕 때는 주몽 때와는 달리 정벌 방식이 기본으로 정립됐다. 적대적 인수·합병이랄까 신사업 진출이 더욱 일상화되고 있었던 것이다.

이렇게 주몽 세력이 졸본 지역(오늘날의 중국 환런 현 일대)에 세운 고구려는 중국 동북방에 광범위하게 퍼져 있던 맥족(貊族)의 일파로서, 그 이전부터 강력한 독립성과 고유한 문화를 가지고 있었다는 견해가 제시된다. 이 세력은 주몽의 고구려 이전부터 '고구려', '구려', '맥' '이맥', '양맥' 등으로 불리면서 중국 세력과 갈등·대립관계에 있었다고 한다. 나아가 이들은 전한을 멸망으로 이끈 신나라의 왕망(王莽)과 한군현에 끝까지 저항해 그 침략을 저지했다는 기록이 전해지고 있다. 고고학적 발굴로 보더라도 이들은 북방의 부여처럼 석관묘나 토광묘를 갖지 않았으며, 랴오둥 반도〔遼東半島〕와 한반도에 널리 퍼진 고인돌도 발견되지 않는다. 또한 고구려는 광개토대왕비문에 나타나 있는 것처럼 '천제의 아들' 이라는 '천손국'(天孫國) 의식을 바탕으로 강렬한 자존의식과 독자적인 천하관을 가지고 있었다.

그리고 국가 자체도 중국 세력과의 대결을 통해 성장한 성격이 두드러진다. 고구려의 성곽이 중국 세력을 막기 위해 랴오허〔遼河〕를 따라 집중적으로 발달한 사실은 고구려의 독자성을 잘 증명해준다고 할 수 있다. 무엇보다 후세에 수나라와 당나라가 고구려를 공략하기 위해 100만을 헤아리는 대군을 잇따라 동원했던 사실 자체야말로 양자간의 관계가 지배-복속 관계가 아닌 철저한 국가 대

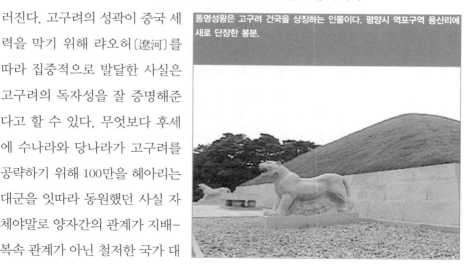

동명성왕은 고구려 건국을 상징하는 인물이다. 평양시 역포구역 용산리에 새로 단장한 봉분.

국가의 대립관계였다는 것을 웅변해준다.

북한의 독특한 역사론

한편 북한은 독특한 역사론을 전개해 눈길을 끈다. 주체사관을 내세우는 북한의 고구려 건국에 대한 논리 가운데 주목되는 것은 대략 이렇게 정리할 수 있다.

① 고구려는 이제까지 알려진 것보다 240년을 더 거슬러 올라가 기원전 277년에 건국됐다.

② 그런 만큼 고구려의 왕계도 지금과 달리 2대부터 6대까지 다섯 왕이 더 있었는데 신라와 고려의 역사가들이 누락했다.

③ 동명왕릉이 고구려의 평양 천도 때 환인에서 평양으로 옮겨와 지금도 존재한다.

고구려의 건국 시기와 관련해 북한 학자들은 건국신화나 『삼국사기』에 나타난 주몽의 송양국 합병을 주목해 실제 고구려 건국은 송양국 건국으로 거슬러 올라가야 한다고 주장한다. 주몽은 원래 송양국 형태로 존재하던 고구려에 새로 나타나 계루부 왕권의 정립을 실현한 인물이라는 것이다. 따라서 고구려 자체의 건국 시기는 기원전 37년보다 최고 200년 앞선 시기까지 거슬러 올라가야 한다는 논리를 편다. 이 논리에 따르면 당연히 다섯 왕이 더 존재했다는 주장이 이어질 수밖에 없다.

동명왕릉이 고구려 수도를 평양으로 천도할 때 같이 평양으로 옮겨졌다는 주장은 1994년 실시한 북한의 본격적인 발굴 작업을 토대로 하고 있다. 발굴 결과 무덤의 주인공이 왕이라는 것을 보여주는 금관 유물들이 나오고, 능 앞 구릉지대에서 거대한 규모의 사찰터가 확인됐다고 한다. 나아가 조성 시기도 4세기 말에서 5세기 초로 평양 천도시기와 일치한다는 것이다. 이 유적지를 답사해 촬영한 KBS의 〈역사스페셜〉팀은 평양의 왕릉이 무덤 아닌 사당일 가능성을 제시하고 있다. 실제 무덤은 종래 알려진 것처럼 졸본 지역에 있고, 평양에 있는 것은 도읍을 옮긴 뒤 지은 사당으로 추정된다는 것이다. 하지만 고구려의 경우 무덤이 곧 사당이기 때문에 사당의 의미로 무덤을 만들었을 가능성도 있다는 것이다.

북한의 이런 주장은 대담한 발상법만큼이나 치열한 논쟁을 불러일으키고 있다. 앞으로 고구려사를 놓고 중국과 벌어질 역사논쟁에서 북한과 협력하게 될 우리 역사계로서도 북한의 논법은 비켜갈 수 없는 논쟁거리다.

고구려의 건국을 상징하는 동명성왕은 이처럼 건국 연대, 건국 당시의 정확한 위치와 영역, 동명왕 이후의 역대 왕계도, 고구려 건국 세력과 우리 민족의 연관성 등 아직껏 풀리지 않는 주제들로 둘러싸여 있다.

고구려 건국설화는 백제 건국설화로 그대로 이어진다. 혈통적으로 고구려 건국 주도 세력의 1대나 2대가 그대로 백제 건국의 주인공으로 이어지기 때문이다.

이 두 설화에서는 모두 여성의 역할이 대단히 중요하게 자리매김하고 있어 흥미를 끈다. 주몽을 낳고 양육한 유화 부인의 경우를 보자.

유화 부인은 하백의 딸로 천제의 아들인 해모수와 관계해 주몽을 낳는다. 그녀는 그 뒤 부여 금와왕의 왕비가 돼 주몽을 양육하다가 주몽이 금와왕의 왕자들에게 위협을 받자 많은 일을 한다. 금와왕의 일곱 왕자로부터 주몽을 보호하기 위해 예씨와 결혼시키고, 아들의 망명을 돕기 위해 지혜를 발휘해 명마를 골라주었는가 하면, 새로운 나라를 세우는 데 반드시 있어야 할 다섯 가지 씨앗을 아들에게 준다. 바로 이런 이유로 그녀는 고구려의 농업신으로 추앙받아 후대 고구려 왕조의 제사 대상으로 승화한다. 실제로 역대 고구려 왕들은 부여 땅에 있던 유화 부인의 묘에 제사하기도 했으며, 사신을 보내 제사를 정기적으로 지낸 것으로 보인다. 이와 달리 주몽의 아버지인 해모수에 대해선 이런 신격화는 보이지 않는다.

주몽을 낳고 양육했던 유화 부인. 주몽이 왕자들에게 위협당하자 지혜를 발휘한다.

주몽의 후처이자 비류·온조의 어머니인 소서노도 걸출한 여걸로 손꼽을 만하다. 소서노는 주몽이 남하해 처음 자리잡은 졸본부여의 실력자 연타발의 딸(또는 공주)이다. 그는 이전에 부여 해부루왕의 손자인 우태와 결혼했다가 사별한 과부였다. 부모로부터 막대한 유산을 물려받아 졸본부여의 정치·경제적 지도자 그룹에 속했던 소서노는 주몽과 재혼해 고구려 창업에 크게 기여한다. 그 뒤 주몽이 부여에 남겨두고 왔던 아들 유리(또는 유래)가 졸본으로 와 결국 왕위계승권을 가져가자 소서노는 비류와 온조 두 아들과 함께 남하한다. 일부 사학자들은 당시 남하한 일행이 곧바로 미추홀(인천 지방: 비류백제)과 위례홀(한강: 온조백제)로 나눠지지는 않았을 것이라며 일정 기간 소서노를 사실상 군장(왕)으로 삼아 한 시기를 지냈을 것으로 보고 있다. 적어도 소서노가 졸본에서 고구려의 창업에 직·간접적으로 참여하고 기여한 경험을 백제 건국 과정에 충분히 발휘했을 것으로 추정할 수 있다. 이런 공적 등으로 소서노 역시 백제의 건국을 이끈 신으로 추앙받는다.

이처럼 삼국 건국 초기, 여성은 지금보다 훨씬 강력하게 능력을 발휘하고 있었다.

브리태니커 백과사전과 고구려사

세계적으로 권위를 인정받는 브리태니커 백과사전은 고구려를 '고대 한국의 삼국 가운데 가장 큰 나라'로 정의하고 있다.

"고구려는 전통적으로 기원전 37년 한반도 북부 동가강(冬佳江: 비류수) 연안에 이 지역의 토착민인 부여족의 지도자 가운데 한 명인 주몽이 세웠다고 인정받아왔다. 그러나 최근 들어 역사가들은 기원전 2세기에 건국됐을 가능성이 더 높다고 보고 있다.…… 서기 371년부터 384년까지 통치한 소수림왕 때 왕권 강화를 위해 각종 율령을 반포했다. 고구려의 영토는 광개토대왕(재위 서기 391~413년) 때 크게 넓어졌으며, 장수왕(재위 서기 413~491년) 때에 더 넓어졌다. 고구려 전성기에는 한반도 북부와 랴오둥 반도 그리고 중국 동북 지방인 만주의 상당 지역이 고구려의 통치를 받았다.…… 고구려 사람들의 생활과 이데올로기, 성격은 많은 고구려 고분 벽화를 보면 잘 알 수 있다.…… 수나라(서기 581~618년)와 당나라(서기 618~907년)라는 통일왕조가 등장하면서 고구려는 점차 중국의 침략을 받기 시작한다. 고구려 왕국은 서기 668년 한반도 남부의 왕국인 신라와 중국 당나라의 연합군에게 패망했으며, 그 뒤 한반도는 통일신라 왕조(서기 668~935년)의 지배 아래 들어갔다.…… 고구려 멸망 뒤 만주 북부에 있던 고구려 유민들은 대조영의 지도 아래 발해를 건국했으며, 곧 신라와 대립했다. 발해는 한때 중국인으로부터 '해동성국'이라고 불릴 정도로 높은 문화로 성장했으나 잘 알려지지 않았기에 역사가들은 신라에 더 우선적인 관심을 기울여왔다. 북방 유목민족에게 그 영토가 흡수된 이후 발해 지역은 더 이상 한국사의 영역에 편입되지 않았다."

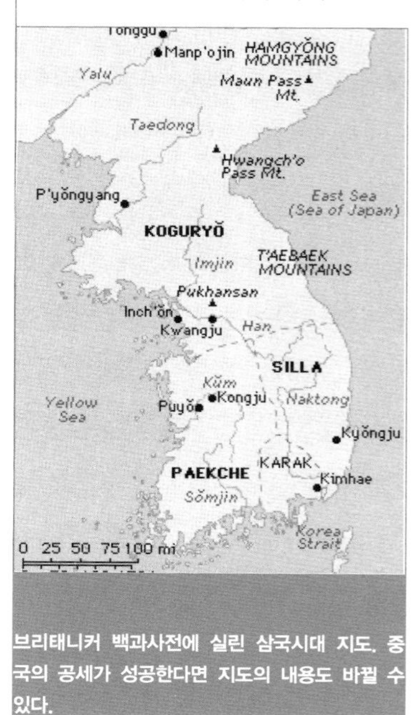

브리태니커 백과사전에 실린 삼국시대 지도. 중국의 공세가 성공한다면 지도의 내용도 바뀔 수 있다.

브리태니커에 이렇게 기술돼 있는 것은 그 집필을 한배호 교수 등 한국 학자들이 맡았기 때문이다. 그러나 앞으로 중국이 고구려사에 대한 학술적·정치적 공세를 강화하는 현재의 기조를 계속 밀고 나간다면 브리태니커의 내용도 바뀔 수 있다. 2000년 올림픽 유치를 위한 국제올림픽위원회(IOC) 표결에서 패배한 중국이 엄청난 시장 등 잠재적 경제력에다 다국적기업까지 동원하는 강력한 로비력으로 결국 2008년 베이징 올림픽 개최권을 따낸 것을 기억할 필요가 있다.

국강상광개토경평안호태왕

한반도 역사상 가장 광대한 땅을 정복한
광개토대왕의 부활

남북 분단과 함께 사실상 우리의 조국은 '섬나라'가 돼버렸다. 젊은 이들이 방학이면 갖가지 차량에 올라탄 채 거대한 유라시아 대륙으로 달려나갈 수 있는 통로인 북쪽 길이 막힌 것이다. 지난 반세기 동안 우리는 조국을 동강 낸 철조망의 벽 앞에 모든 것을 내려놓아야 했다. 따라서 통일은 우리에게 '민족 재결합' 이상의 의미를 지닌다고 할 수 있다. 잃어버린 대륙을 향한 화려한 비상이 민족 재결합의 감동 뒷면에 장엄하게 이어질 것이기 때문이다.

광개토대왕의 정복전 동기

우리 민족에게 해방의 꿈, 대륙의 꿈, 천하의 꿈을 안겨주는 존재가 있다. 바로 광개토대왕이다. 20세기 수난의 역사를 거치며 우리 민족에게 자연스럽게 생성된 꿈이자 잠재의식에 이어 21세기 벽두부터 몰아치고 있는 중국의 역사전쟁 때문에 광개토대왕은 더욱 존경받는 '한국인'이 돼가고 있다. 과연 광개토대왕은 부활하는가? 우리의 꿈★은 이뤄질 것인가?

광개토대왕(재위 서기 391~413년)의 휘는 담덕(談德)이다. (이름도 좋다! 덕을 말하다, 담덕.) 역사서에도 "어려서부터 체격이 뛰어나게 훌륭

했으며 뜻이 고상했다"고 기록된 그는 제왕학-군사학을 마스터했다. 10대의 나이였던 태자 때 이미 군사를 이끌고 전장에 나갔다. 동서남북 모든 방면을 향해 달려나간 그는 마침내 우리 민족사에서 최고로 꼽히는 정복군주가 된다.

무엇이 그를 이처럼 사방으로 치닫게 했을까? 그의 끝없는 정복전의 동기는 무엇이었을까?

놀랍게도 제1차적 동인은 '원한'이었다. 사면이 적으로 둘러싸인 채 충분히 강력하게 성장하지 못한 국가는 필연적으로 주변 국가들과 싸울 수밖에 없으며, 그 과정에선 어쩔 수 없이 치명적인 상처도 입게 마련이지 않은가. 담덕이 물려받은 고구려는 강력한 정복국가-완성형의 국가가 결코 아니었다. 오히려 그의 할아버지 고국원왕이 서기 371년 평양(또는 남평양으로 불리는 황해도 장수산성 일대)까지 치고 올라온 백제군과 싸우다 화살에 맞아 죽는 처참한 지경에까지 밀리고 있었다. 이때 백제 쪽의 위대한 영웅은 근초고왕이다.

원한은 서쪽으로도 깊다. 선비족 모용씨와 겨루는 과정에서 서기 342년 수도 환도성이 함락되는 치욕을 겪었다. 이때 선왕(미천왕)의 시신을 빼앗기고 태후가 포로로 붙잡혀 가는 극

광개토대왕 상상도.

악한 비극도 경험한 것이다.

고구려는 설욕을 위해 먼저 남쪽을 향했다. 고국원왕의 아들이자 담덕의 큰아버지인 소수림왕은 아버지 고국원왕이 죽은 지 4년 뒤인 서기 375년을 시작으로 376년, 377년 해마다 계속 백제를 공격했다. 이때는 담덕도 태어나 있을 때다. 역사학자 김용만은 이렇게 표현하고 있다.

"처음 말을 배우고 사물에 대한 이해를 갖게 될 때에 담덕이 본 것은 고구려 군대가 백제를 공격하러 가는 장면들이었다. 어린 담덕에게 고구려가 반드시 극복해야 할 적이 백제라는 사실은 뇌리에 깊이 각인될 수밖에 없었다."

광개토대왕은 즉위 다음해인 서기 392년 7월, 친히 4만의 군대를 이끌고 백제가 점령하고 있던 황해도 석현 지역(지금의 재령 평산 부근으로 추정함)을 공격해 10여 개의 성을 빼앗고 한강 유역까지 밀고 내려갔다. 백제 진사왕은 광개토대왕이 어리기는 하지만 전술에 능하다는 것을 알고 감히 적극적으로 맞서지 못했다. 백제 공략에 성공한 대왕은 9월에는 북쪽의 비려 원정에 나서 거란을 쳐 남녀 500명을 포로로 사로잡고 거란에 빼앗겼던 백성 1만 명을 설득해 이끌고 돌아온다. 그 해 10월에는 다시 백제가 자랑하는 수군기지인 관미성(그 위치에 대해선 오늘날의 강화도, 또는 강화의 부속 섬인 교동도, 또는 예성강 하구라는 세 가지 설이 있음)을 20일 만에 함락시킨다.

이 관미성 공격을 위해 광개토대왕이 쓴 전법이 눈길을 끈다. 관미성은 바다로 둘러싸여 있는 데다가 사면이 절벽으로 이뤄진 난공불락의 성채였다. 이곳을 공격하기 위해 대왕은 해군을 동원해 일곱 개 길로 진격했다. 관미성의 함락은 서해에 대한 지배권이 고구려로 넘어간다는 것이자, 한강변에 위치한 백제의 수도 한성이 고구려의 위협에 직접적으로 노출된다는 것을 의미했다. 이 때문에 백제는 고구려에 빼앗긴 관미성을 탈환하기 위해 치열한 노력을 기울인다. 서기 393년 백제 아신왕은 직접 1만 명을 거느리고 공격에 나섰으며 이듬해에도 황해도 수곡성을 공격한다. 또 그 이듬해에도 좌장 진무 등을 시켜 관미성을 공격하게 한다. 그러나 모두 실패한다. 수곡성을 둘러싼 싸움에는 광개토대왕이 친히 7천 병력을 이끌고 참전해 백제군 8천 명을 죽이거나 포로로 잡는 대전과를 올린다. 백제 아신왕은 이 패전을 만회하기 위해 자신도 광개토대왕과 같은 규모의 병력인 7천 군사를 이끌고 고구려로 진격했다가 큰 눈을 만나 철수하고 만다.

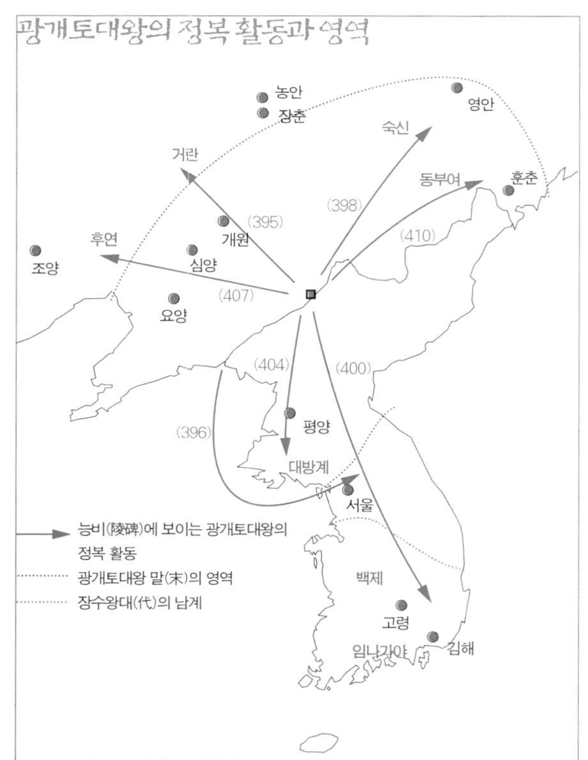

백제, 광개토대왕에게 무릎을 꿇다

이처럼 백제의 실패가 거듭되자 광개토대왕은 서기 396년 친히 대군을 이끌고 대대적인 백제 공략에 나선다. 이 공격을 통해 대왕은 오늘날의 경기 풍덕에 해당하는 일팔성을 비롯해 구모로성(경기 광주 지역), 각모로성(황해 토산), 간저리성(경기 풍덕) 등을 잇따라 함락한다. 광개토대왕비문에는 이때 함락된 성 이름을 이렇게 적고 있다. "아단성(서울 광나루의 아차산성), 고리성(경기 풍양), 잡진성, 오리성, 구모성(경기 연천 또는 김포), 고야수라성, 전성, 두노성(충남 연기), 미추성(인천), 야리성(경기 장단), 대산한성(서울 세검정), 돈O성(개성), 누매성, 산나성, 나단성, 세성, 모루성, 취추성, 고모루성(덕산), 윤노성, 삼양성……"

이처럼 백제와의 전쟁에서 대왕이 빼앗은 것이 58개 성, 700여 마을에 이른다. 광개토대왕은 백제가 연패하면서도 불복하자 수군을 이끌고 한강변에 있는 백제의 수도를 공격한다. 오늘날 풍납토성을 포위한 광개토대왕의 총공세 앞에 결국 백제는 항복한다. 젊어서 즉위한 뒤 줄곧 광개토대왕의 라이벌처럼 겨뤄온 아신왕은 대왕 앞에 무릎을 꿇고 "영원히 고구려의 신하가 되겠다"고 맹세한다. 광개토대왕은 아신왕의 아우와 신하 10명을 볼모로, 백제 백성 1천여 명을 포로로 잡고 많은 재물과 함께 개선한다.

이러한 고구려의 설욕전은 광개토대왕의 아들 장수왕 때 백제의 수도를 함락해 개로왕을 죽이는 것으로 한 매듭을 짓는다. 이때 백제는 한강 유역을 버리고 남쪽 웅진으로 천도한다.

백제와의 전쟁에서 볼 수 있듯이 광개토대왕은 공격뿐만 아니라 방어에도 매우 뛰어났다. 또한 기병과 보병을 이끌고 대륙을 달렸을 뿐만 아니라 배를 타고 거대 병력의 해군도 훌륭하게 지휘하는 등 '전쟁의 신' 과도 같은 면모를 보였다.

광개토대왕의 남진은 서기 399년에 백제와 왜의 연합군에게 공격받은 신라의 구원 요청에 응해 서기 400년 보병과 기병을 합쳐 5만이라는 대병력을 신라로 출병하는 것으로 이어진다. 당시 고구려에 연패하던 백제는 왕자 전지를 백제계 분국이던 북구주의 왜국으로 파견해 병력을 끌어모았다. 이렇게 해서 동원된 왜병이 신라를 공격하자 신라는 고구려에 충성을 맹서하면서 구원을 청한 것이다. 고구려군은 신라로 가서 왜병을 물리치고 가야 지방까지 추격해 왜병을 궤멸한다. (바로 광개토대왕비에 나와 있는 이 부분의 해석을 놓고 일본의 사학자들은 당시 한반도에 왜가 바다를 건너와 백제, 임나, 신라를 신민으로 삼았다는 이른바 '임나일본부설'을 펴고 있다. 그러나 이런 의도적 오역은 당시 백제와 왜가 동맹관계였다는 가장 기본적인 역학관계를 보면 출발부터 타당성을 잃고 있다. 나아가 왜병이 한반도에 처음 출병했을 당시의 병력은 최대로 잡아 수천 명에 지나지 않았을 것이고, 그나마 즉각 궤멸적 패배를 입은 점만 보더라도 '식민지 경영' 등을 입 밖에 낼 처지가 못 된다.)

이듬해인 400년 황해도 땅 대방계에 다시 왜가 갑자기 쳐들어오자 왕은 다시 친히 군대를 이끌고 왜구를 수없이 참살한다. 백제와 왜의 연합 세력이 공격을 계속하자 이때를 계기로 제·왜연합군에 대한 처리방식은 살육섬멸전으로 전환됐다. 즉위 15년과 17년의 대회전에서는 과거의 '속민 조공'(속민이 되어 조공을 바치는 것)이나 '귀왕 노객'(고구려를 왕으로 모시는 노객이 되는 것)이 아닌 '참살 탕진'(참살해서 완전히 없애버리는 것)으로 강력하게 응징하고 있다.

고구려의 남진은 백제에 대한 설욕전에서 시작됐지만 중대한 결과로 이어졌다. 어느 의미에서는 광개토대왕이 무작정 땅만 넓히는 데만 골몰한 팽창주의자가 아니라 국가의 명운과 관련해 대단히 멀리, 크게 보는 전략가였음을 반증한다. 중국 당나라 때의 역사서 『남사』는 이렇게 적고 있다. "(고구려는) 토지가 척박하여 양잠과 농사로써 충분히 자급하지 못하므로 음식을 절약하여 먹는다." 심지어 『삼국사기』에는 "백성들이 (기근 때) 서로 (자식을 바꿔) 잡아먹었다"〔民相食〕는 표현까

© 박승화

서울 용산 전쟁기념관 안에 전시된 광개토대왕의 전투도. 그는 동서남북 모든 방면을 향해 정복전을 벌였다.

지 나올 정도로 식량 사정이 좋지 않았다. 그에 반해 남쪽은 좀더 좋은 곡창이 곳곳에 있었다. 고구려와 백제가 1차로 황해도, 2차로 한강 유역을 놓고 격전을 벌인 이유는 바로 이 안정적인 식량공급 기지인 평야를 점령하기 위해서다. 나아가 이 지역을 장악하면 중국과의 교역 통로도 확보할 수 있었다. 광개토대왕은 이처럼 고구려의 식량문제를 근본적으로 해결하고 한반도와 중국대륙을 연결하는 네트워크를 안정적으로 장악하는 데 성공한 것이다.

동아시아의 대국

나아가 고구려의 남진은 민족사의 관점에서도 매우 중대한 결과를 낳는다. 바로 남진정책을 통해 삼국의 민족문화적 동질성이 획기적으로 강화·발전하게 된 것이다. 일부 역사학자들은 이 시기에 고구려의 문화가 한반도 남쪽으로 대거 밀려들었다고 파악한다. 문화적으로 '경주 호우총에서 광개토대왕의 제사에 사용된 제기가 출토되고, 서북총에서는 장수왕의 연호가 새겨진 은그릇이 출토된 사실' 은 고구려와 한반도의 문화적 융합·동질화가 획기적으로 가속화되었음을 보여준다. 나아가 우리 민족의 중요한 먹거리로 자리잡고 있는 된장·간장이 바로 고구려를 통해 이 시기에 들어왔다는 논문도 발표됐다. 이 남진정책의 결과 민족적 정체성이 발전해 결국 고구려 멸망 이후 고구려 유민들의 대대적 신라 귀순이 가능하게 됐다는 것이다.

광개토대왕의 남진은 이어 만주와 중원을 향한 북벌로 이어진다. 환도성이 선비족에게 함락당할 때 입은 치욕을 씻기 위해 대왕은 먼저 서북방을 안정시켜 공격의 여건을 갖춘다. 서기 395년 선비족의 북쪽 배후라 할 수 있는 거란을 치고, 다시 서기 398년 북방의 숙신을 안정적으로 복속시킨다. 그 뒤 선비족이 후연을 세우자 서기 407년 후연을 전면적으로 공격한다. 이때 광개토대왕은 백제 공략 때처럼 사면에서 들이치는 '필승전법' 을 구사한다. 백제의 관미성을 칠 때와 비슷하게 우회작전을 동원해 후연의 수도 용성을 사면에서 한꺼번에 압박한다. 이때도 해군을 동원했다. 후연은 결국 이런 공세에 굴복해 내부 반란이 일어나 고구려 출신인 고운을 왕으로 옹립하고 북연으로 바뀐다. 광개토대왕은 고운을 고구려의 제후왕으로 받아들인다. 그 뒤 서기 410년 동부여도 정벌해 동쪽도 안정화한다.

이 결과 고구려는 만주 일대와 한반도의 북부 전역을 강역으로 거느린 동아시아의 대국으로 확고하게 군림하게 됐다. 사방이 모두 적으로 둘러싸인 위기의 나라, 왕이 전사하거나 왕의 무덤이 파헤쳐지는 치욕의 국가를 이제는 부챗살 모양으로 그 국력이 사면팔방으로 뻗어나가는 중심제국으로 만드는 데 성공한 것이다. 이런 자신감을 반영하듯 대왕은 재위 기간 중 '영락'(永樂)이라는 독자 연호를 사용했다.

국가적 과제를 해결하고 고구려의 최전성기를 가져온 광개토대왕에게 고구려 백성들은 '국강상광개토경평안호태왕'(國彊上廣開土境平安好太王)이라는 극존칭의 이름을 올렸다. 그리고 이렇게 칭송했다. "태왕의 은혜는 하늘에 이르고, 태왕의 위력은 사해에 떨쳤나이다. 적들을 쓸어 없애셨으니 백성들은 평안히 자기 직업에 종사했고, 나라가 부강하니 백성이 편안하고, 오곡마저도 풍성하게 익었나이다."

ⓒ 박승화

경기 구리시에 있는 광개토대왕 동상. 뒷면에 쓰인 '광개토경평안호태왕'은 고구려 백성이 그에게 붙인 극존칭의 이름이며, 광개토대왕비의 서체를 그대로 쓴 것이다.

그런데 대왕은 왜 이리도 일찍 죽었을까? 아쉽다. 아들 장수왕은 재위 기간만 78년에 이를 정도로 충분한 수를 누렸는데 왜 그는 39세에 죽었을까? 의문이다. 고구려 역대 군왕 가운데는 동명성왕처럼 마흔도 안 돼 죽은 경우가 있는가 하면, 태조왕처럼 재위 기간만 94년에 이른 것으로 기록된 왕도 있기에 그렇다. 자신이 가진 능력과 정열을 전력으로 쏟아부은 사람들은 그리도 일찍 가야만 하는 것일까? 아, 주몽이여, 담덕이여!

그들의 논리는 해괴하다

2003년 초 중국에서는 『중국고구려사』란 제목의 책이 출판됐다. '중국+고구려' 논리를 노골화한 셈이다. 저자는 통화〔通化〕사범대학 고구려연구소 경톄화 교수다. 중국 동북공정의 손꼽히는 이론가 가운데 한 사람이기도 하다. 고구려를 중국으로 간주한 이 책은 나아가 '중국역사에 따라 고구려의 시대를 구분하는' 해괴한 논리까지 폈다.

① 양한(兩漢: 전한과 후한) 시기: 추모왕(주몽왕)~산상왕 기원전 37~서기 227년

② 위진(魏晋) 시기: 동천왕~호태왕(광개토대왕) 227~413년

③ 남북조 시기: 장수왕~평원왕 413~590년

④ 수당(隋唐) 시기: 영양왕~보장왕 590~668년

이에 대해 고구려연구회 서길수 대표는 "한 나라의 시대를 구분하면서 다른 나라의 왕조에 따라 시대 구분을 하는 것은 전대미문의 논리"라고 비판한다. 나아가 고구려가 적어도 705년을 존속하는 동안 중국과 몽골에선 모두 35개의 나라가 생겼다가 사라졌다고 분석하면서 "도대체 705년 동안 꿋꿋이 이어온 고구려가 수없이 흥망을 반복해온 중국의 어떤 나라에 속했다는 말인가"라고 반문한다.

서 교수에 따르면 고구려가 존속하는 동안 존재하다가 사라진 35개 왕조 가운데 70퍼센트에 가까운 24개 국가가 50년도 못 가서 망했다. 100년이 안 되어서 망한 국가는 30개로 늘어나 전체의 86퍼센트를 넘는다. 200년 이상 간 나라는 한나라(221년)와 당나라(290년) 단 두 나라뿐이라는 것이다.

나아가 35개 나라 가운데 절반 정도는 중국의 한족이 아닌 북방민족이 지배한 나라다. 하지만 중국은 이 35개 나라를 모두 자기 나라 역사로 간주하고 있다.

이런 상황인데도 경톄화 같은 학자는 고구려사를 한족 위주의 4

단계로 나누고 나선 것이다.

고구려와 중국 왕조의 존속 기간 비교

고 구 려	중 국 왕 조
705년	50년 미만 (24개 나라) 후양(氐族: 저족)-7년, 서연(선비족)-10년, 남연(선비)-13년, 동위-17년, 남양(선비)-18년, 전연(선비)-22년, 서위-22년, 서양-22년, 제-24년, 후연(선비)-25년, 전조(흉노)-26년, 하(흉노)-26년, 북주-26년, 북연-28년, 북제-28년, 진-33년, 후조(羯族: 갈족)-34년, 후진(羌族: 강족)-34년, 수-38년, 촉(삼국지의 촉나라)-43년, 북양(흉노)-43년, 위(삼국지)-46년, 성(저족)-46년, 서진(선비)-47년 100년 미만 (6개 나라) 오(삼국지의 오나라)-52년, 진-52년, 양-56년, 송-60년, 전진(저족)-61년, 전양-76년 100년 이상 (5개 나라) 동진-103년, 북위-149년, 후한-196년, 한-221년, 당-290년

– 서길수, 「고구려 정체성에 대한 중국의 연구 현황과 논리」 중에서

고려의 고구려 계승의식은?

고구려는 서기 668년에 멸망했다. 그 250년 뒤 고구려를 계승한다는 정신을 국호에서부터 반영한 새 왕조, 고려가 열렸다. 과연 고려인들의 고구려 계승의식은 얼마나 강했던 것일까?

이 물음과 관련해 가장 먼저 떠오르는 역사의 한 장면은 고려의 서희와 거란침입군 장군 소손녕 사이에 벌어진 역사논쟁이자 외교논쟁이다.

고려 성종 12년(993) 거란의 요나라가 80만의 병력을 동원해 침입해오자 고려 조정은 들끓었다. "거란의 군세를 당할 수 없으니 항복을 하자"는 '항복론'과, "서경(평양) 이북의 땅을 베어주고 강화를 하자"는 '할지론'(割地論)이 대세를 이루고 있을 때 서희는 홀로 담판에 나선다. 소손녕은 이렇게 주장한다. "그대의 나라 고려는 신라의 땅에서 일어났다. 고구려의 옛 땅은 우리나라 소속인데 당신들이 이 땅을 침식하고 들어왔다. 나아가 우리와 땅을 접하고 있으면서도 바다를 건너 송나라와 관계를 맺으므로 오늘의 사태가 벌어진 것이다. 이제 땅을 베어 바치고 조공을 하면 무사할 것이다." 이에 대해 서희는 이렇게 반박한다. "그렇지 않다. 우리나라는 고구려를 계승한 나라다. 따라서 국호를 고려라 하고 수도도 평양으로 정한 것이다. 만약에 경계를 가지고 말한다면 귀국의 동경〔지금의 랴오양(遼陽)〕도 우리 국토 안에 들어와야 한다. 당신이 어떻게 우리에게 침범했다는 말을 할 수 있는가? …… 만일 여진을 구축하고 우리의 옛 땅을 돌려주어 거기에 성과 보루를 쌓고 길을 통하게 한다면 어찌 국교를 맺지 않겠는가? 장군이 만약 나의 의견을 귀국의 임금에게 전달한다면 어찌 받아들이지 않겠는가?"

역사논쟁 끝에 거란 장군 소손녕을 물리친 고려의 서희.

결국 서희의 이 논거가 받아들여져 요나라 군사는 철수하게 된다. 나아가 요나라는 압록강 동쪽 280리의 고구려 고토를 할양하기까지 한다. 이 담판과 관련해 한편에서는 요나라로서는 고려가 송나라와 국교를 끊고 자신들과 국교를 맺겠다는 제의에 만족했기에 철수했다고 분석하기도 한다. 하지만 이 담판은 고려의 고구려 계승을 국제적으로 선언하고 불완전하나마 관철시킨 한 장면으로 평가받는다.

한편 『고려세계』에서는 왕건의 조부 작제건을 '고(구)려인'으로 표기하고 있으며, 왕건 스스로도 "발해는 본래 나의 인척의 나라"라고 발언하는 등 고구려 계승의식이 강하게 나타난다. 나아가 송나라 때 서긍(徐兢)이 쓴 『고려도경』에는 "고려 왕씨의 선조는 고(구)려의 대족이었다"고 기록돼 있기도 하다.

중국 역사지도 속의 고구려

중국의 역사지도에선 고구려가 어떻게 나타나고 있을까?

2004년 중반까지 중국에서는 '동북공정'에서 제시하는 결론을 반영한 역사지도가 본격적으로 출판되지는 않았다. 1982년 처음 출판돼 지난 1996년 6월 제2차 인쇄를 한 중국지도 출판사가 발행한 『중국역사지도집』 전 8권이 나름대로 최고의 권위를 인정받고 있다고 할 수 있다. 지도집은 중국사회과학원이 주판공청이며 탄지샹〔譚其驤〕교수가 편집 총책임을 맡았다.

고구려에 관한 부분의 지도 내용은 동북공정의 방향성과 달리 이전까지 공표된 중국 쪽 역사 인식을 반영하고 있다.

지도 1 : 전한시대

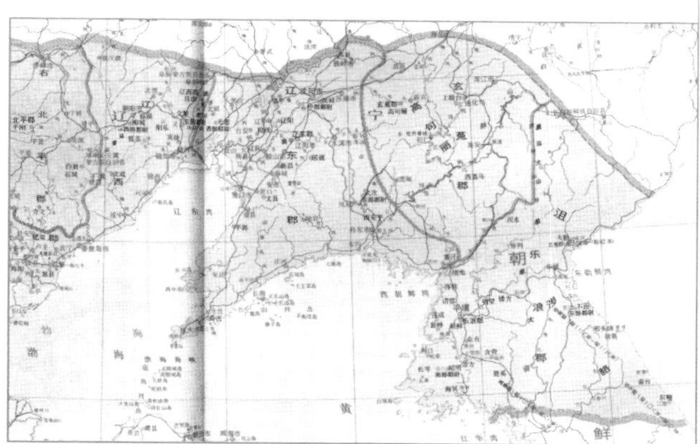

고구려는 일단 현토군 안에 들어가 있다. 그러나 '고구려'(高句麗)를 큰 글씨로 표시해 주변의 한나라 영역 밖에 있는 부여, 숙신, 옥저 등과 동격으로 표시하고 있다. 반면에 도시로서의 고구려(高句驪)는 한자 표기를 다르게 하여 아주 작게 표시해놓고 있다.

지도 2 : 후한시대

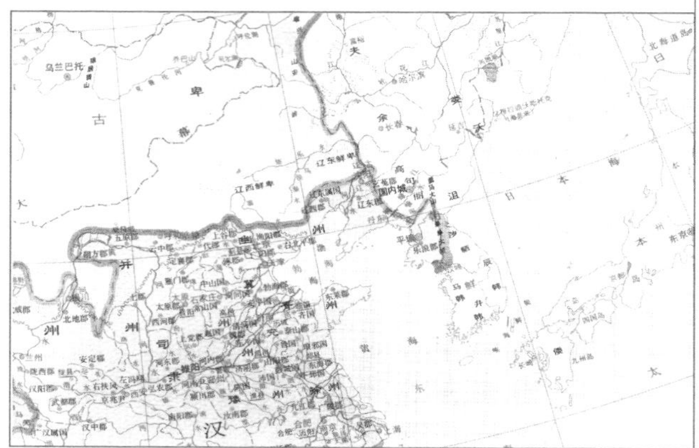

고구려는 완전히 중국 군현에서 벗어나 있다. 한군현이 대거 후퇴돼 있다. 한반도 남부는 아직 삼한으로 표시돼 있다.

지도 3 : 오호십육국시대

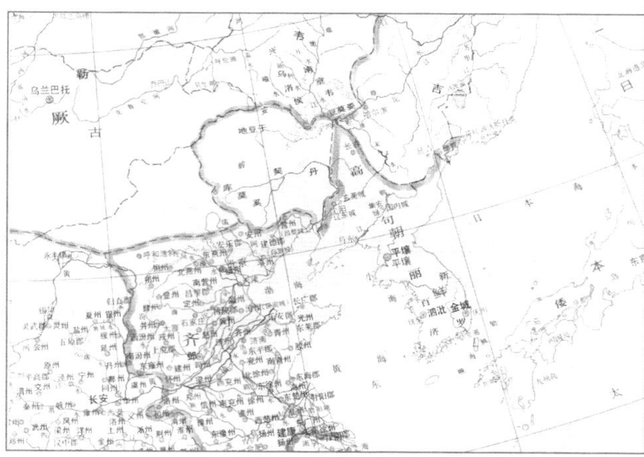

고구려가 중국에서 분리된 별도의 영역으로 표시돼 있다. 중국 쪽의 제나라와는 거란에 의해 확실하게 분리돼 있다. 그러나 고구려·백제·신라는 나라별로 구분되어 있지 않고 같은 영역으로 표시되어 있다.

지도 4 : 수나라시대

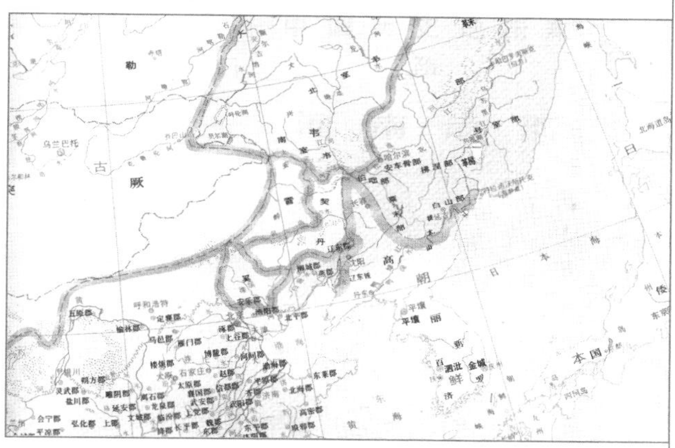

고구려는 수나라와는 요하를 경계로 갈라져 있다. 고구려·백제·신라는 역시 하나의 영역 속에 들어 있고 별도로 구별돼 있지 않다. 이 지도에 따르면 고구려의 경계는 서쪽으로는 요하, 북쪽으로는 장춘보다 훨씬 북쪽의 헤이룽장〔黑龍江〕 성 북단 쑹화〔松花〕 강 유역, 동으로는 두만강 하류의 훈춘 지역, 남쪽으로는 한강 유역에 이른다. 만주 동부쪽에는 말갈의 영향권이 많이 파고들어와 있는 형상으로 그려져 있는데, 고구려와 말갈의 실질적인 지배-종속관계가 제대로 반영되지 않았기 때문으로 보인다.

바다의 지배자

정화, 아메리카를 발견하다 **콜럼버스보다 71년 앞서 아메리카를 찾은, 3000개 나라 10만 리를 누빈 대항해**

정화 함대의 기록을 불태워라 **1000년 동안의 중국 역사에서 가장 비극적인 사건**

장보고, 해양왕국을 꿈꾸다 **청해진을 세계적인 국제 무역항으로 만든, 그 지칠 줄 모르는 벤처정신**

정화, 아메리카를 발견하다

콜럼버스보다 71년 앞서 아메리카를 찾은, 3000개 나라 10만 리를 누빈 대항해

1431년 제7차 항해에 나서 중국 대륙을 따라 동지나해(동중국해)를 내려가던 명나라 제독 정화는 이번이 마지막 항해가 될지도 모른다는 것을 예감했다. 막 60세가 된 그는 중간 기착지에서 해상의 안전을 주관하는 도교의 여신 천비에게 그동안의 가호에 감사하는 글을 올렸다. 정화의 글을 담은 비석은 비바람과 정치적 음모로 얼룩진 600년의 세월을 이긴 채 마침내 세상을 향해 정화 함대의 숨겨진 진실을 전하는 데 성공했다.

명군의 포로에서 환관이 된 정화

우리들, 정화와 그 동료들은 영락제 통치 시작 때부터 야만 지역의 번국에 칙사로 가라는 황상의 천명을 받들어 지금까지 일곱 차례에 걸쳐 항해를 수행했다. 항해 때마다 우리는 수만에 이르는 관군과 100척이 넘는 대양 선단을 지휘했다.…… 수평선 너머 세상의 끝에 있는 나라들이, 서쪽 나라들의 서쪽 끝이 북쪽 나라의 북쪽 끝이, 그 얼마나 멀리 떨어져 있건 우리 항해의 목표였다. 그렇게 해서 찾아간 크고 작은 나라가 모두 3천이 넘는다.

– 푸젠 성 장락 현 삼봉탑사 천비궁에 있는 '천비령응지기'(天妃靈應之記)에서

우리는 모두 10만 리(약 18만 5000킬로미터)가 넘는 거대한 해역을 항해했으며, 그 대양에서 하늘까지 치솟는 산더미 같은 파도를 보았다. 우리는 저 멀리 빛살 속에서 투명한 하늘색에 잠긴 야만 지역을 발견했다. 우리의 항해는 높이 피어오르는 구름처럼 고고하게, 밤낮을 가리지 않고 그 무자비한 파도를 쾌속으로 통과하는 별처럼 이어지고 또 이어졌다.

– 태창 현 유가항 천비궁에 있는 '통번사적기'(通番事蹟記)에서

20세기까지 명나라 제독 정화의 활동은 대략 이렇게 기록돼 있었다.

1381년 몽골군을 중원에서 몰아내고 새로 왕조를 연 명나라가 드디어 몽골군 잔존 세력의 근거지로 떠올라 있던 윈난성을 공략하기 시작했다. 정남장군 부우덕이 이끄는 대군은 몽골 쿠빌라이 칸의 후예인 양왕(梁王) 바살라와미의 지배를 받고 있던 윈난을 이듬해 1382년 완전히 평정한다. 바살라와미가 명을 건국한 주원장의 항복 권유를 거절하고 오히려 그 특사를 처형한 지 8년 만의 일이다. 명나라군은 이 지역에서 수많은 몽골군과 함께 몽골 정권에 협력했던 색목인 등 많은 이민족을 포로로 잡았다. 점령군 지휘부는 몽골 진영의 포로를 잔인하게 대했다. 그

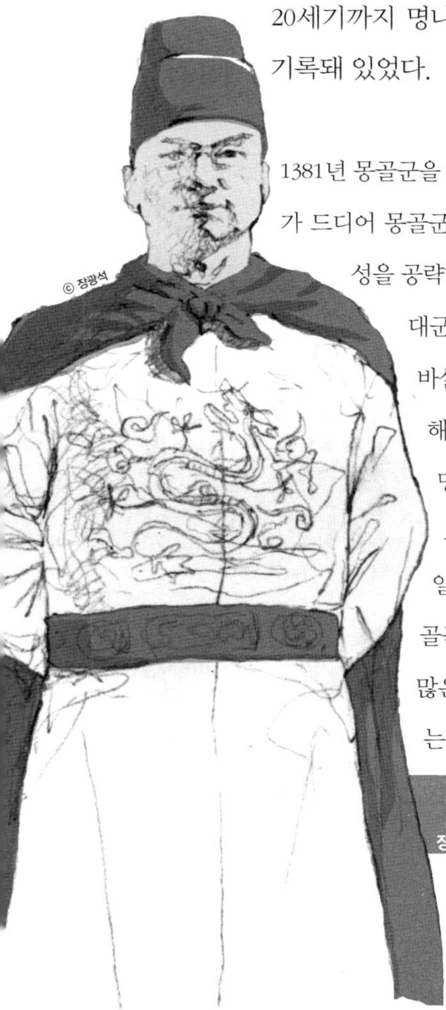

© 장광석

정화 상상도.

어느 지역보다도 많은 포로들이 무더기로 거세돼 이른바 환관이 된 것이다. 이 지역의 묘족과 야족만 하더라도 한꺼번에 6만 명이 거세됐고 헤아릴 수조차 없이 많은 몽골인들도 거세됐다.

루이즈 레바티즈는 『중국이 바다를 지배하던 시대: 천자의 보물선 함대 1405~1433』에서 그 비극의 규모를 이렇게 밝히고 있다.

정화는 윈난 성 출신의 색목인으로 원래 성은 마(馬)씨다. 그의 아버지와 할아버지 역시 몽골식 이름을 가졌으며, 선조는 몽골을 지원해 원 초기 함양왕에 책봉되기도 했다. 명나라의 윈난 정벌 때 12세 소년이었던 그는 1383년 옛 원나라 수도였던 대도(지금의 베이징)에 국경수비를 위해 파견돼 있던 태조 주원장의 넷째 아들 연왕(燕王) 주체에게 환관으로 보내졌다. 이 소년이 윈난에서 포로가 되어 거세되었는지, 아니면 다른 경로로 거세됐는지는 확실하지 않다. 확실한 것은 당시 열 살이 조금 넘거나 채 열 살도 되지 않은 소년들이 윈난에서 무더기로 포로로 붙잡혀 환관으로 운명이 바뀌었다는 것이다.

연왕 주체의 진영에 들어간 것은 정화에게는 행운이었다. 독실한 이슬람교 신자이기도 했던 그는 그곳에서 소년기에 닥친 고통스럽기 짝이 없는 수난을 극복하며 성장한다. 그 결과 여러 나라 말을 능숙하게 구사하고, 학문에도 조예가 깊었다고 알려진다.

"신장 9척(180센티미터), 허리둘레 10위(150센티미터), 얼굴은 사각형, 코는 작으나 귀상, 미목수려, 귀는 희고 길며, 치아는 조개와 같고, 걸음걸이는 호랑이와 같으며, 음성은 낭랑하다."

이것은 명나라 초기의 관상가 원충철이 표현한 정화의 모습이다. 환관은 여성형일 것이라는 일반인들의 선입견과는 달리 그는 대장부 상이었다. 정화는 이런 체구와 능력으로 연왕의 호위대를 지휘하기도 했다. 당시 황제 건문제가 실력자인 삼촌 연왕을 제거하기 위해 자객들을 계속 밀파하는 등 조카(황제)와 삼촌(연왕) 사이에는 생사를 건 싸움이 계속되고 있었다.

탁월한 지도력과 군사적 능력을 갖춘 주체는 결국 건문제의 숙청 작전에 맞서 정변을 일으켜 4년 동안의 격전 끝에 승리한다. 역사가들은 수적으로 열세였던 주체가 승리할 수 있었던 이유로 주체와 그 참모들의 능력과 함께, 황제 진영에서 박대받은 환관들의 비밀스런 지원을 꼽는다. 환관들은 황제의 근거지인 수도 난징〔南京〕의 허술한 경비상황을 그대로 연왕 진영에 전달해 난징 함락의 결정적 요인을 제공한 것이다. 주체는 이 정보에 따라 난징에 대한 전격작전에 돌입해 성공했다. 이 과정에서 정화는 한편으로는 황제 쪽 궁정에 있는 환관들을 이용한 정보전에서, 다른 한편으로는 유능한 야전 지휘관으로서 주체의 승리에 크게 기여한다. 이 공로를 인정받아 그는 주체가 영락제로 등극한 직후 환관의 최고위 직위인 태감으로 승진하고, 나중에 황제로부터 정씨 성을 하사받는다. (그에게 정씨 성을 내린 이유로는 주체의 본거지 베이징이 공격당하고 있을 때 주체의 애마가 죽은 곳의 지명을 땄다는 설이 유력하다. 죽으면서까지 주인의 생명을 살릴 정도의 충성심을 기대하는 분위기가 느껴진다. 그만큼 신뢰한다는 뜻을 담고 있기도 하다.)

정화 함대의 남해대원정

영락제의 두터운 신임을 받고 있던 정화는 그 뒤 황제의 명령으로 1405년부터 1433년까지 모두 일곱 차례에 걸쳐 저 유명한 남해대원정 '서양대원정' 을 떠난다. (여기서 서양이라는 용어에 혼동을 일으키면 안

된다. 명나라 초기 당시 중국인은 인도양과 태평양을 가르는 말라카 해협을 기준으로, 그 서쪽의 인도양부터를 서양이라고 불렀다.)

1405년 1차 항해가 시작됐다. 함대는 보선 62척을 비롯해 100여 척으로 이뤄져 있었다. 보선 가운데 가장 큰 것은 길이가 150미터, 폭이 60미터가 넘는다. 역사상 그 어떤 나라도 이처럼 대규모 선단을 대양으로 내보낸 적이 없다. 그가 지휘한 함대는 당시 유럽 모든 나라의 군함수을 합친 것보다도 큰 규모다.

"남해로 항해한 배들은 마치 집채와도 같았다. 함대가 일제히 바다로 나아가면 마치 하늘에 거대한 구름이 몰려가는 듯했다."

한 중국사가는 함대의 위용에 대해 그렇게 표현했다.

영락제가 대항해를 명령한 배경과 관련해선 몇 가지 설이 유력하게 거론된다.

"바다 건너 세상의 끝까지 가서 모든 번국들이 조공을 바치도록 하라."

이것이 그의 공식적인 칙명이었다. 세상 천하를 유교적 중화 질서에 편입시킨다는 것이다. 이와 함께 외국망명설이 민간에 퍼져 있는, 축출된 전임 황제 건문제의 행방을 쫓으라는 명령도 비밀리에 정화에게 내렸을 수도 있다.

대항해는 이런 배경 속에서 시작돼 1433년까지 모두 일곱 차례에 걸쳐 벌어졌다. 모든 항해 때마다 최고지휘관인 태감 정화가 정사를 맡았다. 영락제가 거의 3만 명에 이르는 대군의 총사령관으로 환관 출신을 기용한 것에는 정화의 능력에 대한 신뢰와 함께 유학자들에 대한 불신이 작용했다. 대유학자 방효유(方孝孺)를 비롯한 당시 대부분의 유학자들은 주원장의 적손으로 학문을 사랑한 건문제를 지지했다. 그들은 영락제에 대한 출사를 거부하다가 무더기로 처형되는 등 새로운 황제와 사이가 좋지 않았던 것이다. 또한 황제는, 환관은 자식을 낳을 수 없으므로 자신에게 더욱 충성하리라 기대하기도 했을 것이다.

이렇게 어릴 때부터 연왕부에 들어간 정화는 장군으로 성장해 주체가 마침내 대업을 이루는 데 기여하여 공신 그룹에 들어간다.

대항해는 비단·도자기·사향·장뇌·옻칠기 등 중국 특산품의 시장을 아시아와 아프리카 지역으로 확장하는 한편 반대로 그 지역의 특산품인 후추·용연향·진주·보석·산호·사자·기린·얼룩말·타조·아랍말 등을 중국으로 들여왔다. 나아가 단순히 물자뿐만 아니라 사람과 정보의 대규모 교류도 촉진했다. 이것은 중화민족의 대외진출로 이어져 상당수 동남아 지역에 화교들이 뿌리내리는 주요한 계기로 작용했

정화는 대항해를 통해 도자기 등 명나라의 특산품 시장을 아시아·아프리카로 확장시키는 한편 기린 등 각종 동물과 특산품을 중국으로 들여왔다.

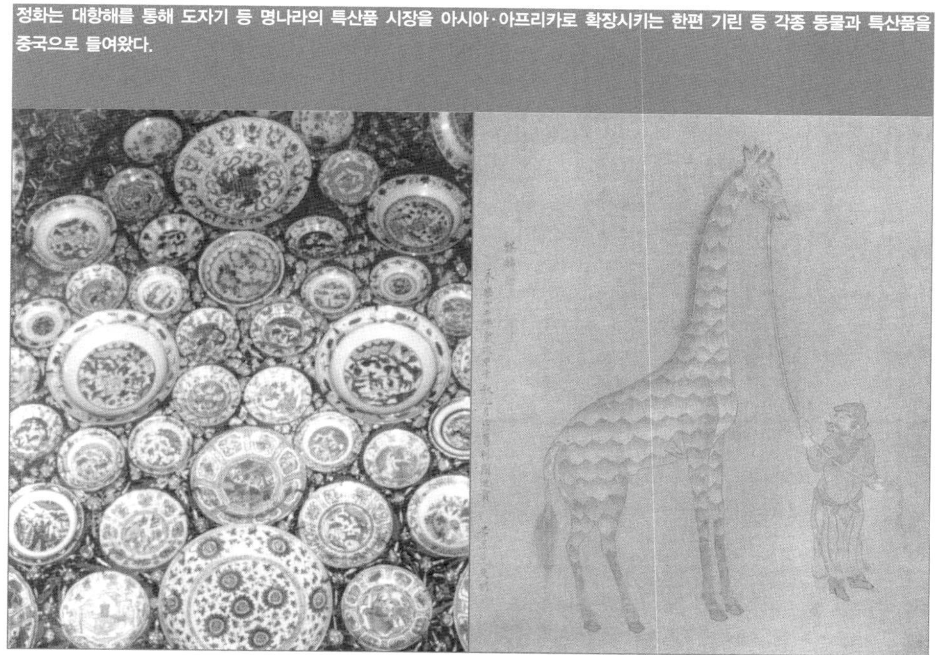

다고 평가받는다. 그 뒤 정화는 7차 항해에서 돌아오는 길에 1433년 인도양에서 62세의 나이로 죽는다.

명나라 역사는 공식적으로 정화 함대가 찾아간 나라와 지역을 수마트라, 베트남, 시암, 캄보디아, 필리핀, 실론, 방글라데시, 인도, 소말리아, 모가디슈로 기록하고 있다. 일부에서는 희망봉까지 돌았다고 주장한다.

정화의 지도를 손에 든 콜럼버스

세계 역사는 이런 기록을 바탕으로 바다를 사실상 서양의 지배권 아래 방치해놓았다. 콜럼버스, 바스코 다 가마, 카브랄, 마젤란, 제임스 쿡…… 모든 대항해시대의 영광은 이런 서양식 이름이 휩쓸어갔다. 그 어디에도 동양식 이름은 없다. 서양인 중심으로 움직여온 세계 학계는 그렇게 수세기 동안 철옹성처럼 정화와 정화로 표상되는 동양의 바다사를 사실상 배제하거나 축소하고 있었다. 그런데 그 철옹성이 갈라지는 사건이 일어나기 시작했다.

2002년 3월 15일 영국 런던의 왕립 지리학회에서 개빈 멘지스라는 한 퇴역 해군장교가 놀랄 만한 사실을 발표했다.

"콜럼버스는 아메리카를 1492년에 발견했지만, 그것은 이미 71년이나 늦은 발견이었다. 실제로는 명나라 제독 정화의 함대가 이미 1421년에 아메리카를 발견했다. 뿐만 아니라 정화 함대는 당시 세계에서 가장 발달한 조선술과 항해술로 세계일주까지 마쳤을 개연성이 대단히 높다."

멘지스의 발표는 그가 영국 해군 잠수함 장교로서 12년 동안 근무하면서 항해지도와 천체 관측에 정통한 데다가, 대항해 시대의 대표적 탐험가들의 항로를 모두 실제로 항해했던 경력 등으로 인해 독특한 관심을 끌기에 충분했다.

이날 발표로 촉발된 '21세기 정화논쟁'은 그해 11월 멘지스가 『1421 중국, 세계를 발견하다』(1421: The Year China Discovered the World)를 출판하면서 새로운 단계로 발전한다. 14년 동안 140개 국가의 현장과 문서보관소, 도서관, 과학연구소, 희귀자료 소장 기관 등을 뒤지고, 관련 전문가들을 인터뷰하는 등 숱한 노력 끝에 태어난 이 책은 페이퍼백이 아닌데도 곧바로 영국과 미국에서 베스트셀러가 되는 등 세계적인 관심을 끌었다.

멘지스가 논점의 시발로 삼은 주제는 대략 다음과 같은 다섯 가지로 압축할 수 있다.

첫째, 1492년 콜럼버스가 이른바 아메리카를 '발견'하기 이전부터 실제로 대서양 건너편 육지의 존재를 확인하는 항해지도가 여럿 있었다. 콜럼버스나 마젤란은 모두 이런 지도를 가지고 항해에 나섰다. 그들은 어둠 속에 잠긴 미지의 바다를 항해한 것이 결코 아니다.

둘째, 1421년 시작된 정화 함대의 제6차 항해 때 본대와 별도로 3개 분견대가 2년 동안 어디론가 사라졌다가 1423년 여름과 가을 각각 명나라로 귀환했다. 이 가운데는 28개월 만에 원래 있던 25~30척에 훨씬 못 미치는 단 5척만 살아서 돌아온 분견대도 있다.

'21세기 정화논쟁'은 2002년 개빈 멘지스가 『1421 중국, 세계를 발견하다』를 출판하면서 새로운 단계로 발전했다.

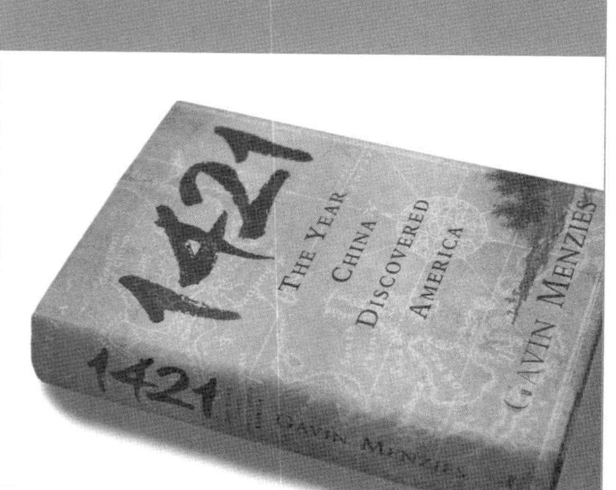

셋째, 인종적으로나 언어적으로 남중국 등 아시아계로 볼 수밖

에 없는 상당수의 사람들이 이미 유럽인들이 아메리카에 도착했을 당시 곳곳에 살고 있었다. 이런 지역은 남북 아메리카와 오스트레일리아, 뉴질랜드, 남태평양의 여러 섬 등 광범한 지역에 점점이 흩어져 있으며 아시아 원산으로 보이는 선박의 잔해나 특산생물, 그리고 특산품들이 계속해서 발견되거나 보고되고 있다.

넷째, 원래 약 1만 년 전에 아메리카 대륙에서 멸종된 것으로 추정되는 말이 유럽 정복자들이 남아메리카에 도착했을 당시에 그곳에 존재하고 있었다. 1만 년 전 이후부터 콜럼버스에 이르는 기간 사이에 누군가에 의해서 말이 아메리카 대륙에 다시 전파된 것이다. 이처럼 아시아와 아메리카 사이에 인간에 의한 동물과 식물의 대규모 교류를 증명하는 사례들이 매우 많다.

다섯째, 1400년대 전반에 세계적으로 가장 뛰어난 조선술과 지도제작기술, 천문관측능력, 항해술을 갖춘 나라는 중국 명나라였다.

멘지스의 주장은 곧 이런 갖가지 의문으로 이어진다.

콜럼버스가 아메리카에 도착하기 40여 년 전에, 마젤란이 이른바 세계일주를 하기 70여 년 전에 이미 아메리카의 존재를 확인하는 비교적 정확한 지도가 존재했다? 그게 과연 가능하기나 한 사실인가? 만일 사실이라면 누가 이런 지도를 만들었단 말인가?

정화 함대의 3개 분견대는 아프리카의 외교사절을 본국으로 되돌려 보내는 임무를 마친 뒤 과연 어디로 갔던 것일까? 분견대의 '알려지지 않은 항해'가 과연 '아메리카 지도'의 존재와 무슨 관련이라도 있단 말인가?

아시아계 인종으로 보이는 인물들에 대한 DNA 측정검사는 실시했는가? 왜 유럽정복자들은 인디언이 아닌 이 아시아인들이 중국 같은 데서 왔다는 것을 전혀 몰랐단 말인가? 왜 그들의 정체를 밝히려는 시도조차 기록으로 남아 있지 않은가? 그리고 아시아에서 와 신대륙에 좌초한 것으로 추정하는 선박 잔해나 벼 같은 곡물에 대해 탄소측정법이나 다른 과학적 방식으로 연대를 측정했는가?

중국 기념주화에 새겨진 정화.

만일 정화 함대의 아메리카 발견이 멘지스의 주장처럼 사실이라면 왜 중국 역사에는 그런 기록이 전혀 없는 것인가? 정화 함대의 항해일지나 다른 문서에 그런 것을 증명하는 기록이 남아 있으면 간단한데 왜 이렇게 복잡하게 떠드는가?

의문은 꼬리에 꼬리를 물고 이어진다. 그의 주장대로 중국이 유럽에 앞서 아메리카를 발견한 것이 사실이라면 세계사를 다시 써야 할 것이다. 아마추어 역사가 멘지스는 거의 대부분의 대항해시대에 발견한 항로들을 잠수함 지휘관으로서 현장탐사했다는 점과 그런 경력 때문에 해도 읽기와 천문 관측에 능숙하다는 점 등을 살려 세계사에서 가장 흥미로운 수수께끼 가운데 하나로 부상한 '정화 함대의 제6차 항해'를 추적해왔다. 그런 특이한 전문성을 갖춘 경력과 정열, 치밀성, 직관력, 상상력 그리고 현장답사의 노력으로 인해 '정화 함대=아메리카 발견+최초의 세계일주' 라는 주장이 정식으로 세상의 빛을 보게 된 셈이다. 정화가 남긴 두 개의 비문에 나타난 '3천 개의 나라' 와 '10만 리(18만 5000킬로미터)' 는 중국적 과장이 아니라 아직 밝혀지지 않은 진실을 보여주고 있었던 것이다.

자, 이제 우리도 멘지스의 안내로 21세기의 모든 지적 능력을 총동원해 1421년 정화 함대가 과연 무슨 일을 해냈는지 그 궤적을 되살려내는 '21세기의 오디세이'를 떠나보자.

……정화 함대의 항해는 점점 더 모험의 강도를 높여갔다. 제2차 항해 때는 전진기지 말라카에서 본대와 분견대가 분리되더니 제3차 항해 때는 훨씬 더 서쪽인 인도 서안의 캘리컷이 전진기지가 됐다. 제4차 항해 때는 캘리컷에서 함대가 분리돼 각각 페르시아 만, 아프리카로 향했다. 제5차 항해 때는 세계 각국의 대표와 사절을 북경으로 데려왔다.

……1421년 제6차 항해…… 항해의 목적은 제5차 항해 때 북경으로 경호해 온 각국 대표와 사절을 반대로 자기네 나라로 데려다주는 것이었다.……함대는 모두 107척으로 이뤄졌다. 함대는 충분히 보급품을 채운 뒤 캘리컷으로 항해했다. 캘리컷에서 총사령관 정화는 본대를 이끌고 남지나해를 거쳐 중국으로 돌아갔다. 주문, 주만, 홍보, 양진 등 분견대 지휘관들은 모두 정화와 함께 오랫동안 대항해에 참여해오며 함대 지휘 경험을 충분히 쌓았다. 정화는 남은 분견대 지휘관들에게 생사여탈권을 줬다. 각 분견대에는 화약을 이용한 대포와 발사기 등을 갖춘 군대가 편재돼 있었다.

남은 함대는 주문, 주만, 홍보의 3개 분견대로 나뉜 채 함께 인도양을 건너 아프리카로 갔다. 사절들을 모두 목적지까지 데려간 뒤 함대는 아프리카 남단까지 내려가 희망봉을 돌았다. 주문, 주만, 홍보의 분견대는 벵겔라 해류를 타고 아프리카 서안을 따라 올라가 케이프 베르데 군도까지 갔다. 아직 사람이 살지 않고 있는 케이프 베르데 군도에서 식수와 식량을 조달한 그들은 이번에는 모든 바다에 떠 있는 것들을 서쪽으로 밀어내는 거대한 적도해류를

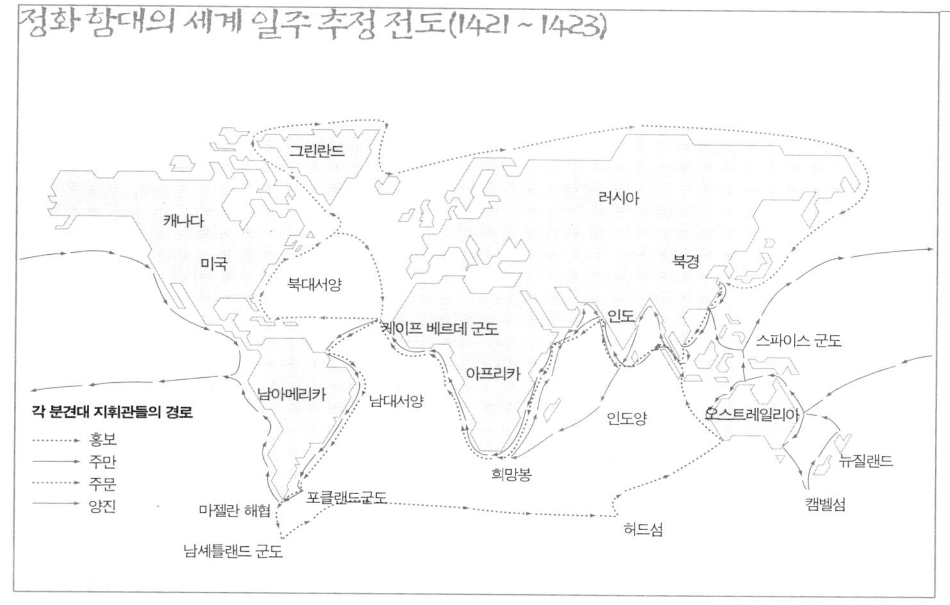

타고 계속 항해해 마침내 카리브 해에 도달했다.

그러나 카리브 해에 진입하면서 세 분견대는 이 해역에서 적도해류가 각각 남북으로 갈라지는 거대한 자연현상에 따라 주문 분견대와 주만-홍보 분견대로 갈라지게 된다.

상상해보라. 거의 항공모함 크기에 육박하는 30여 척의 보선과 그를 따르는 50여 척의 크고 작은 중간급 보선과 수송선들이 해류의 분리현상에 따라 저마다 돛들을 펄럭이며 각각 남아메리카와 북아메리카를 향해 두 패로 갈라지는 장관을! 큰 보선은 무려 아홉 개의 대형 돛을 펄럭이고 있지 않은가! 이 장면은 언젠가 영화로 만들어질 것이 틀림없다.

정화 함대의 규모는 얼마나 되었을까?

정화 함대는 대개 가장 큰 함선인 보선(서양취보선: 西洋取寶船) 약 60여 척을 중심으로 중간급 보선과 그보다 작은 규모의 보급선 등 모두 약 200척 정도로 이뤄져 있었다.

함대의 통역을 맡은 마환(馬歡)은 1405년 이뤄진 정화 함대의 제1차 항해에 대해 비공식 여행기 『영애승람』에 이렇게 적었다.

"항해에 참가한 보선 63척 가운데 가장 큰 것은 길이가 44장 4척에, 폭이 18장이다."

현대의 미터법으로 환산하면 가장 큰 보선은 길이가 약 151.8미터, 폭이 61.6미터에 이르는 것으로 계산된다. 대형 돛이 9개 설치돼 있다. 함대의 서기였던 공진(鞏珍)은 "돛이나 닻, 타는 200~300명쯤은 있어야 거동할 수 있다"고 표현했다. 이런 기록을 바탕으로 영국의 학자 밀즈는 적재중량을 '약 2500톤, 배수량은 약 3100톤'으로 추정했다. 이보다 크게 약 8000톤으로까지 보는 설도 있다. 역사상 이렇게 큰 목재 선단은 그 이전은 물론 그 이후로도 없었다고 평가받는다.

정화 함대와 콜럼버스의 1차 항해에 동원된 산타마리아호와의 비교도. 정화 함대가 2500톤 정도로 추정되는 반면 산타마리아호는 200~250톤에 지나지 않았다.

이에 반해 1492년 콜럼버스의 1차 항해에 동원된 선박은 기함 산타마리아호가 200~250톤에 지나지 않고 함선 수도 세 척, 승무원도 총 120명 수준이다. 남아프리카의 희망봉을 최초로 돌았다고 알려져온 포르투갈의 바스코 다 가마의 함대도 기함 산가브리엘호가 120톤에 지나지 않는다.

15세기 초 중국에 과연 이렇게 큰 선박이 실제로 존재할 수 있는가? 이런 의문은 1957년 5월 난징 부근의 명나라 때 조선소 유적지로 보이는 곳에서 길이 11미터의 거대한 목재 타봉이 발견되면서 단번에 풀리게 된다. 난징은 실제로 정화 함대의 함선을 제작한 양쯔 강 연안의 최대 도시다.

함대의 총원은 보통 약 2만 7000명 수준이었다. 보선의 경우 군인도 탑승해 상황에 따라선 1000명 가까이 탑승한 것으로 추측하기도 한다. 함대에는 약 180명에 이르는 의관과 의사들도 참가하고 있었다. 놀랍게도 수백 명에 이르는 무희와 가수 등 여성도 동승하고 있었다. 여러 나라의 군주나 외교사절 등을 함선에 초청하거나 명나라까지 태우고 이동하는 것 등에 대비한 것으로 분석한다. 멘지스는 DNA 분석 결과를 토대로, 이 여성 가운데 상당수가 선원들과 함께 아프리카·오스트레일리아·아메리카에 남아 소규모 식민지를 건설하고 후손들을 남겼다고 주장한다. 이와 함께 식수선·양곡선·마선을 별도로 운용했고, 엄청난 물량의 도자기·동전·옻칠기·제품·비단·인삼 등 조공무역품도 싣고 이동했다. 선상에 정원을 꾸며놓았으며, 돼지우리도 있었다. 또한 개를 식용으로 기르기도 했다. 2만 7000명 규모의 인원이 먹은 하루치 식량은 70톤, 음료수 역시 70톤 규모가 됐을 것으로 추정된다. 이 때문에 파라핀 왁스를 이용해 바닷물을 증류하는 기술도 채용했다고 추정한다. 이런 거대한 규모를 반영하듯 함대원들은 지휘를 맡은 보선을 수도선이라고 불렀다. 배를 하나의 도시로 인식하고 있었던 것이다.

함대는 북반구에서는 북극성 등을, 남반구에서는 남십자성과 용골자리의 으뜸별인 카노푸스를 기준별로 삼아 정확한 항로를 찾아냈다고 분석한다.

이런 보급 능력과 항해술을 바탕으로 함대는 어떤 기상 조건에서도 하루 24시간씩, 한 번에 몇 달씩 어떤 해양이라도 운항할 수 있었다고 멘지스는 분석한다. 바로 이런 강점 때문에 정화 함대가 아메리카를 발견하고 세계일주의 위업을 이룰 수 있었다는 것이다.

세계지도, 정화의 지도를 베껴 짜깁기?

개빈 멘지스의 주장이 맞다면 대단한 논리적 비약이 가능해진다. 결국 아메리카의 존재를 담은 정화 함대의 지도 원본이 막상 중국에서는 버림받고 유럽에서는 채용된 결과 세계사의 서양화를 결정지었다는 추론으로 이어진다. 중국이 영국보다 수세기 앞서 미국을 식민지화할 수 있는 기회를 날려버린 셈이다.

이렇듯 이 시대 정화 함대의 지도가 얼마나 가치 있는 것인지는 상상하기조차 힘들다. 실제로 멘지스가 정화 함대의 지도를 베껴 짜깁기한 것으로 분석하는 〈피리 레이스 세계지도〉(The Piri Reis map of 1513)조차도 지난 1950년대에 1천만 달러에 팔렸다. 이미 대항해시대가 400~500년씩이나 지나 그저 교육적 가치 정도만 지닌 것이라 할 수 있는데도 말이다.

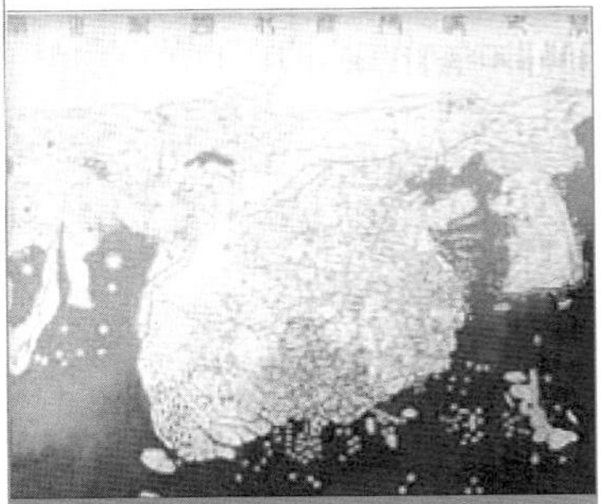

일본 용곡대학이 소장하고 있는 〈혼일강리역대국도지도〉(1402). 이 지도는 이회의 〈역대제왕혼일강리도〉와 일치하는 것으로 추정된다.

그러나 이렇게 중대한 지도가 대항해시대 직전에는 마구 베껴 짜깁기되곤 했다. 우리나라의 이회가 참여했다는 세계지도 〈역대제왕혼일강리도〉의 제작 과정을 보면 아주 재미있다.

"조선 태종 때 의정부 검상으로 있던 이회는 1402년(태종 2)에 조선전도인 〈팔도도〉를 만들었다. 그해 좌정승 김사형, 우정승 이무 등이 명나라에서 3년 전 도입한 원나라 이택민의 〈성교광피도〉와 청준의 〈혼일강리도〉 두 지도를 합쳐 하나로 만들도록 했다. 두 지도를 합치되 서로 다른 곳은 조화시키고 자세하게 조사를 더 하여 교정하라는 것이다. 이렇게 해서 합친 지도에다 다시 우리나라 지도를 특별하게 크게 넓히도록 했다. 여기에 다시 1년 전인 1401년

박돈지가 일본에서 가져온 일본 전도인 〈늑성신도〉를 덧붙여 만든 것이 바로 〈역대제왕혼일강리도〉이다. 이회가 〈강리도〉를 종합하는 기간이 불과 3개월 안팎인 점을 미뤄볼 때 〈강리도〉의 조선 부분에는 자신이 만든 〈팔도도〉를 그대로 옮겨 실었을 것으로 생각된다."

– 방동인의 『한국의 지도』에서

포르투갈을 일약 해양강국으로 끌어올리는 초석을 만든 항해 왕자 엔리케가 신대륙의 존재를 밝히는 세계지도를 국가 1급 비밀로 관리하는 동안 조선의 지도자들은 세계지도에서 조선을 키우라는 엉터리 명령을 내리고 있었다. 그만큼 바다와 세계지도에 대해 눈뜬 장님이나 다름없었던 것이다.

정화 함대의 기록을 불태워라

1000년 동안의 중국 역사에서 가장 비극적인 사건

1421년 여름, 정화 함대는 케이프 베르데를 출항한 지 약 3주 만에 카리브 해로 진입해 그렇게 남적도해류와 북적도해류를 타고 서로 갈라졌다. 북쪽으로 올라간 주문의 분견대는 북동쪽 북아메리카로 향했다. 그러나 푸에르토리코에서 허리케인을 만나 배 아홉 척을 잃는다. 비미니 제도에서 발견된 '비미니 로드' 라는 (도로처럼 구획된) 석조물 등은 이때 배를 해안에 상륙시키기 위해 만든 것으로 추정된다. 생존자와 남은 선박을 수습한 주문은 함대를 이끌고 쿠바에 상륙했다가 다시 올라가 오늘날 미국령인 로드아일랜드에 닿는다.

그들은 이곳에서 구리를 채굴하고 제련하기도 했다. 나중에 유럽인으로서 처음 아메리카에 온 콜럼버스와 베라차노 같은 초기 항해자들은 바로 이곳에서 이 명나라 선원들의 후손을 만나게 된다. 함대는 캐나다 해안을 따라 북으로 계속 올라갔다. 본래부터 정화 함대에는 황제의 이런 명령이 내려져 있었기 때문이다.

"세상 북쪽 끝을 찾아서 확인하라."

놀라운 항해술과 지도 제작 능력

그린란드를 시계 반대 방향으로 돌아간 함대는 적어도 북극점 250

마일(약 400킬로미터)까지 접근하는 데 성공했다. 일부 중국 학자들은 북극점까지 갔다고 주장한다. 나중에 탐험가 난센이 북극점 부근에서 발견한 이상한 철제 리벳들의 성분을 정확히 분석하면 이 주장이 맞는지 증명할 수 있을 것이다.

주문 함대는 다시 시베리아 북부 해안을 타고 동쪽으로 항해한다. 1507년 제작된 〈발트제뮐러 세계지도〉에는 놀랍게도 시베리아 북부 해안이 백해로부터 베링 해협에 이르기까지 매우 자세히 그려져 있는데, 당시 이런 항해술과 지도 제작 능력을 갖춘 것은 여러 가지를 종합할 때 역시 정화 함대밖에 없다. 러시아인들이 시베리아 북부 해안을 답사한 뒤 그 지도를 제작한 것은 그로부터 300여 년 뒤의 일이다. (멘지스는 오늘날에도 무동력선은 아프리카 서안의 케이프 베르데에서 적도 해류를 타면 그대로 카리브 해로 들어가고, 멕시코 만류를 따라 미국 동부 해안을 올라간 다음 다시 해류를 타고 시계 반대 방향으로 돌아 북대서양

1507년 제작된 〈발트제뮐러 세계지도〉는 정화 함대의 궤적을 추정케 해준다.

중앙부에 있는 아조레스 제도를 거쳐 다시 케이프 베르데로 되돌아온다고 밝히고 있다. 콜럼버스도 대서양의 해류와 풍향 등의 영향으로 바로 이 항로로 여행했으며, 지금도 수십 킬로미터 정도의 오차 안에서 똑같은 경험을 할 수 있다는 것이다.) 주문 함대는 그렇게 베링 해협을 거쳐 중국으로 돌아갔다. 1423년의 일이다.

한편 주문 함대와 헤어져 남쪽 항로로 들어간 주만 분견대와 홍보 분견대는 남서쪽 브라질 쪽으로 내려간다. 그들은 오리노코 강 삼각주 지역에 정박했다가 남대서양에 있는 포클랜드 군도(1980년대 영국과 아르헨티나가 영유권을 놓고 전쟁을 벌여 유명해진 군도. 영국은 포클랜드로, 아르헨티나는 말비나스로 부름)로 갔다. 그 뒤 함대는 오늘날 아르헨티나에 해당하는 파타고니아에 상륙해 이곳의 동식물을 채집하고 연구하며 6개월을 보낸다. 이들이 여기 장기간 머물렀다는 추정은 1430년 명나라에서 출판된 『서양번국 풍물화집』(The Illustrated Record of Strange Countries)에 파타고니아 특산 동물로 지금은 멸종한 밀로돈이 그림과 함께 묘사돼 있다는 점에서 힘을 얻는다. 화집의 관련 부분 가운데 일부가 현재 번역돼 있는데 "중국에서 서쪽으로 2년을 항해한 곳에서 발견했다"고 적혀 있다. 밀로돈은 키가 3미터에 무게는 200킬로그램이나 나가는 희한한 동물로 1513년 제작된 〈피리

1513년에 제작된 〈피리 레이스 세계지도〉.

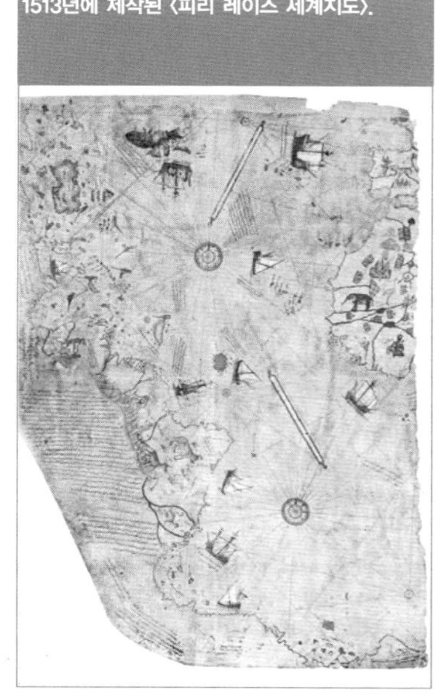

레이스 세계지도〉에 묘사돼 있었다. (〈피리 레이스 세계지도〉는 멘지스가 정화 함대의 궤적을 재구성하는 데 중요한 출발점이 되는 초기 세계지도다. 이 지도는 1428년 제작된 세계지도에서 가장 중요한 '남아메리카 부분'을 그대로 재현하고 있다. 포르투갈이 비밀리에 보관하던 지도는 1428년에 사라졌다. 그 뒤 콜럼버스의 항해에 참가했던 한 선원이 이 지도의 '남아메리카 부분'을 가지고 있다가 오스만 터키에 포로로 잡히면서 역사의 무대에 재등장하게 된다. 오스만 터키의 제독 피리 레이스가 그 중요성을 알고 '남아메리카 부분'을 새 세계지도에 집어넣도록 지시한 것이다. 따라서 1492년 콜럼버스가 남아메리카를 그린, 문제의 1428년 세계지도를 가지고 항해에 나섰다는 추론은 매우 설득력이 있다. 멘지스는 1428년 지도의 최초 원본은 여러 정황을 종합할 때 정화 함대의 지도일 수밖에 없다고 분석한다.)

정화 함대, 아메리카에 흔적을 남기다

남중국과 동남아 원산인 아시아계 닭이 남아메리카 곳곳에서 무더기로 발견된다는 사실도 정화 함대와 남아메리카의 밀접한 연관성을 간접적으로 증명하고 있다. 유럽과 달리 1400년대 중국인들은 닭을 제의적 의미를 가진 동물로 간주해서 닭고기와 계란을 먹지 않았다. 유럽인들은 처음 남아메리카에 왔을 때 이곳 원주민들이 닭고기와 계란을 먹지 않고 있다고 기록했다.

주만과 홍보의 함대는 남아메리카를 타고 내려가다가 마젤란 해협 부근에서 서로 헤어진다. 주만의 함대는 태평양으로 들어가 차가운 훔볼트 해류를 타고 남아메리카 동부 해안을 거슬러 올라갔다. 홍보의 함대는 정화 함대의 남반구 항해에서 기준별이 된 카노푸스의 바로 아래 해역인 남극해의 셰틀랜드 제도로 간다.

주만 함대는 페루 인근 해역에서 다시 남적도해류를 타고 서쪽으로 서쪽으로, 태평양 한가운데로 밀려갔다. 그들은 투오모토 군도와 피지를 거쳐 오스트레일리아에 상륙했다. 뉴캐슬 바로 북쪽 해안에 닻을 내린 그들은 이곳에 돌로 수비대 시설을 세우기도 했다. 이곳에서는 그 어느 곳보다 풍부한 선박 잔해와 중국 특산품이 발견된다. 금을 채굴한 흔적도 남아 있다. 주만 함대는 그 뒤 북쪽으로 올라가 인도네시아에 해당하는 스파이스 군도까지 갔다. 놀랍게도 그들은 중국으로 가지 않고 다시 해류를 타고 북아메리카로 되돌아갔다. 미국의 서부 해안에 도착한 함대는 해안을 따라 남아메리카까지 다시 내려가며 곳곳에 정박했다. 그리고 자신들의 흔적을 남긴다. 새크라멘토에서는 정화 함대의 선박 잔해 흔적, 벼, 동양계 갑옷 등이 확인됐고, 중국계로 보이는 사람들이 인디언들과 함께 살았다는 신빙성 있는 기록도 남아 있다. 로스앤젤레스 지역에서는 정화 함대의 것으로 추정되는 닻이 발견되기도 했다.

무엇보다 멕시코 서해안 미초아칸에서 지금도 제작되고 있는 옻칠기·직물염색 제품 등은 여러 정황으로 볼 때 정화 함대와 이곳 원주민들이 교역을 했으며, 중국인들이 장기간 이곳에 거주하며 이 기술들을 전수해주었을 가능성을 강력하게 뒷받침한다. 나아가 베네수엘라 인디언 가운데서는 중국인 혈통을 증명하는 DNA가 확인되고 있으며, 페루 인디언 중에는 중국어로 말하는 인디언들도 있다. 페루에서 발견된 청동 제품에서는 한자가 기록돼 있다. 그리고 에콰도르에서는 정화 함대의 것으로 보이는 닻과 그물이 발견됐다.

이 모든 것들은 바로 주만 함대가 이곳에 정박하고 사실상 중국인들이 남아서 살았다는 것들을 증명한다. 그 뒤 주만 함대는 다시 적도해류를 타고 태평양을 건너 스파이스 군도로 간 뒤 중국으로 귀환한다.

대양 강대국에서 내륙국가로 추락하다

서사시는 끝나지 않았다. 그리스 영웅들의 비극처럼, 정화 함대의 결말도 비극적이다 못해 처절하기까지 하다.

정화 함대의 강력한 후원자인 영락제는 1424년 북방 사막지대로 타타르족을 정벌하러 갔다가 병으로 죽었다. 영락제의 손자인 선덕제가 과거의 영광을 되살리려는 시도로 실시한 1430년의 제7차 대항해를 끝으로 명나라는 후대 황제에 의해 끝내 바다를 닫아버린다. 환관과 라이벌 관계였던 유학자 관료인 한림학사들은 무능한 황제를 부추겨 환관들이 주도하던 대항해 정책을 무너뜨리기 시작했다. 대양 항해의

별호가 '삼보'였던 정화는 영문으로 'Sambo' 또는 'Sin Bao'로 서양에 전해졌다. 그런데 'Sin Bao'가 아랍권에 전해지는 과정에서 'Sin Bad'로 오기되었다는 설이 유력하다. 따라서 '신밧드의 모험'은 원래 '정화의 모험'인 셈이다. 영화 <신밧드의 모험>의 한 장면.

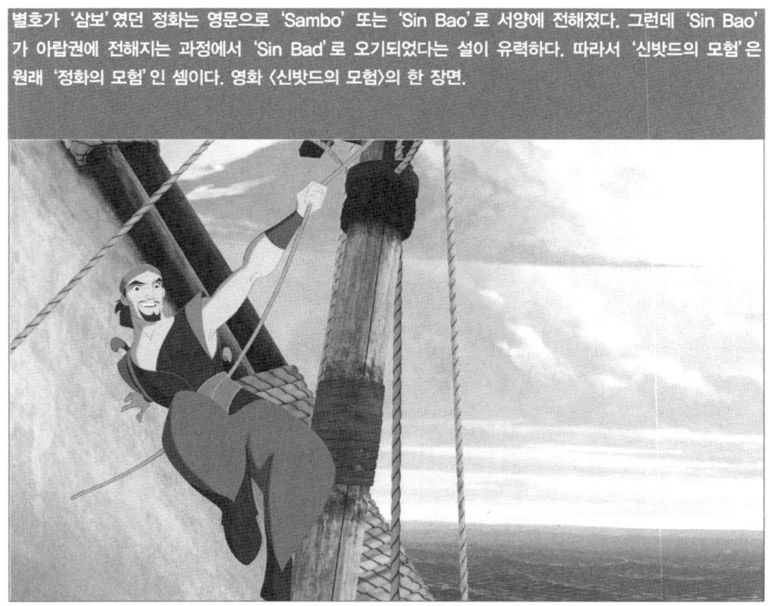

기초가 됐던 남경의 조선창에 대해 폐쇄 명령이 내려졌다. 대양 항해 선박을 더 이상 만들지 말라는 조정의 명령에 저항하던 사람들은 처형됐다. 결국 정화 함대로 상징되는 중국 대항해시대는 유학자 세력의 눈먼 이기심에 처참하게 짓밟힌다.

> 헌종 성화제가 통치하던 1477년, 동창(비밀경찰)의 우두머리인 환관 왕지가 정화의 대항해에 대한 기록을 내줄 것을 병부에 요구했다. 당시 병부의 부책임자였던 한림학사 유대하(劉大夏)는 문서보관소에서 산더미 같은 문서들을 압수한 뒤 불태워버렸다. 그리고 자신의 상관인 병부의 각신에게는 '분실됐다' 고 보고한다. "어떻게 문서보관소의 공식 문서들이 분실됐다는 말이요?" "삼보(정화의 별호)의 서양 원정은 수만금과 엄청난 식량을 낭비했을 뿐입니다. 수많은 백성이 목숨을 잃었습니다. 그가 아무리 멋지고 값비싼 물품을 가져온들 그게 조정에 무슨 이익이 되겠습니까? 이건 잘못된 조정이나 하는 짓거리로 강력하게 막아야 합니다. 설사 그 옛날 문서들이 보관돼 있더라도 이런 일이 재발하는 것을 뿌리부터 막기 위해 없애버려야 하는 것입니다." 그 말을 듣고 모든 사태의 전말을 알게 된 각신은 자리에서 일어나 말했다. "역시 공은 대단하오. 다음 이 자리는 확실히 당신 것이야!"
>
> – 루이즈 레바티즈, 『중국이 바다를 지배하던 시대』 중에서

중국은 정화 함대의 기록을 말살한 뒤 바다의 강국 자리를 잃게 됐다. 15세기가 되기도 전에 중국에서는 대형 보선을 만들 수 있는 사람을 거의 찾아볼 수 없게 됐다. 결국 정화보다 훨씬 늦게 대양으로 나선 유럽인들이 아메리카를 먼저 점거했다. 희망봉을 돌아 인도 항로를 연 그들은 아시아로도 물밀 듯이 몰려들기 시작했다. 중국은 유럽에 대항

하기는커녕 동쪽으로부터 몰려오는 왜구에조차 끊임없이 시달리는 종이 호랑이로 전락하고 말았다. 정화 함대를 저버린 뒤 중국은 거의 600년 동안 세계 강국의 지위를 인정받을 수 없었다.

정화 함대의 기록을 불태운 사건은 지난 1천 년 동안의 중국 역사 가운데 가장 비극적인 사건이라 할 수 있다.

정화의 대항해가 계속됐다면

만일 정화 함대의 대항해가 계속됐다면 세계 역사는 어떻게 바뀌었을까?

1. 아메리카: 유럽의 식민지로 전락하지 않았을 가능성이 높다. 스페인의 코르테스 정복대는 1521년 당시 병력 1600명으로 대형 롬바르드포 등 15문 정도의 대포와 초기 머스킷총, 석궁 등으로 무장하고 있었다. 이 정도 화력으로 아스텍군 7만~수십만 명을 격파해 멕시코 일대의 식민지화를 결정지었다. 정화 함대는 그보다 100년 전인데도 대포와 발사무기 등의 화력을 갖추고 있었다. 중국이 먼저 아메리카를 식민지화했거나 이런 화력을 연합군으로서 아스텍이나 잉카 제국에 지원했다면 스페인 정복대의 아메리카 점령은 불가능했을 것이다. 중국·스페인 해전에서도 중국이 이길 가능성이 높다. 정화 함대는 아메리카로 가는 태평양 항로와 대서양 항로를 확보한 채 100년 이상 아메리카를 경영했을 것이기 때문이다. 아메리카와의 조공무역을 가동했

정화 함대의 중심선박인 보선 상상도. 미국 시사주간지 〈타임〉 인터넷판에 실린 것이다.

다면 아메리카 문명권의 엄청난 금과 은이 결국 중국으로 들어가 중국 경제의 세계영향력 극대화와 중국 군사력 및 과학기술의 비약적 발달로 이어졌을 것이다.

2. 유럽: 정화 함대가 유럽을 선공하거나 유럽을 조공체제로 편입시켰을 가능성도 배제할 수 없다. 당시 정화 함대의 무장력은 유럽 전체의 해군력보다 우월했다. 그러나 조공체제 편입 이상의 강도 높은 지배는 힘들었을 것으로 보인다. 아메리카와 달리 유럽은 오랜 전쟁 경험이 광범하게 축적돼 있고 당시 군사력의 발달도 빨라지고 있었기 때문이다. 나아가 중국이 유럽을 점거할 경우 보급선이 지나치게 긴 점, 중간지대에 강력한 이슬람 세력이 존재한다는 점도 중국에게는 치명적 약점이 된다.

3. 제국주의: 세계는 유럽식의 약탈 제국주의와는 전혀 다른 경험을 했을 것이다. 중국이 아메리카 등을 지배하는 형태는 중화질서에 복속해 조공무역을 시키는 것이었을 가능성이 높다. 실제로 영락제는 "번국의 백성들을 우호적으로 대하라"고 명령해놓고 있었다. 주만 함대는 멕시코 지역의 원주민과 교역하고 옻칠기 기술 등을 전수하는 과정에서도 대단히 평화적이고 호혜적인 접근 방식을 취했다고 멘지스는 분석한다. 어쨌든 오늘날 세계의 패권은 미국 아닌 중국이, 세계어의 지위도 영어가 아닌 중국어가 누렸을 것이다.

'1421년 항해'가 재현된다

현재 중국에서는 실제로 정화 함대의 대형 보선을 복원해 '1421년의 항해'를 그대로 재현하는 계획이 추진되고 있다. 과연 정화 함대가 당시 아메리카를 발견하고 세계일주까지 할 수 있었는지 간접적으로 증명해보자는 시도인 셈이다. 이 프로젝트는 중국의 예비역 해군 장성과 해양학자 등이 추진하고 있으며 스폰서를 모으고 있는 상태이다. 멘지스는 대형 보선의 복원이 정화 함대의 놀랄 만한 2년 항해를 사실로 인정하는 것이 될 것이라며 지원할 의사를 밝혔다. 조선소는 정화 함대의 출발지였던 난징에 세우고, 보선이 복원되면 1421년의 추정 항로를 따라 항해하게 된다. 선원들은 당시 선원들이 먹던 방식으로 먹는 등 당시 상황을 그대로 재현할 계획이다. 보선은 궁극적으로 2008년 북경올림픽 개막식 이전까지는 중국으로 돌아온다고 한다.

중국 지도부는 정화 함대의 아메리카 발견설에 대해 외형적으로는 반응하지 않고 있다. 하지만 그들은 역사의 교훈을 충분히 인식하고 있으며 명나라의 어리석은 실패를 되풀이하지 않겠다는 결의에 차 있다고 분석하는 이도 있다. 영국의 우주과학자 마이클 마틴 스미스는 장쩌민 주석이 1996년 당대회 회기 중인데도 이례적으로 국제우주비행사연맹 총회에 참석해 발표한 개회사에서 그런 의지를 읽을 수 있었다고 전했다.

"우주정거장은 15년 정도 이내에 가능하게 될 것입니다.……적절한 때가 되면 달과 화성에도 기지를 건설할 것입니다.……우주과학자이자 중국 과학원 회원인 왕시지 동지는 우주야말로 육지, 바다, 하늘에 이어 인간이 자신을 적응하고 발전시켜나가야 할 네 번째 영역이라고 선언했습니다.……나는 아폴로호의 달착륙 50주년이자 정화 함대 항해 600주년인 2019년이나 그 전에 우리가 달에 갔다가 귀환해도 놀라지 않을 것입니다.……인류의 복리와 장기적 진보를 위해 피도 흘리지 않고 침략도 하지 않고 새 영역을 발전시키는 것보다 중국의 위상을 세계 속에서 높이는 것은 없습니다. 우주로 나아감으로써 중국은 다시 한번 지구상에서 가장 앞서고 진취적인 문명으로 자림매김할 수 있습니다. 중국 만세!"

'신저우 계획'〔神舟計劃〕, 제2의 정화 대원정은 이미 시작됐다.
바다를 놓친 중국이 이제 새롭게 눈을 돌리고 있는 영역은 우주다.

장보고, 해양왕국을 꿈꾸다

청해진을 세계적인 국제 무역항으로 만든,

그 지칠 줄 모르는 벤처정신

서기 830년대 신라 청해진(지금의 완도)은 세계적인 항구 가운데 하나였다. 온갖 외국 물건과 외국 사람들이 한반도 남쪽 끝에 붙은 이 항구로 몰려들었다. 당나라에서 들어온 배가 비단, 두루마기, 금띠, 채색비단, 흰 앵무새, 금은 세공 그릇, 공작 꼬리, 에메랄드, 무소뿔, 거북껍질, 양모 제품, 페르시아 직물, 자단 목재, 당나라 양탄자, 상아로 만든 아홀 등을 무더기로 쏟아놓으면, 신라 각지에서 몰려온 상인들은 더 많은 물건을 차지하려 목청을 높였다. 다시 당나라로 향하는 배에는 신라 특산품을 산더미처럼 실었다. 과하마라는 작은 말, 약재인 우황, 인삼, 바다표범 가죽, 금, 은, 사냥매인 해동청, 개, 대화어아금 · 소화어아금 · 조하금 · 조하주 · 어아주 · 누응령 등의 고급 직물, 베, 머리털…… 이에 질세라 다른 한편에선 일본으로 떠날 배들이 칼, 금, 은, 세 발짜리 솥, 비단, 명주, 베, 가죽, 말, 개, 노새, 말안장, 버선 등 신라 특산품과 함께 당나라에서 수입한 향료와 약품, 낙타 등을 싣는다. 그 배들은 일본에 도착해 짐을 다 내리고 나면 명주, 명주의 원료인 면 등 일본 특산품을 가득 싣고 돌아올 것이다.

동방의 나라에서 가장 성공한 사람

장보고 동상.

지금으로부터 약 1200년 전, 신라의 청해진은 국제무역항으로서 크게 번성하고 있었다. 당나라와 일본의 배가 몰려와 진기한 외국 수입품을 산더미처럼 부리는가 하면 반대로 신라의 특산품들이 무더기로 실려 당나라로, 일본으로 떠나갔다. 서해로 나가는 선단은 당나라의 산둥 반도 덩저우(지금의 펑라이)를 시작으로 양쯔 강 지역의 양저우, 중국 강남의 항저우, 광저우까지 사실상 정기 항로를 운항하고 있었다. 동쪽으로는 일본 후쿠오카 지역 등으로 진출했다.

바다의 실크로드 동쪽 끝, 한반도의 바다는 그처럼 당나라–신라–일본–발해를 오가는 국제 무역선단들이 누비는 바다였다. 한민족의 역사가 기록되기 시작한 이래 가장 활발한 해상활동이 한반도의 바다에서 펼쳐졌다. 한반도의 바다는 '동아시아의 지중해'로서 번영을 주도하고 있었고, 그 중심에는 바로 신라인 장보고의 국제무역선단이 있었다.

장보고라는 이름은 한국은 물론 중국과 일본의 정사에 각각 기록돼 있다. 그만큼 그의 인물과 업적을 세 나라 모두 공식적으로 인정하고 있는 것이다. 한국의 경우 『삼국사기』에 「장보고 열전」이 실려 있고, 『삼국유사』에도 그에 관한 기록이 있다. 신라의 왕권 세력은 그를 '반역자' 로 몰아 죽였지만, 『삼국사기』의 저자 김부식은 "장보고가 의리와 용맹이 있다 하더라도 중국의 사서가 아니면 그 자취가 없어져 위대함이 알려지지 못할 뻔했다"는 표현으로 그를 높이 평가한다. 중국에서는 당나라의 유명한 시인인 두목(杜牧)이 저서 『번천문집』(樊川文集)에서 그를 가장 먼저 평가하고 나섰다. 명석한 두뇌를 가진 사람으로서 동방의 나라에서 가장 성공한 사람이라고 기록한 것이다. 두목의 저서를 바탕으로 중국의 정사 『신당서』도 그를 「동이전 신라조」에 자세히 기록해놓고 있다. 일본에서는 장보고가 정사인 『일본후기』, 『속일본기』, 『속일본후기』에 모두 실려 있다. 특히 장보고 시대에 중국을 여행한 일본의 승려 엔닌(圓仁)은 기행문인 「입당구법순례행기」(入唐求法巡禮行記)에서 전체의 약 3분의 1을 할애해 장보고와 그가 이끌었던 청해진 네트워크에 대해 자세히 기록해놓았다.

장보고는 서기 800년이 되기 직전 무렵 오늘날의 완도에서 어부의 아들로 태어난 것으로 추정된다. 그의 고향을 완도라고 추정하는 것은 나중에 그와 같이 당나라로 들어간 신라인 정년과 대화를 할 때 청해진을 가리켜 "고향"이라고 지칭했다는 중국 역사서의 기록 때문이다.

어쨌든 장보고는 자라면서 활보 또는 궁복(弓福), 궁파(弓巴)로 불린 것으로 보아 활을 매우 잘 쐈던 것으로 보인다. 당시 신라는 대단히 엄격한 골품제도에 따라 운영되고 있었다. 한마디로 부모의 신분이 그대로 자식의 신분을 결정하는 무서운 사회였다. 평민은 관습상 성(姓)조차 가질 수 없는 나라였다. 아무리 똑똑하고 잘난 사람이라도 귀족 출신이 아니면 고위 관리가 될 수 없었다. 장보고처럼 꿈이 많고 성취욕구가 강한 인간이 살 수 있는 땅이 아니었다. 결국 장보고는 신분 상승 등을 위해 당나라로 건너간다.

당시 당나라는 신분제도가 엄격하지 않았을 뿐만 아니라 과거제도로 관직에 인재를 임용하는 등 신라보다 훨씬 자유로운 분위기였다. 특히 외국인을 용병으로 활용하거나 관리에 임용한 것으로 유명하다. 나중에 당 제국의 멸망에 중요한 단초를 제공한 '안사의 난' 주인공 안록산과 사사명도 모두 외국인이었다. 넓은 땅, 자유로운 사회 분위기를 자랑하는 당나라는 주변국가 젊은이들에게 '기회의 땅'이었다. 특히 무예에 자신이 있거나 용맹한 정신을 가진 젊은이들은 저마다 기회를 잡기 위해 당나라로 건너갔다. 그곳에서 신라인 청년 궁복은 장씨라는 성을 갖게 된다. 무술과 상업을 배운 그는 30세 무렵 당나라 서주 무령군(武寧軍)의 소장(小將)으로 임관됐다. 일종의 군관이 된 것이다. 오늘날의 군대 계급으로 따져보면 높게는 영관급, 낮게는 위관급 정도일 것으로 보인다. 장보고가 스스로에 대해 "당나라에 들어가서 다행히 작은 벼슬을 얻어 지냈다"고 표현한 점과, 그와 함께 당나라로 들어간 동료 정년도 무령군의 소장이 된 것을 보면 대단히 높은 직위는 아닐 것으로 보인다.

중국 쪽 역사서는 장보고가 싸움을 잘했으며, 특히 창을 잘 쓴다고 기록해놓았다. 장보고가 소속된 무령군의 주된 임무는 당나라 조정에 반기를 든 평로치청(平盧淄靑)의 번수 이사도가 이끄는 평로군을 소탕하는 일이었다. 평로치청이라면 산둥 반도에 설치된 번이다. 이사도는 고구려 유민 출신 이정기가 서기 765년 평로치청 절도사 후희일을 몰아내고 스스로 번수 자리에 오르며 시작된 (3대에 걸쳐 55년 동안 일으킨) 반란의 마지막 지도자를 가리킨다. 사실 이정기–이납–이사고–이사도로 이어지는 평로치청의 반란 가문은 고구려의 유민이라는 점에서 또 다른 흥미를 불러일으키는 주제다. 고구려의 유민이 당나라의 번진 가운데서 10만 명이라는 최대 병력을 거느리며 소왕국의 군주처럼 군림했던 것이다. 고구려라는 나라는 망했어도 고구려 유민들은 그렇게 각계에서 두각을 나타내고 있었다.

장보고는 819년에 평로군을 토벌한 뒤 무령군을 떠나 중국과 일본, 신라를 오가며 무역을 한 것으로 보인다. 이 부분의 행적에 대해선 어느 나라에도 제대로 된 기록이 없다. 그저 그가 나중에 신라에 귀국해서 청해진 설치를 건의하는 글에서 "중국을 두루 돌아다녀 보니"라고 표현한 것을 토대로 그렇게 추정할 뿐이다. 어쨌든 그는 군에 복무하거나 퇴역해서 무역을 하는 동안 당나라 곳곳에서 신라인을 노예로 인신매매하는 것을 목격하고 큰 충격을 받은 것으로 보인다. 828년 신라로 돌아온 그는 흥덕왕에게 청해진을 설치할 것을 건의한다.

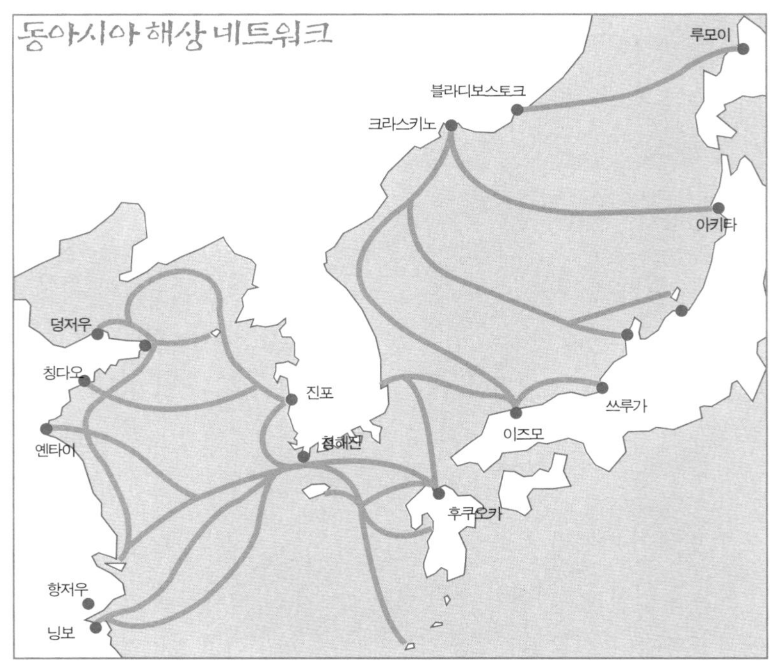

> 지금 신라의 연해 지방은 이름이 신라 땅이지 해적들의 소굴과 다름없습니다. 해적들은 신라 백성들을 잡아다가 당나라에 노예로 팔아 먹고 있습니다. 소신이 그곳에서 여러 번 불쌍한 동포를 보았고, 더러 구출하기도 했사오나 창해일속(滄海一粟: 바닷물 속의 좁쌀 한 톨)에 지나지 않습니다. 해적들을 소탕하지 않으면 장차 그 화를 면하기 어려울 것으로 아뢰나이다.

이 '노예' 부분에 대해선 좀 새겨봐야 한다. 중국 쪽 기록에는 '노비'(奴婢)로 적혀 있다. 어쨌든 사태의 심각성을 깨달은 신라 조정은 그의 건의를 받아들여 '1만 명의 군졸'을 주고 청해진을 설치하도록 한다. 이 '1만 명의 군졸'은 정식 군대 병력이 아니라 청해진 지역의 주민을 규합한 일종의 민군 조직을 그 정도 규모까지 거느릴 수 있는 권한을 부여한 것으로 추정된다. 당시 당나라의 군관 출신으로 어느 정도 능력은 검증받은 상태이기는 하지만, 정통 귀족 출신이 아닌 그에게 신라 조정이 정규군 1만이라는 대병력을 준다는 것은 이치에 맞지 않기 때문이다.

어쨌든 1만이라는 상대적으로 대규모인 병력을 지휘하는 그는 스스로 '청해진 대사'라는 직명을 사용한다. 원래 신라 관직에는 대사라는 명칭이 없다. 중국 당나라에서 절도사를 대사로 표현하기도 했다는 기록이 있을 뿐이다. 나아가 장보고는 신라로 치면 관직에 나설 수 없는 평민 출신이다. 따라서 청해진 대사라는 관직이 실재했던 것이 아니라 신라 조정이 어쩔 수 없이 타협책으로 그 명칭의 사용을 묵인해준 게 아닐까 추정된다. 다른 한편으로 장보고는 당나라의 절도사를 가리키는 이 대사라는 명칭을 관철시킴으로써 신라의 골품제도에 비판적인 일격을 가하고 있는 것이다. '너희가 골품제도 따위로 나를 얽맨다고? 꿈도 꾸지 마라. 나는 대사, 절도사다' 라는 식의 자부심이 짙게 배어 나오는 것이다. 결국 장보고는 청해진을 근거지로 삼아 1만 명의 민군 조직을 활용해 해적과 노예무역을 소탕하는 작전에 돌입해 성공한다. 곧 그의 이름은 신라는 물론 당나라와 일본에까지 퍼져나간다. 중국의 『신당서』는 이 해적 소탕에 대해 이렇게 기록해놓고 있다.

"그리하여 대화(大和) 이후에는 해상에서 신라 사람을 사고 파는 자가 없어졌다."

그 뒤 장보고는 이 민군 조직을 무역선단으로 재조직해 신라-당나라-일본 사이의 삼각 무역을 육성한다. 이런 활동은 청해진을 중심으로 당나라 산둥 반도 그리고 일본 하카다를 잇는 무역 네트워크로 발전하고 이 네트워크의 뼈대 위에 다시 각 나라별로 내부 네트워크를 가동시키는 방식으로 확대·재생산된다.

장보고의 청해진 선단은 동아시아 삼국 무역의 중심세력으로서 청해진 설치 10년 만에 경제적 부와 군사력 능력에서 중앙정부에 버금가는 영향력을 구가하기에 이른다. 장보고는 838년 신라 왕실 내부의 권력 투쟁에서 밀려나 청해진을 찾아온 왕족 김우징을 지원해 왕성 공격에 나선다. 장보고의 지원을 받은 김우징은 서라벌을 함락하고 결국 신라 제45대 신무왕이 된다. 중앙권력을 향한 장보고의 1차 승부수가 성공한 셈이다. 그러나 장보고와 신무왕의 밀월 관계는 신무왕의 갑작스런 죽음 뒤 흔들리게 된다. 장보고의 딸을 태자비로 맞이하겠다는 거사 이전의 약속을 신무왕의 아들 문성왕이 지키지 않은 것이다.

문성왕이 기존 중앙 정치세력의 반대와 견제로 이 약속을 이행하지

완도 장좌리 앞에 있는 작은 섬인 장군섬. 그곳에 장보고의 군영이 있었다고 추정된다.

못하면서 둘 사이에는 긴장이 조성된다. 양쪽의 군사 충돌마저 예견되는 가운데 서라벌 쪽은 암살자를 보내는 것으로 선수를 친다. 한때 장보고의 부하 장수로 중앙에 먼저 진출해 있던 염장을 위장 탈출시켜 장보고에게 접근토록 한 것이다. 장보고는 그를 신뢰하고 같이 술을 마시다 결국 암살된다. 그가 암살된 뒤 청해진은 염장의 통제 아래 놓였으나 유능한 사람들이 탄압으로 죽거나 다른 곳으로 떠나가버려 급격히 쇠퇴의 길로 접어든다. 결국 문성왕 13년(851)에 신라 조정은 청해진을 폐쇄하고 그곳 백성들을 벽골군(전라북도 김제)으로 집단 이주시킨다. 이로써 청해진의 국제무역항으로서의 기능은 사실상 정지돼버린다.

해양왕국의 꿈은 왜 꺾였는가

장보고의 삶은 다음과 같은 특징을 지닌다.

첫째, 평생을 도전하는 벤처 정신: 그는 처음 신라라는 숨막히는 신분사회의 벽에 부딪히자 과감하게 개인의 창발성을 발휘할 수 있는 넓은 대륙 당나라로 건너간다. 그곳에서 무령군의 소장으로서 작은 성공을 이룬 그는 노예무역으로 고통받는 동포를 구하는 '민족프로젝트'를 스스로 기획하고 창업해낸다. 그 누구보다 도전에 도전을 거듭하는 삶을 산 것이다. 다시 해적 소탕에 성공한 뒤에는 그 1만 명의 군사력과 총체적 역량을 청해진 무역선단으로 전환한다. 나중에 왕족 김우징을 도와 왕성 공격에 나선 것도 그의 도전 정신을 그대로 보여준다. 우리 역사상 이처럼 상황 상황마다 도전의 정신으로 헤쳐나간 사람은 거의 볼 수 없지 않은가?

둘째, 민족주의와 국제주의의 조화: 그는 이미 1200여 년 전 민족주의와 국제주의를 성공적으로 조화시켰다. 민족주의자도 국제주의적 시야와 철학을 가져야 한다. 그는 그것을 가르친 스승이라고 할 수 있다. 거꾸로 국제주의도 민족주의와 만나야 제대로 발전할 수 있다는 교훈도 가능하다.

다음 세대를 위해 디자인한 장보고 캐릭터. 가운데가 장보고인 '리를 보고 짱'. 오른쪽이 버들, 왼쪽이 장보고의 동료 정년.

ⓒ 해양수산부

셋째, 지경학(地經學)의 대가: 그는 청해진이 자신의 고향이라고 해서 그곳을 선택한 것은 아니다. 동아시아 삼국 무역의 중심 지역인 그곳을 거점으로 해야 해적 소탕이라든가 삼국 무역도 가장 효율적으로 해낼 수 있다고 본 것이다. 이곳이 신라 중앙권력으로부터 멀리 떨어져 있어 비정치적 거점을 확보하는 것을 용인받을 수 있다는 점도 고려했을 것이다. 그는 이 청해진을 기본축으로 신라인이 많이 진출한 산둥 반도 지역, 그리고 당과 신라의 물자를 절대로 필요로 하는 일본 하카다 지역을 엮는 삼각 네트워크를 구상하고 현실화했다. 지리와 경제를 잘 읽은 탁월한 지도자라고 할 수 있다.

넷째, 외부확장형 인물: 그는 잠재성이 있는 요소들을 전략적으로 결합해 전혀 새로운 차원으로 몇 단계 발전시키는 방식으로 성공을 거두는 유형이다. 당나라로의 도항, 해적 소탕 기지로서의 청해진 기획, 해적 소탕 뒤 청해진의 무역선단으로의 재빠른 변신 등이 모두 그렇다. 그대로 놓아두면 그렇고 그런 정도일 요소들이 그의 아이디어와 전략을 만나면 새롭게 변신한다. 그리고 그는 막히면 밖으로 나가는 쪽을 선택하는 외부확장형 인물이다. 그런데 그가 막판에 신라의 전통적인 중앙권력으로 진출 방향을 돌린 것은 이런 자신의 장점을 망각한 선택이었다고 할 수 있다. 새로운 땅이 아니라 이미 기성 진입자가 수백 년 동안 득시글거리며 피를 빨아먹고 있는 곳으로 향한다? 그 기득권으로 뒤얽힌 왕성으로 방향을 돌리면서 장보고는 좌절한다. 그리고 단 한 번의 좌절이 그를 죽음으로 몰고 간다.

다섯째, 패배하지 않아본 자의 방심: 그는 늘 성공가도만을 달려왔다. 그 결과 평민 출신으로 '감의군사', '진해장군'이라는 지위에까지 오른다. 신라 역사상 전례가 없는 신분 파괴적 계급 상승을 기록한 것이다. 늘 성공만을 구가한 결과 그는 쉽게 사람을 믿는 단점이 있었던 것으로 보인다. 하긴, 자신을 한때 배신했던 정년이 나중에 중국에서 돌아와 몸을 맡기자 그는 그에게 5천의 대병력을 이끌도록 하기도 했다. 그래서 김우징을 도와 서라벌을 함락시키는 성공을 거둔다. 그러나 마지막 한 번은 그렇게 되지 않았다. 위장 잠입한 옛 부하 염장을 믿었다가 결국 그의 칼에 찔리고 마는 것이다. (우리말 표현에 '염장을 지른다' 는 표현이 여기서 나온 것이 아니던가?) 믿었던 이에게 당한 이가 어디 한둘이었겠는가마는 그의 죽음으로 청해진이 무너지고 해양왕국의 꿈이 꺾인 것이 슬프고 슬플 뿐이다. 한국 역사에서 바다는 그렇게 막혀버렸다.

대륙으로 퍼져나간 신라인들

장보고가 살던 9세기 무렵 중국에는 신라인 거주 지역이 광범하게 퍼져 있었다. 신라인들이 가장 많이 몰려 살던 곳은 산둥 반도를 비롯해 추저우〔楚州〕, 롄수이〔漣水〕, 양저우〔揚州〕 등 장강 유역과 회수 유역이다. 산둥 반도는 한반도와 가장 가까운 지역이라는 지리적 특성과 그 배후에 많은 인구들이 모여 있어 시장성이 높은 지역이고, 양저우는 '바다의 실크로드' 를 따라오는 이슬람 상인들의 최종 기착지였다. 전체적으로 신라인들은 당나라의 동해안을 따라 산둥에서 저장 성 닝보〔寧波〕에 이르기까지 퍼져 있었다. 그리고 다시 이런 해안도시로부터 큰 강과 운하를 따라 흘러들어가고 있다.

일본 후쿠오카 시립박물관에 있는 견당선 모형. 당시 일본의 견당선은 신라 배를 모방했기 때문에 가장 장보고 선단의 배와 유사하지 않을까 추정되는 모형이다.

당시 당나라는 당에 체류하는 이민족의 지위를 법적으로 보호해 주는 율령을 제정하는 등 개방적이고 국제적인 정책을 취했다. 이 때문에 외국으로부터 많은 사절단과 상인, 유학생, 종교인들이 몰려들었다. 자장, 의상, 혜초, 지장, 최치원 등이 당나라로 간 것도 다 이런 흐름에 따른 것이다. 신라인들은 곳곳에 '신라방', '신라촌'으로 불리는 외국인 거주 지역(번방)을 형성했다. 자신들의 행정 업무를 위해 '구당신라소'라는 기관을 설치하고, 그 관리자로 신라인을 임명했다. 일본 승려 엔닌이 쓴 「입당구법순례행기」에 '총관', '압아'로 나오는 직책은 다 이것을 지칭한다.

신라인 사회는 자신들의 정신적 구심점으로서 거주 지역마다 불교 사찰을 두었다. 대표적인 것이 장보고가 산둥 반도 원팅 현〔文登縣〕 츠산춘〔赤山村〕에 세운 법화원이다. 「입당구법순례행기」에 따르면 839년 11월 16일부터 이듬해 정월 15일까지 법화원에서 법화경을 강의했는데, 이것이 끝날 무렵에는 신라인 남녀 신도 250명이 참석했다고 한다. 경전 강의나 예배하고 복을 비는 방법은 모두 신라 풍속대로 했다는 것이다.

당시 신라인들은 목탄운송업, 조선업, 선박수리업, 상업, 농업 등에 종사하며 청해진 무역선단 일을 적극적으로 지원했다고 한다. 정보취합 및 전달, 유통 지원 등 다양한 형태의 활동이 「입당구법순례행기」를 통해 확인된다. 신라인들은 대단히 진취적인 기상을 발휘하며 대륙으로 퍼져나갔던 것이다.

운명을 바꾼 도박

140만 목숨을 구한 생명의 수호자, 야율초재 **몽골제국의 대재상, 몽골군의 대학살에서 카이펑 백성 140만 명을 구하다**

도쿠가와 이에야스, '인내'를 무기로 천하를 얻다 **일본적 경쟁력의 뿌리, 근세 일본의 기초를 닦은 '고난의 영웅'**

이순신, 내부의 적과 싸우다 **모함과 투옥, 그러나 부정부패와 끝까지 타협하지 않은 영웅**

울돌목에서 불가능의 목을 치다 **궤멸한 조선 수군을 맨손으로 일으켜 명량해전을 승리로 이끌다**

140만 목숨을 구한 생명의 수호자, 야율초재

몽골제국의 대제상, 몽골군의 대학살에서 카이펑 백성 140만 명을 구하다

1240년 칭기즈 칸의 손자이자 몽골 원정군 총사령관인 바투는 키예프의 아름다움에 넋을 잃었다. 세상에 태어나서 이렇게 장엄하고도 아름다운 도시를 본 적이 없었다. 대초원을 가르는 드네프르 강을 따라 펼쳐진 러시아 정교회 성당들의 둥근 첨탑과 흰 석조 건물들……. 도시는 흰 뭉게구름이 피어오르는 푸르디 푸른 하늘 아래 그렇게 도도한 아름다움을 뽐내고 있었다. 중앙아시아를 거쳐 숱한 사막과 초원 그리고 산맥을 넘어 수천 킬로미터의 전쟁터를 피로 물들이며 달려온 바투였지만 이 도시만큼은 살리고 싶었다. 아버지 주치가 칭기즈 칸에게 영지로 할양받은 지역이었기에 결국은 자신의 영지가 될 도시이기도 했다. 그러나 도시의 아름다움만큼이나 키예프 사람들은 오만했다. 항복을 권유하러 보낸 몽골군 사절들을 계속 죽였던 것이

야율초재 상상도.

다. 이제 바투도 어쩔 수 없었다. 바투의 명령에 따라 총공격을 알리는 깃발이 펄럭거렸다.

이보다 더 잔인한 약탈은 없었다

> 엄청난 화살이 날아오기 시작했다. 얼마나 많은 화살이 하늘을 시커멓게 덮었는지 순간적으로 밤이 된 것 같았다. ……도시는 삐걱거리는 마차들의 굉음과 낙타들의 비명, 트럼펫과 오르간 소리, 말 울음 소리 그리고 공포에 질린 사람들의 울부짖음과 비명, 탄식으로 뒤덮여 바로 옆에서 누가 뭐라고 하는지 아무도 알아들을 수 없는 생지옥으로 변해버렸다.
>
> –키예프의 한 역사가의 기록

그해 12월 6일 키예프는 함락됐고 대살육이 벌어졌다. 6년 뒤 키예프를 방문한 교황 이노켄티우스 4세의 특사인 카르피니 수도사는 이렇게 적었다. "6년이나 지났는데도 아직도 수많은 해골과 사람들의 뼈가 뒹굴고 있었다.…… 사람들은 그동안 얼마나 사람들을 보지 못했는지 우리를 보자 마치 시체더미 속에서 살아나온 사람을 본 것처럼 반가워했다."

800년 전, 세계 최강의 군대 몽골군은 전 세계를 공포로 몰아넣었다. 누구도 예상할 수 없는 빠른 기동성으로 갑자기 나타나 하늘을 뒤덮는 무수한 화살로, 성벽을 무섭게 때려 부수는 공성 무기로 유라시아 모든 민족을 얼어붙게 했다. 그들은 저항하는 군대뿐만 아니라 어린이와 노인, 부녀자를 가리지 않고 무수히 죽이고 또 죽였다. 몽골군의 악명을 전 세계에 처음 알린 칭기즈 칸의 화레즘 제국 침략(1219~1225년) 때 벌어진 끔찍한 대학살에 대해 역사가들은 이렇게 적고 있다.

헤라트가 함락되자 160만 명이 도시 밖으로 붙잡혀 나왔다. 그리고 학살이 시작됐다. 한때 화레즘 제국의 수도이기도 했던 이 아름다운 도시에 최종적으로 남은 사람은 40명이다. 포로와 노예로 끌려간 사람 말고 모두 120만 명이 살육됐다. 몽골군 한 명이 24명꼴로 죽인 것이다.
교육 도시이자 기독교 성서번역 도시로 유명한 메르프를 점령했을 때는 130만 명의 인구를 남자, 여자, 어린애의 세 부류로 나눴다. 몽골군이 살려서 써먹곤 했던 기술자는 400명에 지나지 않았다. 몽골군은 세 부류로 나눈 사람들을 땅 위에 눕게 했다. 공포에 질린 사람들이 눕자 난도질이 시작됐고 어린애들도 모조리 죽였다. 또 다른 도시 네이샤부르에는 174만 7000명이 살고 있었는데 역시 대부분 학살됐다. 몽골 공격군 사령관 툴루이는 자기 매제가 전사한 것을 복수한다며 대학살을 자행했다. 네이샤부르 사람들의 잘린 목은 아이는 아이대로, 여자는 여자대로, 남자는 남자대로 쌓여 세 개의 거대한 피라미드를 이뤘다.
칭기즈 칸은 자기 손자 무투겐이 바미얀 공략 때 화살에 맞아 전사하자 철저한 도성(屠城)을 명령했다. 남녀노소를 가리지 않고 사람은 모두 죽일 뿐 아니라 모든 동·식물까지 죽이라고 한 것이다. 나아가 그는 단 한 줌의 약탈품도 성 밖으로는 내가지 못한다고 선언했다. 몽골군은 나무란 나무는 모조리 뽑아버렸다. 모든 도시마다 살육 다음에는 방화가 이어졌다. 사마르칸트, 부하라, 메르프, 네이샤부르, 바그다드…….

당시 세계에서 가장 발달하고 번성한 도시들에서 수많은 이슬람교도와 기독교도들이 몽골군의 화레즘 제국 침략 때 이처럼 엄청나게 살해됐다. 한 역사가는 "인류 역사상 이처럼 인구를 격감시킨 적은 없다. 대량살상이 가능한 현대전에서도 이런 적은 없다"고 기록했다.

몽골군의 이런 잔혹한 행위는 정복과 약탈이 일상화된 유목사회에서 길러졌다고 할 수 있다. 『몽골비사』에는 몽골군의 잔학성을 조장하고 칭송하는 내용이 곳곳에 담겨 있다.

> 많은 적에게 달려들어 / 전리품들을 노획하면 / 노획하는 대로 가져라! / 도망 잘하는 사냥감을 / 죽이면 / 죽이는 대로 가져라!

칭기즈 칸의 4맹견이라 불리는 무장들에 대해선 이렇게 묘사하기까지 한다.

> 무쇠 이마에 / 끌 주둥이, / 송곳 혀를 하고 있으며, / (강철 심장에 칼 채찍을 갖고, 이슬을 먹고 바람을 타고 달린다.)
> 전투의 날 / 사람의 고기를 먹는다. / 교전의 날 / 사람의 고기를 양식으로 하는 자들이다.

1227년 칭기즈 칸은 화레즘 원정에서 돌아와 서하를 원정하던 중 전장에서 죽는다. 그는 '죽은 뒤에도' 사람들을 죽였다. 칭기즈 칸의 시신을 몽골로 운구해가는 호위대에게는 몽골로 가는 도중 만나는 사람은 모조리 죽이라는 명령이 내려졌던 것이다. 칭기즈 칸이 죽었다는 정보가 중국과 서하에 알려지는 것을 막기 위해서였다.

카이펑 백성들의 처절한 저항

1차 화레즘 제국 침략전쟁을 끝내고 서하마저 정복한 뒤 몽골군의 다음 목표는 중국의 중원이 될 수밖에 없었다. 드디어 1232년 3월 몽골군은 중원에서 가장 큰 도시 카이펑을 포위하기 시작했다. 원래 송나라의 수도였던 이 도시는 여진족의 금나라에 함락된 뒤 변경(汴京)으로 이름이 바뀌었다(여기서는 역사상 널리 알려지고, 21세기인 현재도 부르고 있는 '카이펑' 으로 하기로 한다).

당시 카이펑은 거대 국제도시였다. 한인을 비롯해 여진인, 거란인 등 147만 명이 총길이 50킬로미터가 넘는 성곽 안에서 어울려 살고 있었다. 몽골군의 지휘관은 칭기즈 칸의 4맹견 가운데 한 명인 수부데이였다. 몽골군은 카이펑 공격을 위해 가장 우수한 병사들과 화레즘 제국에서 노획한 이슬람권의 가장 우수한 공성 무기까지 총동원했다. 발석차로 거대한 돌을 성 안으로 퍼붓는가 하면, 화통 등이 날아갔다. 화

몽골군의 잔혹한 전투 장면. 중국 중원의 백성들이 그들에게 살을 발라 죽이는 참극을 당하지 않은 것은 야율초재의 덕택이었다.

살이 하늘을 뒤덮고 불화살이 3층으로 된 카이펑 성의 방어누각으로 날아갔다. 몽골군은 격렬하게 저항하는 성을 향해 연자방아 맷돌 덩어리는 물론 건물의 대들보 덩어리까지 발사했다. 그러나 카이펑 방어군은 세계에서 가장 강력한 군대의 총공격을 결사적으로 막아냈다.

금의 황제 애종이 성 밖으로 탈출하고, 전염병이 창궐해 무더기로 죽어나가는 상황에서도 카이펑은 함락되지 않았다. 마침내 모든 보급품이 바닥나고 지칠 대로 지친 상황에서 금나라의 서면원수였던 최립이 쿠데타를 일으켜 성문을 열고 몽골군에 항복했다. 이때가 1233년 4월이었다. 카이펑 백성들은 그렇게 14개월 동안 몽골군에게 처절하게 저항했던 것이다. 이제 이 백성들은 어떻게 될 것인가? 군사령관 최립의 반란에 이은 항복 형식으로 종결됐지만, 그 백성들은 몽골군에 끝까지 격렬하게 저항한 것이다. 사마르칸트, 부하라, 메르프, 바그다드를 휩쓸었던 끔찍한 대학살의 악몽이 중원에서 가장 문명이 발달한 이 도시에서도 되풀이되는 것인가?

이미 몽골 공격군 총사령관 수부데이는 칭기즈 칸의 뒤를 이은 오고타이 칸에게 그 무시무시한 도성을 진언해놓고 있었다. 수부데이는 항복을 권하러 갔던 몽골의 국신사 일행 30명 가운데 29명을 카이펑군이 무참히 살해했다는 정보를 듣자 땅바닥에 칼을 꽂으며 '카이펑 성 전멸'을 다짐한 바 있었다. 그렇게 카이펑 백성 140만 명이 대학살의 처참한 운명 앞에 놓여 있을 때 한 사람이 오고타이 칸의 막사로 찾아가고 있었다. 긴 수염이 아름다운 그는 카이펑의 도성을 완화해달라고 칸에게 호소하기 시작했다.

"몇 년씩이나 전쟁을 벌이는 노고도 모두 땅과 백성을 얻기 위한 것입니다. 땅을 얻어도 백성이 없다면 아무것도 아닙니다. 재물을 얻어도 그것뿐입니다. 재물이나 공예품은 풍족함을 얻는 근원이 되지만 그것을 만들어내는 것은 사람밖에 없습니다."

유라시아 대륙 인민의 생사에 관한 한 가장 큰 영향력을 가지고 있는 지상 최강의 권력자 몽골의 칸에게 호소한 그는 재상직인 중서령을 맡고 있는 야율초재(耶律楚材)였다. 전쟁으로 일군 나라 몽골에서, 군국주의가 한창 맹위를 떨치는 전쟁판에서 초원의 법도에 따른 야만적인 살육을 돌이키려는 한 인간의 치열한 노력이 벌어지고 있었던 것이다.

"우르츠사하리, 이번에는 절대 그럴 수 없다."

오고타이 칸은 잘라 말했다. 우르츠사하리는 몽골말로 '긴 수염을 가진 사람'이라는 뜻으로 칭기즈 칸이 야율초재를 아껴 붙여준 이름이다. 국신사 일행을 죽인 것은 몽골군에게는 도저히 참을 수 없는 사태였다. 톈산 산맥 서쪽의 모든 유라시아 땅을 피와 공포로 물들인 화레즘 정복전쟁도 바로 칭기즈 칸의 국서를 가진 대상단을 화레즘 제국의 오트랄 성주가 살해하면서 벌어지지 않았는가? 또한 정벌군 사령관 수부데이에게는 이미 카이펑 함락 뒤의 일을 맡기겠다는 약속까지 해놓은 상태였다. 게다가 길어지기만 하는 카이펑 공방전 기간 동안 오고타이 칸과 그 동생 톨루이가 잇따라 병에 걸리는 사태까지 벌어지고 톨루이가 끝내 사망하자 몽골 지도부에서는 모두들 도성을 당연하게 생각하고 있었다.

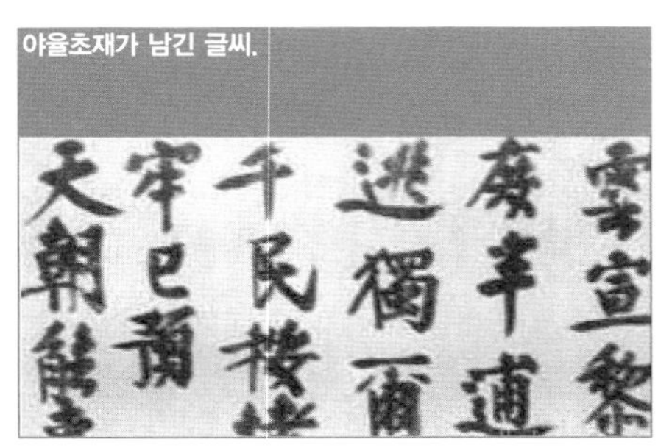
야율초재가 남긴 글씨.

야만으로부터 문명을 지키다

"풍성한 것을 만드는 기술자들과 재화를 늘려주는 부자들이 모두 여기에 모여 있습니다. 모조리 죽여버리면 얻는 바가 없습니다."

초재는 이마의 땀을 씻으며 간언하고 간언했다. 칸은 충신의 거듭된 호소로 고민에 빠졌다. 이튿날 오고타이 칸은 이렇게 명령했다.

"죄는 금나라 황족의 성인 완안(完顔)씨를 가진 자들에게만 묻고 나머지는 목숨을 구해준다."

황족과 일부 완안씨 성을 하사받은 귀족을 뺀 140만 명이 목숨을 구하는 기적이 일어난 것이다.

대만 출신으로 일본에서 활약하는 세계적인 역사소설가 진순신은 『중국걸물전』과 『칭기즈 칸의 일족』에서 야율초재가 살육으로 점철된 초원의 법도를 '야만'이자 '문명의 파괴'로 보고 야만으로부터 문명을 지키려 했다고 평가한다. 확실히 그런 관점은 설득력이 있다. 그는 이전에 화레즘 정복전쟁 때 사마르칸트 함락 뒤에도 칭기즈 칸에게 "이제는 도성을 그만해야 합니다"라고 진언했었다. 또한 칭기즈 칸의 4준마 가운데 한 명인 무칼리가 '금나라 모든 땅으로부터 백성을 내쫓고 그 전답을 모두 초원으로 만든다'며 시도한 무모하고 파괴적인 정책에도 반대해 끝내 중단시켰다. 이 정책은 일부 시행되어 전답은 짓밟혀 엉망이 되었고, 뽕나무는 베어 없어진 채 북방에서 목축민이 양떼를 몰고 내려오고 있었다. 초재는 이 문명 파괴적인 정책에 대해 다음과 같은 논리를 내세워 맞섰다.

"폐하께서는 바야흐로 남벌을 꾀하고 있다. 군수를 마련해야 할 일이 있을 것이다. 만일 중원의 토지세, 상업세, 소금·술·철 생산, 토지의 이득을 공평하게 정한다면 1년에 은 50만 냥, 비단 8만 필, 조 40여만 석을 공급하는 데 부족함이 없을 것이다."

결국 그는 태종인 오고타이 칸으로부터 그런 과세 방안을 실천해보라는 명령을 받아내는 데 성공했다. 중원의 농경지에서 백성들이 모조리 쫓겨나고 전답과 뽕밭이 파괴되는 끔찍한 비극을 홀로 막아낸 셈이다.

그는 사실상 초원의 법도만을 알던 몽골에게 왕조의 법도에 따라 백성을 다스리는 법을 알려준 명신이었다. 상서가 되자, 절차에 의한 법치를 세우려 노력하고 새 조정의 결정이 몽골에서 예부터 내려오는 전례보다 우선 한다는 원칙을 세우려 했다. 그리고 학교를 지어 몽골의 젊은이들이 행정을 하도록 힘썼다. 그는 그 뒤에도 과거를 실시해 속전금이 없어 노예로 전락한 한인과 여진인, 거란인 그리고 지식인 수천 명을 구제하기도 했다.

"제국은 말을 타고 건설할 수는 있지만, 말을 탄 채 통치할 수는 없다"는 통치철학을 오고타이에게 설득하는 데 성공한 것이다. 그는 자신을 대단히 신뢰하던 오고타이가 죽자 다시 초원의 야만성으로 돌아가려는 몽골 지도부를 제대로 다잡기 위해 처절한 노력을 기울였다. 이 과정에서 몽골의 수구 세력들에게 모함을 당하거나 목숨마저 위협받기도 했지만 좌절하거나 타협하지 않았다.

1244년 그가 55세의 나이로 죽자 평소 그의 공정성과 강직함을 시기하고 미워한 반대파는 그의 축재 사실을 조사한다며 집 대문을 부수고 들어가 뒤졌다. 하지만 15년 동안 몽골제국의 재상을 지낸 그의 집에서 그들이 찾아낸 것은 음악애호가였던 초재가 애용한 거문고와 완함 같은 악기 10여 개, 고금 서화 몇 점, 서적 수십 권이 전부였다. 역사가들은 나중에 그에 대해 『신원사』에 이렇게 적었다.

"중원의 백성들이 오랑캐에게 살을 발라 죽임을 당하지 않은 것은 모두 그의 덕택이었다."

2003년 이라크는 21세기형 첨단무기로 무장한 미군의 두 번째 공격을 받았다. 제1차 걸프 전쟁 때처럼 미국의 언론은 마치 이라크의 공화국 수비대가 엄청난 화력을 가진 것처럼 위기의식을 조장했다. 그러나 이라크 정규군은 800년 전 몽골군의 침략을 당한 화레즘 제국의 도시들처럼 맥없이 미제 첨단무기의 제물이 돼버렸을 뿐이다. 이라크에 그동안 얼마나 많은 열화우라늄탄이 떨어졌는지, 그 방사능 오염은 앞으로 이라크 사람들에게 어떤 비극을 가져올 것인지 알 수 없다. 그리고 어찌 열화우라늄탄뿐이겠는가. 지금도 전투와 살육은 계속되고 있다.

유일 강대국 미국의 무력만이 판치는 이 비극의 시대, 과연 미국에는 야율초재와 같은 '생명의 수호자', '문명의 수호자'는 없는 것일까?

1200년대 몽골군 VS 2004년의 미군

1200년대 당시 몽골군과 2004년의 미군은 여러 모로 비교할 만한 요소들이 많다.

우선 세계 최강이라는 공통점을 지닌다. 당시의 몽골군과 현재의 미군은 각각 거의 유일하게 전 지구적 차원에서 작전을 벌이는 게 가능한 군대다. 13세기 몽골군은 일본에서 폴란드까지 거의 유라시아 대륙 전체를 작전권으로 놓고 있었다. 남쪽으로는 베트남, 인도, 현재의 이집트령 시나이 반도까지 전장을 확대시킨 바 있다. 13세기는 아직 신대륙인 아메리카 대륙이 본격적으로 구대륙과 만나기 전이라 유라시아와 아프리카 북부가 거의 세계의 전부라고 할 수 있다. 2004년, 대륙간 탄도탄 같은 발사체 무기를 뺀 상태에서 엄격하게 따진다면, 전 지구적 차원의 작전이 가능한 군대는 미군밖에 없다고 할 수 있다. 러시아군이 지중해와 흑해를 연결하는 보스포러스 해협에 대한 미국-서유럽 연합군의 봉쇄를 뚫고 지중해로 진출하는 것을 상상하기는 어렵다. 태평양·대서양·인도양 등의 남반구 대양에서 해상작전을 과연 효과적으로 벌일 수 있을지도 의문스럽다. 나아가 중국군의 해상작전 능력도 현재로선 러시아군보다도 훨씬 제한적이고 뒤떨어져 있다. 영국군조차 20여 년 전 대서양 남반구의 유인도 포클랜드의 영유권을 놓고 아르헨티나와 벌인 이른바 '포클랜드 전쟁'에서 초반에 적지 않게 고전한 것을 보면 역시 미군과의 연합 없이 독자적으로 전 지구적 차원의 전쟁을 수행할 수 있다고 보긴 어렵다.

둘째, 두 군대 모두 해당 시기에 가장 기동성이 뛰어나고 우수한 무기체계를 갖추고 있었다고 할 수 있다. 먼저 기동성을 보자. 몽골군의 기동성은 일반 병사들까지도 말을 1~4마리 갖춘 채 하루 24시간을 쉬지 않고 이동해 상대편 군대가 전혀 예상할 수 없는 상태에서 기습하는 숱한 전격작전에서도 증명된다. 몽골군은 분유가루와 쿠미즈라는 말젖술, 수수 가루 그리고 보르츠라는 육포를 말안장 밑에 넣은 채 이동하면서 말 위에서 식사를 하곤 했다. 『삼국지』 같은 데 나오는 것처럼 취사를 위해 행군을 멈추는 일이 없이 보통 10일을 그런 속도로 이동할 수 있었다. 몽골군의 실제 작전 속도에 대해선 이렇게 기록돼 있다. "1221년 칭기즈 칸 군대는 식사를 하기 위해 쉬거나 하지 않고 이틀 동안에 130마일을 이

당시의 몽골군과 현재의 미군은 거의 유일하게 전 지구적 차원에서 작전을 벌이는 게 가능한 군대다.

© GAMMA

동했다. 1241년에는 몽골군의 맹장 수부데이 군대가 엄청나게 눈이 쌓인 대초원에서 사흘 만에 180마일을 이동했다."

무기도 당시로선 가장 경쟁력이 뛰어났다. 주무기는 약 166파운드의 장력에 유효사거리 200~300야드에 이르는 활이다. 이 활은 로빈후드가 쓰던 영국의 장궁보다 사정거리나 파괴력에서 크게 앞선다. 게다가 상대보다 훨씬 먼 사정거리를 가진 이 무기를 말을 탄 채 발사해 훨씬 정확하게 맞힐 수 있었다. 활은 근거리 파괴용인 큰 활과 장거리 저격용인 작은 활 두 가지를 가지고 다녔고, 30개 정도의 화살이 든 전통을 2~3개씩 가지고 있었다. 당시 유럽의 기사단이 철갑통 모양으로 된 갑옷과 긴 창 등으로 1인당 거의 70킬로그램에 이르는 무겁고 둔한 장비를 채용한 데 비해 몽골군은 가볍고 기능성이 뛰어난 장비를 갖추고 있었다. 갑옷은 가로 약 2센티미터, 세로 약 10센티미터 크기의 가벼운 금속판에 여덟 개의 구멍을 뚫은 뒤 가죽끈으로 구멍을 연결시키는 방식으로 엮어 만든 기능성 갑옷이었다. 그리고 이 금속판도 몸의 앞쪽에만 달아 실용성을 높이고 무게를 줄였다. 몽골군은 초기에 성을 공격하는 데 크게 어려움을 겪었으나, 나중에 금나라·송나라와의 전쟁에서 충원한 중원의 공성 전문가를 활용해 충차·발석차 등의 신무기 체계를 강화했다. 나중에 더욱 발달한 이슬람권 공성 무기까지 보강해 파괴력이 훨씬 높아졌다.

2001년 미군은 전 세계 어느 곳에서 분쟁이 발생해도 1개 여단은 96시간(4일) 안에, 1개 사단은 120시간(5일) 안에 배치할 수 있었다. 또한 그들의 무기 체계의 급격한 발전은 상상을 뛰어넘는다. 군사예산 하나만 보더라도 충분히 짐작할 수 있다. 2003년 미국의 군사예산은 3827억 달러로 미국 다음으로 군사비가 많은 9개 나라의 군사예산을 합친 것보다 많다. 이 가운데 전력의 관건이 되는 첨단무기의 개발에 투입하는 연구개발비는 568억 달러로 중국의 연간 총군사비보다도 많다.

도쿠가와 이에야스, '인내'를 무기로 천하를 얻다

일본적 경쟁력의 뿌리, 근세 일본의 기초를 닦은 '고난의 영웅'

피로 피를 씻는 난세, 살벌한 전국시대다.…… 나는 분명 욕심 많은 사람이다. 내 아버지를 내쫓고, 아들까지도 죽였다. 천하를 얻기 위해서는 못할 것이 뭐가 있느냐? ……누군가가 천하를 통일하지 않는 한 그 피의 강물은 멈추지 않을 것이다. 주검의 산만 더욱 높아질 뿐…….

– 영화 〈가게무샤〉 중에서 다케다 신겐의 말

근세 일본의 기초를 닦다

2004년에 일본을 주제로 한 표현 가운데 가장 눈길을 끄는 것은 바로 '잃어버린 10년은 끝났다'는 표현이었다. 도쿄 증시가 지난 10여 년의 불황상태에서 벗어나 상승기조로 돌아서자 기술력을 바탕으로 한 일본 경제의 경쟁력이 다시 맹위를 떨칠 것이라는 전망이 확산되고 있다. 미국을 시작으로 세계가 벤처 열풍과 정보통신(IT) 열풍에 빠져들고, 중국이 세계의 공장으로 불리며 세계 경제의 강자로 등극하는 것을 묵묵히 바라보고만 있는 것 같던 일본이 다시 용틀임하고 있다. 호봉제-연공서열-종신고용 등의 독특한 인적 시스템과 탁월한 기술력으로 표현되는 일본이 그 경쟁력을 검증받은 경제모델로서 과거의 영광을 되찾기 시작했다.

과연 이런 일본의 경쟁력은 어디서부터 오는 것일까? 15세기 무렵까지 조선과 그다지 큰 격차를 보이지 않던 일본은 도대체 어떤 길을 걸었기에 개국 이후 이처럼 짧은 시기에 세계 경제의 강자로 떠오른 것일까? 미국식 구조조정이라는 잔인한 제도가 세상에 맹위를 떨치는 21세기에도 어떻게 일본 기업가들은 '사람을 정리할 생각은 하지 않는다' 고 자신 있게 말할 수 있는 것일까?

도쿠가와 이에야스〔德川家康〕는 이른바 '피로 피를 씻는 난세' 가 절정기로 치닫기 시작한 1542년, 일본 미카와(지금의 아이치 현) 오카자키 성에서 성주의 아들로 태어났다. 수십 개의 작은 나라로 나뉘어 통일을 향한 크고 작은 전쟁으로 들끓던 일본의 전국시대에 그는 과연 '인내' 가 무엇인지 온몸으로 처절하게 보여준 사람이라고 할 수 있다. 바로 이 참는 것을 최대 무기로 그는 오다 노부나가〔織田信長〕, 도요토미 히데요시〔豊臣秀吉〕 같은 천재형 경쟁자들의 견제와 억압을 견뎌내고 마침내 일본 천하를 움켜쥔다.

그의 인생은 두 살 때 어머니와 생이별하는 고난으로부터 시작된다. 주변의 강대한 다이묘〔大名: 전국시대의 영주들〕의 압력에 소국의 다이묘인 아버지가 굴복해 정략이혼을 해야 했기 때문이다. 그 뒤 6세 때 볼모로 넘겨져 두 차례에 걸쳐 13년 동안 엄중한 감시 속에서 볼모 생활까지 해야 했다. 당

© 장광석

도쿠가와 이에야스 상상도.

시 자신을 잡고 있던 오다 노부히데의 협력 요청을 아버지가 냉혹하게 거절하는 바람에 죽을 수도 있는 처지에 빠지기도 했다. 한편 이런 볼모 기간 동안 병법과 전술, 행정에 대해 배우기도 한다. 19세 때에 이르러서야 그를 볼모로 잡고 있던 이마가와가 신흥세력인 오다 노부나가에게 패망한 것을 계기로 볼모에서 해방돼 선조 때부터의 근거지인 오카자키 성을 되찾을 수 있었다. 그러나 그는 다시 살아남기 위해 오다 노부나가에 사실상 복속해야 했으며, 노부나가와의 연합 때문에 다케다 신겐에게 집중공격을 받아야 했다. 그 뒤 사돈을 맺은 노부나가의 압력으로 처를 죽이고 아들마저 자결하게 하는 비극도 겪는다.

그는 이 모든 고난을 이겨내고 어느덧 노부나가 세력의 강자로 부상한다. 하지만 노부나가가 암살될 때 자신의 주력군과 떨어져 있었기 때문에 다시 정국의 주도권을 기회에 강한 도요토미 히데요시에게 빼앗기는 불운을 겪는다. 어쩔 수 없이 히데요시에게 굴종한 뒤 그는 강제로 본거지인 오카자키를 떠나 더 먼 동쪽의 미개척지인 에도(지금의 도쿄)로 옮겨 가야 했다. 그를 견제하려는 히데요시의 계책 때문이었다. 또한 그는 히데요시의 압력으로 그의 이부여동생(아버지가 다른 여동생)과 결혼해야 했고, 손녀도 히데요시의 아들과 정략결혼을 해야 했다.

천하통일 뒤 대륙정벌에 집착한 히데요시가 조선침략을 명령하자 일본 전국은 전란의 소용돌이에 휘말려 들어간다. 그때 이에야스는 절묘하게 조선 출병에서 빠질 수 있었다. 이 시기 동안 그는 외면상 히데요시에게 철저히 복종하면서 에도를 중심으로 힘을 비축한다. 그 뒤 대내외적으로 고전을 겪던 히데요시가 병으로 죽는다. 때를 기다리던 도쿠가와는 1600년 동군(에도를 중심으로 도쿠가와 이에야스를 지원하는 세력)을 이끌고 서군(히데요시의 근거지였던 사카이 등 오늘날의 오사

도요토미 히데요시의 아들 세력을 마지막으로 공격하기 위해 출전하는 도쿠가와 이에야스(흑마를 탄 사람).

카 세력)을 세키가하라에서 격파하고 사실상 통일 일본을 장악한다. 이에야스는 그 뒤 에도에 바쿠후〔幕府〕를 설치해 일본 전역을 통치하면서 근세 일본의 기초를 닦는다.

일본인들에게 힘과 위안을 주는 인물

도쿠가와 이에야스의 파란만장한 삶은 일본에서 지금껏 숱한 소설과 책, 드라마, 영화, 연극 등의 소재가 돼오고 있다. 나아가 일본 사람들은 그를 늘 '일본의 10걸' 로 선정하면서 존경하고 있다. 특히 일본의 소설가 야마오카 소하치가 밝히고 있듯이 그는 '고난의 영웅' 으로서 국가위기, 경제위기의 시기에 일본 사람들에게 힘과 위안을 주는 인물로 꼽힌다.

도쿠가와가 일본 통일의 대장정에서 최종적인 성공을 거둔 이유는 다음과 같이 정리할 수 있다.

첫째, 최선이 아니면 차선을, 차선도 안 되면 그 다음의 차차선을 선택한다: 그는 볼모생활부터 시작해 난세에서 약자로 살아남는 법을 철저하게 숙지하고 실천했다. 그 근본원칙은 늘 참고 기다리는 것이다. 이마가와의 죽음 뒤 되찾은 독립과 자율권도 상황이 여의치 않자 재빠르게 포기한다. 강자와의 연합으로 우선 생존을 확보한 뒤 다시 훗날을 기약하는 것이다. 오다 노부나가의 죽음 뒤 히데요시에게 결정적인 기회를 빼앗겼을 때도 그는 미련 없이 굴종하며 훗날을 기약한다. 보통 사람 같으면 한번 승부를 겨뤄보려 했을 텐데 그는 그런 유혹을 이겨낸다. 차선과 차차선을 선택할 줄 아는 이 평생의 전술이 최종적인 승리의 밑거름이 된다.

둘째, 꼭 이겨야 할 전쟁을 골라내고 반드시 이겼다: 신중의 대명사와도 같은 그였지만 반드시 이겨야 할 전쟁은 반드시 이겨냈다. 결정적인 전쟁이 아니면 양보하고 굴종했지만, 결정적인 전쟁은 결코 놓치지 않았다. 이런 전쟁에서는 그 어떤 수단과 방법도 가리지 않고 총력전을 펼쳤다. 도요토미 히데요시가 죽은 뒤 일본 통일의 주도권을 놓고 1600년에 벌어진 세키가하라 결전과, 1614년 도요토미 히데요시의 아들 세력을 절멸하기 위해 벌인 '오사카 겨울의 진' 같은 전투가 대표적인 예이다. 이런 전투를 이기기 위해 그는 엄청난 포섭공작을 벌이는가 하면, 평생 쌓은 신뢰마저 팽개쳐버리기도 했다. '오사카 겨울의 진'으로 불리는 전투에서 그는 휴전 조건을 어기고 바깥 해자뿐만 아니라 안쪽 해자까지 메워버렸다.

셋째, 신뢰라는 브랜드를 성공적으로 관리했다: 기본적으로 그는 전국시대와 같은 비인간적인 격변기에도 동맹을 먼저 깨는 일은 하지 않았다. 나중에 주군 쪽의 상황 변화에 따라 종래의 적과 새로이 동맹관계를 맺기도 했지만, 먼저 배신하는 일은 하지 않았다. 최초의 동맹자이자 주군이던 이마가와가 전쟁에서 살해돼 패배가 결정된 뒤에도 동맹을 깨기는 커녕 전세 역전을 위한 반격을 진언한다. 이마가와에 이어 오다 노부나가와 동맹을 맺은 뒤에도 다케다 신겐의 거듭된 공격으로 여러 번 밀리곤 했지만, 역시 노부나가와 죽을 때까지 동맹을 지켰다. 이 때문에 그는 죽을 때까지 '믿을 수 있는 인물' 이라는 평을 들었다.

넷째, 충성에 대해 확실하게 보상했다: 신뢰가 전략적 원칙이라면 보상은 구체적 전투수행이라고 할 수 있다. 그는 자신에게 충성한 사람에게 확실하게 보상했다. 그의 가신단은 이런 보상을 토대로 도쿠가와는 물론 그 이후로도 바쿠후 통치의 중핵으로서 공헌하게 된다. 세키가하라 결전에서 승리한 뒤 도쿠가와는 상대방의 관할에 있던 총 642만 석 규모의 영지를 빼앗은 뒤 자신은 그 10분의 1만을 차지한다. 나머지는 모두 자기편의 다이묘에게 나눠주고 있는 것이다. 이런 확실한 보상이 합종연횡을 무시로 반복하는 전국시대 다이묘들을 끌어들이는 데 결정적인 역할을 했다고 할 수 있다.

다섯째, 잠재적 라이벌의 기반을 빼앗는다: 볼모로서, 약자로서 온갖 라이벌 견제책의 피해를 직접 겪은 그는 스스로 강자가 되면서 잠재적 라이벌의 기반을 약화하는 데 발군의 수완을 발휘한다. 세키가하라 결전 이후 다이묘들의 대대적이고 지속적인 영지 교체, 참근이라는 이름으로 다이묘들을 에도의 바쿠후에서 반강제적으로 근무토록 하는 제도를 실시했던 것 등이 그런 예라고 할 수 있다. 나아가 에도를 대대적으로 건설하면서 다이묘들에게 그 소요 경비와 노역을 제공토록 한 것도 그들의 경제적 토대를 약화시키고 자신의 세력은 크게 강화하기 위해서였다.

이런 특징을 갖고 있는 도쿠가와 이에야스와 21세기 일본은 어떤 관계를 가지고 있는 것일까? 무엇보다 먼저 '평화일본'을 열었다는 점을 꼽을 수 있다. 일본의 근현대사에서 교차하고 있는 '평화'와 '팽창'의 두 주제 가운데 도요토미 히데요시-이토 히로부미-현대의 극우파로 이어지는 대외팽창과 전쟁의 기류에 대응하는 평화 속의 대내 발전이라는 기류는 사실상 도쿠가와 이에야스로부터 시작되었기 때문이다. 일본은 이처럼 평화 기류를 유지하고 있을 때 자신의 저력을 발휘해 성장과 발전을 이룩하는 경향이 강하다. 그 반대의 길-팽창의 길로 갔을 때는 항상 초기에는 성공적이지만 궁극적으로 패배하곤 했다.

둘째, 이에야스는 경제에 대단히 강한 지도자로 난세를 헤쳐나갔다. '국가 지도자=경제지도자'의 지향을 세운 것이다. 이에야스는 소국에서 시작해 국가를 키워나간 경험으로 경제마인드를 충분히 갖춘 지도자였다. 그가 에도 바쿠후의 건설로 상대적으로 뒤떨어진 동부의 발전을 이루고 전란 뒤의 경제부흥을 일으킨 것은 그의 경제감각을 잘 읽

도쿠가와 이에야스 시대에 전래된 세계지도. 당시 이런 복제본이 많이 제작됐다.

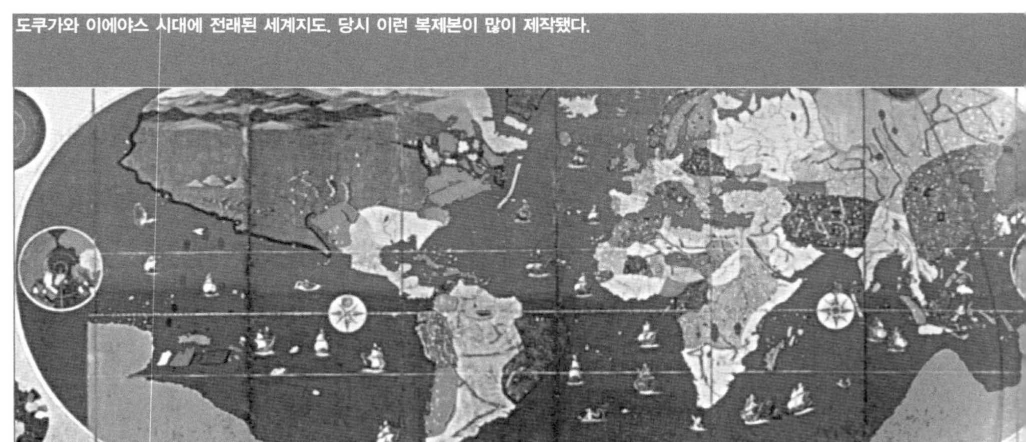

게 해준다. 이와 함께 나카센도 등 동일본과 서일본을 잇는 주요 도로망을 정비하고 선박 운행도 활성화했다. 이에 따라 국토의 균형 발전과 농경지의 확대, 상업의 융성, 해외무역의 활성화, 인구 증가 등을 이룩할 수 있었다. 이런 국가 지도자상은 그 뒤 근현대 일본사에서 큰 영향을 미치게 된다.

셋째, 남의 강점을 모방해 내 것으로 만드는 데 주저하지 않았다는 것이다. '모방을 통한 개선' 이라는 일본적 효율성이 그에게서 시작됐다고 해도 지나치지 않다. 먼저 그는 자신을 초기에 크게 위협했던 다케다 신겐의 화폐경제를 계승했다. 그리고 일본 최초의 주조소판을 열어 전국에서 통용되는 금화와 은화를 제조한다. 나아가 경장통보라는 동전을 주조·사용해 화폐경제를 발전시켰다. 히데요시가 중시한 금광·은광의 몰수와 지배 원칙도 더욱 강화하고, 교통의 요충지를 자신의 세력권 안에 둔다.

徳川家康 征夷大将軍に

号外

江戸幕府 開幕

本拠地を江戸に武家政権確立へ

도쿠가와 바쿠후의 개막을 소재로 만든 일본의 역사신문.

넷째, 일본적 인간경영의 토대를 닦았다. 이에야스의 가신단은 먼저 충성심에서 매우 뛰어났다. 이에야스가 남에게 고통을 강요하지 않고 모범을 보이는 등 인간 관리를 잘했기 때문이다. 이와 함께 그는 '여론' 을 적극적으로 활용해 자신에 대한 충성심을 확산시켰다. 특히 그 자신이 '대기만성형' 인물이었기에 일본인의 의식구조에 노인층의 역량을 지속적으로 활용하는 사회 시스템을 자연스럽게 각인시켰다고 할 수 있다. 일본이 다른 나라와 달리 정년을 연장하는 놀라운 선택을 하는 이면에는 이에야스의 그림자가 분명 크고 짙게 드리워져 있다.

다섯째, 해외무역에 적극적으로 나섰다. 도쿠가와는 바쿠후의 재력을 강화하기 위해 해외무역을 장려했다. 도쿠가와 시대에 이르면 유럽인들이 대서양 관계의 고문으로 등용되고 영국·네덜란드와의 무역도 본격화된다. 바쿠후 통치는 나중에 결국 쇄국으로 나아갔지만, 오늘날 일본을 세계적인 무역대국으로 성장케 하는 계기와 전통은 모두 이 시기에 세워졌다고 할 수 있다.

여섯째, 검소·절약·저축을 장려해 일본적 경쟁력의 토대를 닦았다. 이런 장점이 결국 근세 이후 일본인의 잠재력을 성장시키고 교육열을 높였다고 할 수 있다. 일본적 경쟁력의 상당 부분은 바로 도쿠가와 시대의 전통에서 비롯된 셈이다.

도쿠가와 이에야스, 살아서 정치와 경제에서 동시에 탁월한 능력을 발휘한 그는 이런 교훈을 후세에 남기고 있기도 하다.

"사람의 일생은 무거운 짐을 지고 먼 길을 가는 것과 같다. 서두를 필요가 없다. 자유롭지 못함을 항상 곁에 있는 친구로 삼는다면 부족할 것이 없다. 마음에 욕심이 생기면 궁핍했을 때를 생각하라. 인내는 무사장구의 근원이요, 분노는 적이라 생각하라."

"조선 군대를 철수하라"

도쿠가와 이에야스는 도요토미 히데요시의 조선 침략에는 반대했다. 1592년 히데요시가 고니시 유키나가, 가토 기요마사, 구로다 나가마사 등을 시켜 16만의 대군으로 조선을 공격하도록 했을 때 이에야스에게도 '동쪽 다이묘의 총독'이라는 이름으로 출진하라는 명령이 떨어져 있었다. 이에야스는 "새로 내려주신 간토(關東) 지방을 다스리기 어렵기 때문에 여유가 없습니다"라며 출진하지 않으려 했으나, 결국 1만 5천 명을 이끌고 나고야까지 가야 했다.

이때 히데요시 속셈으로는 이에야스를 조선 침략군에 포함시킬 생각이 없었다. 그의 충성심을 시험하기 위해 출전을 명령해본 것이다. 히데요시는 자신이 직접 조선에 건너가 일본군을 진두 지휘해야겠다고 말한다. 그러자 이에야스는 본심을 감추고 "그렇다면 저도 조선으로 건너가 선봉에 서겠습니다"고 대답한다. 그는 히데요시의 측근들이 히데요시가 직접 출진하는 것을 반대하고 있다는 것을 이미 알고 있었던 것이다. 그러면서 자신은 히데요시와 함께 행동할 것이라는 논지를 성립시켜버렸다.

에도에 들어오는 조선통신사. 통신사는 도쿠가와 이에야스 시대부터 1811년까지 모두 12차례 일본에 갔다.

결국 히데요시는 조선으로 가지 않았고, 자연스럽게 이에야스도 일본에 남았다. 남아 있는 동안 이에야스는 특유의 인내 작전으로 히데요시의 견제를 비켜나간다. 히데요시가 애첩에게 낳은 어린 아들에게 승계할 생각이라는 것을 간파하고 미리 실력자 두 명과 나란히 그 아들에게 충성을 맹세하는 서문을 제출하기도 한다. 이런 행동으로 인해 그는 죽어가는 히데요시로부터 그 아들이 성인이 될 때까지 정무를 대행해달라는 부탁까지 받는다. 히데요시가 죽은 뒤 그는 5다이로〔五大老〕의 우두머리로서, 내대신으로서 히데요시의 측근과 협의해 바로 조선에 나가 있는 군대를 철수하라고 명령했다. 그 뒤 쓰시마의 종씨 가문을 통해 조선과 협상을 시작해 1609년 기유조약을 체결해 무역이 재개되고 관계가 개선됐다. 조선도 도쿠가와 이에야스가 이처럼 적극적으로 취한 조처를 높이 평가해 호응한다.

CEO들은 왜 그를 선호하는가

오다 노부나가, 도요토미 히데요시 그리고 도쿠가와 이에야스는 같은 시대를 살았고, 일본 역사를 통틀어 가장 뛰어난 인물군으로 꼽힌다. 이 세 사람은 모두 천하통일을 위해 온 생애를 걸었고, 두 사람(히데요시, 이에야스)은 실제로 통일천하의 맛도 보았다. 그러나 세 사람은 선명하게 구별되는 개성으로 사람들에게 전해지고 있다.

세 사람은 두견새를 소재로 일본 특유의 단가인 하이쿠를 읊었다고 전한다. (그들이 실제로 하이쿠를 읊었는지는 확인되지 않는다.)

"울지 않는 두견새는 죽여야 한다." – 오다 노부나가

"울지 않는 두견새는 울게 해야 한다." – 도요토미 히데요시

"울지 않는 두견새는 울 때까지 기다려야 한다." – 도쿠가와 이에야스

이 하이쿠만을 보면 노부나가는 성격이 급하고, 히데요시는 노회하고 음모적이며, 이에야스는 바보 같으면서도 둔중한 무게가 느껴지는 인물로 볼 수 있다. 그러나 이런 성격과 달리 세 하이쿠에는 세 사람이 당시의 시대적 요구를 어떻게 읽었는가를 반영한다

고 보는 견해도 있다. 노부나가는 반드시 통일을 해야 한다는 시대적 요구를, 히데요시는 통일을 위한 구체적인 수단과 방법론에 몰입을, 이에야스는 이 모든 것을 넘어서는 시대의 성숙을 노래하는 셈이다.

한편 일본의 한 경영전문잡지가 기업의 최고경영자(CEO)를 대상으로 설문조사를 실시한 결과 이에야스에 대한 선호도가 가장 높은 것으로 나타난 바 있다.

오다 노부나가(왼쪽)와 도요토미 히데요시(오른쪽)의 영정.

① 자신을 전국시대의 무장으로 비유한다면 누구라고 생각하십니까?

② 후계자로는 어떤 타입의 무장을 선택하시겠습니까?

이 두 물음에 대해 1위는 모두 '도쿠가와 이에야스'로 나왔고, 2위는 오다 노부나가로 집계됐다. 이와 달리 각 기업에서 이미 후계자로 주목받고 있는 사람들은 ①번 질문에 대해 각각 오다 노부나가, 도쿠가와 이에야스, 도요토미 히데요시 타입이라고 대답한 사람으로 갈리고, 그 비율도 대체로 비슷했다는 흥미로운 결과가 보도되었다.

성을 지켜야 하는 입장에 있는 최고경영자는 '수비는 최고의 공격'이라고 본 이에야스를 선호하고, 공성을 해야 하는 입장이라고 할 수 있는 차세대 경영인들은 각각 전국시대를 헤쳐간 세 인물로부터 저마다의 강점을 찾아내고 있는 셈이다.

이순신, 내부의 적과 싸우다

모함과 투옥, 그러나 부정부패와 끝까지 타협하지 않은 영웅

들도 산도 섬도 죄다 불태우고 사람을 쳐죽인다. 그리고 산 사람은 금속줄과 대나무통으로 목을 묶어서 끌고 간다. 어버이 되는 사람은 자식 걱정에 탄식하고 자식은 부모를 찾아 헤매는 비참한 모습을 난생 처음 보게 됐다. 적국인 전라도라고 하지만 검붉게 치솟아 오르는 연기는 마치 이런 상황에 분노하고 있는 것처럼 보이는구나. ……감옥에 넣어 물을 먹이고, 목에 쇠사슬을 채우고, 달군 쇠로 지지는 것은 이 덧없는 세상에서 일어나고 있는 일이다.…… 일본에서 포르투갈 상인들이 왔는데 인상(人商: 인신매매상)도 있다. 그들은 본진의 뒤에 따라다니며 남녀노소를 가리지 않고 사들여 줄로 목을 묶어 모아서 앞으로 몰고 가는데 잘 걸어가지 못하면 뒤에서 지팡이로 몰아붙여 두들겨 패댄다. 아방나찰이라는 지옥 귀신이 죄인을 벌주는 것이 이와 같으리라고 생각될 정도다.

왜 전라도는 처참한 지옥이 되었나

1597년 6월 일본 규슈 안양사(安養寺)의 주지 게이넨〔慶念〕은 우스키〔臼杵〕 성의 영주 오오타 히슈우〔太田飛州〕의 군의관으로 조선에 와 8개월 동안 목격하고 경험한 것을 『일일기』(日日記)라는 일기 형식의 기록으로 남겼다. 그가 본 조선인의 참상은 일본 전국시대의 여러 전투

이순신 장군의 영정. 가장 도덕적인 삶을 산 대가로 숱한 고난을 겪어야 했던 그는 민족을 구함으로써 그 모든 고난을 뛰어넘었다.

를 보거나 경험했을 이 승려조차 "난생 처음 본다"고 털어놓을 정도로 충격적인 것이었다.

임진왜란 때 이순신 수군의 맹활약으로 "일본군이 한치도 밟을 수 없었다"고 할 정도로 안전했던 전라도 지역이 이처럼 1597년 이후 처참한 지옥으로 변한 이유는 무엇일까? 바로 이순신을 모함한 원균 등 악독한 지배층과 어리석고 무능한 군주 선조의 독단 때문이다. 선조의 명령으로 이순신을 투옥하고 대신 원균을 삼도수군통제사로 세운 뒤 조선 수군이 1597년 7월 16일 일본 수군에게 대패한 것이다. 이 패전 뒤 채 20일도 안 돼 전라도는 게이넨이 일기에 묘사한 것과 같이 살육과 방화, 고문, 인신매매, 구타 등의 아수라장으로 변한다.

그뿐인가. 조선인의 코와 귀를 무더기로 잘라 일본으로 가져간 일본군의 악랄한 만행이 본격적으로 시작된 것도 조선 수군이 패배한 지 한 달 뒤부터다. 도요토미 히데요시가 정유재란 때 조선으로 출병한 일본 다이묘들에게 "전공의 증명은 수급의 수로 하지 않고 베어서 가져온 코의 수로 계산한다"는 군령을 내린 것이 1597년 8월이다. 당시 일본군은 임진왜란 때 돌파하지 못한 곡창지대이자 전략 요충인 전라도 지역을 대대적으로 공략하고 있었다. 일본 역사가들은 이렇게 해서 주로 전라도 백성의 코를 베어낸 뒤 소금에 절여 일본으로 가져간 것이 10만에 이른다고 추정한다. 전공에 눈이 먼 일본군은 조선군은 물론 남녀노소, 승려, 노비, 초동에 이르기까지 전투원이 아닌 이들의 코까지 무더기로 베어냈던 것이다.

나아가 게이넨의 일기에 나와 있는 것처럼 조선인 포로를 대대적으로 노예로 끌고 간 시기도 이 무렵이라고 할 수 있다. 1597년 일본 나가사키에 들른 이탈리아 노예상인 프란시스코 가르데는 이렇게 적고 있다. "매우 많은 수의 조선인들이 노예로 끌려와서 헐값에 팔리고 있다."

일본으로 잡혀간 강항도 경험담에서 이렇게 밝히고 있다. "전라도 무안군에는 도적선 600~700척이 수 리에 걸쳐서 넘치고 있었으며, 그 배에 탄 우리나라 남녀의 수는 왜병과 거의 같을 정도였다. 배마다 통곡하는 포로들의 소리가 산과 바다를 흔들었다."

이렇게 일본으로 잡혀간 도공, 제약기술자, 금제련공, 농부, 부녀자

노량대첩을 그린 현대화. 그는 이 마지막 전투에서 '단 한명의 왜적도 놓아주지 않기 위해' 위험을 무릅쓰고 진두지휘하다가 적의 총탄에 맞아 순국한다.

등 조선인이 적게는 5만, 많게는 10만을 헤아린다. 임진왜란 7년 가운데 '살육전쟁', '노예전쟁'의 양상은 바로 이 정유재란 시기—이순신이 수군 지휘관에서 물러난 시기—에 결정적으로 심화되었던 것이다. 바꿔 말해 이순신이 그대로 삼도수군통제사로서 조선 남해안의 제해권을 장악하고 있었다면, 조선 민중의 피해는 줄어들 수 있었다. 어쩌면 일본이 정유재란을 일으키는 것을 포기했거나 적어도 굉장히 주저했을 가능성이 매우 높다.

도요토미 히데요시를 놀라게 하다

임진왜란 당시 남해 일대에서 일본 수군을 연파해 일본의 조선 점령과 중국 진출을 저지하는 데 크게 기여한 이순신은 그때 어디서 무엇을 하고 있었을까?

일본군의 침략을 거의 유일하게 대비한 조선군 지휘관이자, 남해의 제해권을 장악해 결국 일본의 야심적인 수륙병진책(水陸竝進策)을 파탄시킨 민족의 구원자 이순신은 백의종군(白衣從軍)의 처지로 내쫓겨 있었다. 일본은 평양성을 점령한 고니시 유키나가군과, 함경도까지 진격한 가토 기요마사군에게 전라도를 돌아 서해를 북진하는 수군의 보급선을 연결시킨다는 수륙병진책을 밀어붙이고 있었다. 그렇게 된다면 조선 점령을 매듭짓고 중국까지 치고 들어간다는 것이다. 이 전략은 바로 이순신의 분전으로 뿌리부터 흔들리고 있었다.

일본이 그를 얼마나 두려워했는지는 전쟁에 관한 한 일가견이 있던 도요토미 히데요시가 수군의 연전연패 소식에 놀라 아예 "조선 수군과는 교전하지 말라"고 지시를 내린 데서도 알 수 있다. 그 누구도 일본군에게 승리하지 못할 때 오직 이순신만이 승전에 승전을 거듭해 종2품인 삼도수군통제사에, 정2품 정헌대부에까지 올랐다. 그런 그를 당시 조선 왕조는 말도 안 되는 죄목으로 파직하고 고문까지 한 뒤 '무등병'으로 내몬 것이다. 백의종군 첫날 순신은 죄인이라는 이유로 종

일본군의 조총. 이 조총은 당시 조선군이 쓰던 중국식 화승총에 비해 화력이 월등히 뛰어났다.

의 집에서 자야 했다. 이게 그의 첫 백의종군도 아니다. 42세 때인 1585년 북방 함경도 조산보의 만호로 전직된 그는 반드시 필요한 증원군을 요청했으나 직속상관이 묵살하는 바람에 결국 여진족 침략병들을 아주 적은 병력으로 맞서 싸워야 했다. 그는 이 전투에서도 용전분투해 나름대로 상당한 전과를 올렸는데도 오히려 문책을 두려워한 직속상관의 모함으로 투옥됐다. 순신의 조국, 조선은 그런 나라였다.

이번에 원균 등과 선조가 합작해서 그에게 씌운 죄목은 네 가지다.

첫째, 조정을 속였으니, 임금을 업신여긴 죄.

둘째, 적을 쫓아 공격하지 않아 나라를 등진 죄.

셋째, 남의 공을 가로채고 남을 모함한 죄.

넷째, 임금이 불러도 오지 않은 한없이 방자한 죄.

공인으로서 엄격한 도덕성과 청렴결백한 생활을 고집했던 순신은 당시 부정부패로 물든 조선 사회와 타협하지 않아 숱한 고난과 시련을 겪어야 했다. 이 네 가지 죄목을 정확히 분석하면 순신이 그 질풍노도의 시대를 어떻게 살았는지, 그 결과 어떤 고난을 겪었는지 이해할 수 있다. 그 하나하나의 진실을 파헤쳐 들어가보자.

이순신을 사형까지 시키려 한 선조

첫째 죄목은 순신이 부하 장령들의 공적 보고를 믿고 그대로 위로 상주하는 과정에서 벌어진 일이다. 그가 공적에 대해 큰 야심을 가지고 있었다고는 보기 어렵다. 이미 삼도수군통제사로서 정2품 정헌대부에까지 오른 그다. 이미 이전에도 순신은 관리로 임용된 지 7년 만에 일곱 번째 직책으로 맨처음의 직급과 같은 '권관' 을 보임받고도 그대로 최선을 다해 근무했다. 나중에 조·명 연합수군의 승리를 위해 명나라 제독 진린에게 "모든 공적을 돌릴 테니 대신 지휘권을 달라"는 제안을 한 사람이기도 하다. 그는 부하의 공훈을 세워줘 사기를 높이기 위해 그런 실수를 저지른 것이다.

두 번째 죄목은 일본의 반간계(反奸計)에 놀아난 조정이 잘못된 명령을 내린 것을 실행하지 않은 것이다. 일본군 대장 고니시 유키나가가 첩자 요시라를 경상우병사에게 보내 "가토 기요마사가 부산 앞바다를 건너올 테니 조선 수군이 체포하라"고 충동질한 것을 순신은 의심해 실행하지 않는다. 실제로 이 반간계는 이순신을 제거하기 위해 일본군이 기획한 것으로 조선 조정이 그대로 걸려든 것이다.

세 번째 죄목은 원균의 주장에서 비롯됐다. 1592년 최초 해전인 옥포 해전에 대한 논공행상은 당시 옥포의 관할권을 가지고 있는 부대의 지휘관인 원균이 구원부대의 지휘관인 순신보다 높아야 한다는 것이다. 당시 원균은 일본군의 침입이 있자 경상우수영의 군선들을 모두 불태워버리고(왜군에게 빼앗기면 활용당한다는 이유로) 단지 1척(나중에 그의 부하들이 5척을 더 가지고 합류)의 배를 가지고 합류했다. 이에 비해 순신의 함대는 판옥선 24척 등 모두 85척의 함대를 가지고 참전했다. 게다가 원균은 일본군이 수백 척의 배로 부산에 상륙할 당시 공격조차 시도하지 않은 적도 있다. 한마디로 말도 안 되는 논리를 근거로 말도 안 되는 주장을 펴는 것이 먹혀들어가고 있다.

네 번째 죄목은 세자 광해군이 군사를 위로한다는 명목으로 제2정부격인 '분조'(分朝)를 전주에 설치하고 순신을 전주로 오라고 명령한 것을 이행하지 않았다는 것이다. 이 시기는 순신의 난중일기에서 빠져 있는 부분이기도 하다. 상식적으로 백면서생이나 다름없는 세자가 주둔중인 수군의 최고 지휘관더러 수백 킬로나 떨어진 내륙에까지 와서 보고하라고 하는 것을 어떻게 볼 것인가?

선조는 처음 순신을 파직하고 투옥시키며 아예 사형시킬 것을 염두에 두고 있었다. "이순신이 어떤 자인지 모르겠어! 명나라의 관원들이 그들의 조정을 속이지 못하는 짓거리가 없는데, 그 못된 버릇을 우리나라 사람이 닮아가고 있어. 이순신이 부산에 있는 왜영을 불태웠다고 허위 보고를 했으니, 영의정! 이것이 있을 수 있는 일인가? 이제부터 이순신이 가토 기요마사(일본군 제2군 대장)의 머리를 베어 들고 온다 한들 그 죄를 어찌 갚을 수 있겠는가?"

억울하게 죄를 뒤집어쓴 채 압송되는 삼도수군통제사 이순신을 묘사한 그림. 백성들이 눈물을 흘리며 슬퍼하고 있다.

결국 순신은 우의정 정탁 등의 간절한 구명운동으로 석방된다. 민족의 구원자가 어리석은 암군의 명령 하나로 죽을 수 있는 절체절명의 위기에서 살아난 것이다. 파직된 죄인으로 백의종군 길에 나선 아들을 보러 멀리 여수에서 아산으로 오던 순신의 노모는 결국 아들을 보지 못한 채 숨진다. 순신으로선 14년 전 함경도 건원보에 근무하느라 부친의 임종도 지키지 못하고 장례를 치르지도 못한 데 이어 두 번째 불효다. 이미 한해 전 막내 동생마저 죽는 바람에 큰형과 작은형 그리고 자신과 동생의 식솔까지 전 가문의 생계를 책임져야 했던 순신, 이제 죄인의 누명을 쓴 채 어머니마저 잃은 순신은 '간과 쓸개가 녹아내리는 것 같은' 삶 속에서 탄식한다.

"해가 캄캄하게 보인다. 가슴이 찢어지는 것 같다. 빨리 죽기만 기다릴 뿐이다."

임진왜란은 '노예전쟁'

임진왜란은 우리 민족에게 처참하기 짝이 없는 전쟁이었다. 도요토미 히데요시의 대륙 침략 야욕으로 시작된 이 전쟁은 어느 의미에선 세계에서 가장 전투력이 뛰어난 국가와 가장 준비되지 않은 국가 사이의 전쟁이라고 할 수 있다. 당시 일본은 150여 년에 이르는 전국시대를 거치며 세계 어떤 군대보다 전투력이 높은 상태였다. 특히 1543년 서양에서 전래된 조총이라 불리는 장총을 대대적으로 생산하고 실전에 배치한 상태였다. 통일 되기 25년 전인 1575년 이미 오다 노부나가군은 3000명으로 이뤄진 조총부대를 운용해 다케다 신겐군의 기마군단을 격파하고 있을 정도다. 일부 역사가들은 임진왜란 당시의 일본을 세계에서 가장 많은 조총을 보유한 국가로 꼽기도 한다.

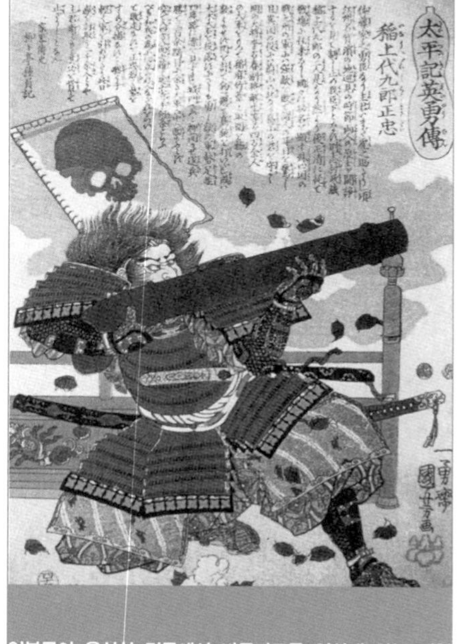

일본군이 울산성 전투에서 바주카포를 연상케 하는 대형 화포를 사용하는 그림.

이런 무력을 갖춘 군대 15만 8000명이 1592년 조선을 침략한 것이다. 당시 부산성을 지키고 있던 조선군의 병력은 600명이었다. 7년 동안 계속된 이 전쟁에서 일본군은 조선인 18만 5738명, 명나라인 2만 9014명 등 모두 21만 4752명의 수급을 베었다고 집계된다. 특히 히데요시는 정유재란(당시 침략군 병력은 14만 명 규모)을 일으키며 이렇게 명령했다.

"해마다 출병해서 그 나라 사람들(조선인)을 모조리 죽이고 그 나라를 빈터로 만들 것이다."

이때 호남 지역이 일본군에게 점령되면서 민중의 피해가 엄청나게 늘어난다. 남원성 함락을 보자. "판관은 대장이라 수급을 베고, 그 외는 모두 코를 베어 소금 석회에 절여 단지에 넣고 남원 50촌의 도면을 그려 목록과 함께 일본에 진상했다."

일본은 이런 잔학극을 저지르는 한편 5~10만에 이르는 조선인을 무더기로 끌고 갔다. 일제의 강제연행 440여 년 전인 임란 때부터 이미 그런 만행이 자행됐던 것이다. 이에 따라 임진왜란을 '노예전쟁'이라고 부르는 사람도 있다. 당시 도공들이 얼마나 많이 잡혀 갔는지 조선에선 거의 30여 년 동안 찻잔도 제대로 생산되지 않았다고 한다. 이 가운데 도공 등 기능인들은 주로 일본에 남은 반면 별다른 기능이 없는 사람들은 또다시 포르투갈 등 유럽으로 노예로 팔려갔다. 일본에 끌려간 도공들은 사쓰마 등지에서 세계적인 도자기를 생산해 유럽에 대거 수출하는 등 일본 도자기 산업의 발전에 크게 기여했다.

전쟁 뒤 조선은 일본군의 살육과 전염병, 질병 등으로 인구가 격감해 경지면적이 170만 결에서 54만 결로 크게 축소됐다. 3분의 1 이하로 줄어든 것이다. 한마디로 국가의 존립마저 불투명할 정도로 내몰리고 있었다. 한양의 경우 170년 전인 1428년(세종 10) 11만 명에 이르던 인구가 전쟁 뒤 3만 8000명으로 줄어들었다.

울돌목에서 불가능의 목을 치다

궤멸한 조선 수군을 맨손으로 일으켜
명량해전을 승리로 이끌다

순신이 삼도수군통제사에서 파직되면서 원균에게 넘겨준 조선 수군의 전력은 대략 이렇다.

전선 300여 척, 천자포 등 대포 300문, 군량미 9914석, 화약 4000근…….

무의 상태, 교서 한 장

그 수군이 1597년 7월 15일 거제도 해역 칠천량에서 크게 패했다. 아니, 그냥 진 것이 아니라 '궤멸' 됐다고 할 수 있다. 삼도수군통제사 원균은 배를 버리고 육지로 달아나다 죽고, 함대는 일본군의 수륙합동작전 앞에 무참하게 박살나고 말았다. 경상 우수사 배설이 이끌고 빠져나온 배 12척만이 격침의 운명을 피해갈 수 있었다. 총 300척을 자랑하던 무적의 조선 수군 함대 가운데 하룻밤 사이에 160여 척이 일본군에게 격파돼 남해바다에 수장됐다. 일본군은 칠천량 승리 뒤 한산도 일대와 고성 일대 포구에 남겨진 조선 수군의 배도 찾아내 모조리 불태웠다. 순신이 온 정열을 쏟아부어 일본침략군의 유일한 대항 세력으로 성장시킨 조선 수군……. 그 피와 땀과 눈물로 일군 조선의 무적함대가 7년 동안의 임진왜란 기간 동안 단 한 번 당한 이 참패로 사실상 궤멸한 것이다. 7월 18일 패전의 소식을 들은 순신은 『난중일기』에 이렇게 적어놓고 있다.

"정유. 맑음. 새벽에 이덕필이 변홍달과 함께 와서 전하기를 16일 새벽 수군이 밤 기습을 당해 통제사 원균을 비롯해 전라 우수사 이억기, 충청수사 최호 및 여러 장수들과 많은 사람이 해를 입고 수군이 크게 패했다는 것이다. 듣고 있으려니 통곡이 터져나오는 것을 이길 길이 없다."

순신은 이때 복권된다. 수군 전멸에 경악한 선조가 경림부원군 김명원, 병조판서 이항복, 도원수 권율 등으로부터 '이순신을 삼도수군통제사에 재임명하시라' 는 제안을 받고 동의한 것이다. 선조는 순신을 재임명한다는 교서를 내린다.

> 오! 국가가 의지해 보장받은 것은 오직 수군뿐이었건만 하늘이 아직도 화 내림을 후회하지 않는지 흉적의 칼날이 다시 번뜩여 마침내 3도의 대군을 한 싸움에 다 없애버렸도다. 이제부터 바다 가까운 성읍들을 누가 막아주랴? 한산도가 함락됐으니 적이 무엇을 꺼리랴? …… 오로지 경은 일찍이 발탁해 수사로 임영하던 날부터 이름이 드러났고, 다시 공업을 떨치어 임진년의 대첩 후에는 변방의 군사들이 만리장성처럼 든

© 지용희

한산도에 있는 이순신 장군 동상.

든하게 믿었건만 지난번에 경의 직책을 갈고 죄를 입은 채로 종군하게 한 것은 사람의 도모하는 바가 착하기만 하지 않은 데서 그리 된 일이라. 이같은 패전을 당한 이제 무슨 할 말이 있으리요. 무슨 할 말이 있으리요. 이제 특별히 경을 복권하고 복상 중인데도 뽑아내 백의종군으로부터 충청·전라·경상 등 3도의 수군통제사를 겸직할 것을 제수하노라.

순신이 이 재임명 교서를 받았을 때의 정황은 어떠했을까?

조선 수군의 피해는 말할 것도 없고 수군 궤멸에 따라 지상군도 곳곳에서 그대로 무너지고 있었다. 수령들은 '적이 다시 침략해온다'는 막연한 정보만 갖고 무리하게 청야령(淸野令: 적군이 아군의 시설물 식량 군수물자를 활용하지 못하도록 이것들을 불태우고 사람들을 소개시키는 명령)을 발동하곤 했다. 피난민은 저마다 산간으로 숨어들고 성읍과 도시는 폐허로 변해 있었다. 이와 달리 일본군은 칠천량의 대승으로 조선 수군이 완전히 전멸한 것으로 판단하고 지상전 중심의 호남 점령 전략을 추진했다. 일본군은 바다를 돌아 서해로 진출하는 대신 경상도 사천에 상륙해 서북진하기 시작했다. 그 결과 남원성을 점령하고 전주마저 점령했다. 임진왜란 이후 수군의 제해권 장악으로 안전했던 호남은 갑작스런 일본군의 진격과 학살, 약탈로 생지옥으로 변해버렸다.

1597년 8월 3일 순신이 삼도수군통제사 재임명 교서를 받았을 때 그에게는 군관 9명과 군사 6명뿐이었다. 수군이 궤멸하고 호남 지역의 지상군마저 스스로 무너져내리는 처참한 상황에서 그는 교서 하나만 들고 거대한 파도처럼 밀어닥칠 적을 맞아 싸울 준비를 해야 했다. 거의 무와 다름없는 상황에서 처음부터 시작해야 했던 것이다.

이 역경에서 순신이 선택한 길은 다음과 같은 특징을 지닌다.

① 희망부터 복원한다.

② 판단은 빨리, 행동은 총력전으로.

③ 내가 잘하는 싸움으로 판을 이끈다.

④ 죽으려 하면 산다.

첫째, 그는 삼도수군통제사에 재임명된 뒤 경상도 운곡에서 하동, 구례, 곡성, 보성으로 이동하면서 백성들과 지방 수령들에게 희망을 전파한다. 백성들의 호응과 지원이 없으면 전쟁에서 이길 수 없기 때문이다. 이미 그에 대한 절대적인 신뢰를 가지고 있던 백성들에게 자신이 복권됐으므로 믿고 생업에 종사하라고 설득한다. 백성들은 "사또가 다시 오셨으니 이제 우리는 살았다"고 환호하며 다투어 술을 갖다 바칠 정도로 호응한다. 이와 함께 일본군의 호남 진격으로 목숨을 걱정하던 수령들에게도 행정력을 복원해 전쟁에 다시 임할 것을 독려한다. 그 결과 군사들의 모병이 가능하게 된다. 피난민은 줄고 백성들까지 참여하는 총력전 체제가 급속도로 자리잡게 된다.

둘째, 순신은 급박한 상황에서 머뭇거리지 않고 정확하게 판단한 뒤 곧바로 실천해나갔다. 그가 삼도수군통제사에 재임명된 8월 3일부터 명량대첩이 벌어지게 될 9월 16일까지 가진 시간적 여유는 고작 한 달 열흘. 그사이 그는 총력을 다해 아직까지 안전한 군량창고를 최대로 확보하고 남은 군함을 찾아내 함대를 재편성한다. 이와 함께 수군 장수들을 확보하고, 군사들도 계속 충원한다. 그러면서도 그는 군기 확립을 위해, 휘하 장수 이몽구가 명령을 실행하지 않았다는 죄목으로 곤장 80대를 치는 등 근본을 철저하게 다지고 있다.

셋째, 그는 자신이 가장 잘 아는 싸움터, 바다를 끝까지 지켜냈다. 그는 기본적으로 임진왜란에서 조선의 바다가 얼마나 중요한지 철저히 인식하고 있었다. 이런 전략 개념이 불명확했던 조정에서는 한때 남은 전선이 12척에 지나지 않는다는 보고를 받고 "약한 수군력으로 더 이상 해전을 수행할 수 없으면 육지로 올라와 육전을 해도 좋다"는 명령을 내리기까지 한다. 그러나 그는 절대 해전을 포기해서는 안 되며 12척의 군함으로라도 적을 막아내겠다는 강한 결의를 보였다. 순신은 나아가 이 바다의 전장터를 치밀하게 연구해 명량해협에서 적을 저지·격파하는 전술을 세운다.

넷째, 병력과 군함수 그리고 화력 등에서 압도적으로 불리한 조선 수군이 막강한 일본군에게 승리하는 것은 사실상 불가능했다고 할 수 있다. 오직 죽을 각오로 싸워야만 기적이라도 일어날 수 있는 것이다. 바로 이 결사의 각오를 현실화시키면서 기적은 일어난다. 세계사에 기록된 해전, 명량해전에서 승리한 것이다.

명량해전(울돌목 싸움)은 순신의 해전 가운데 가장 눈물겹고 감동적인 전투다. 조선 수군이 사실상 궤멸된 뒤여서 약해질 대로 약해진 수군을 동원해 일본 수군 대함대에 맞서 기적 같은 승리를 쟁취했기 때문이다. 당시 명량해전 직전까지 순신이 동원할 수 있었던 배는 전선 13척과 초탐선 32척뿐이었다. 초탐선은 첩보선으로 활용할 수는 있었

〈명량해전도〉. 일본 군함이 밀집 형태로 해협을 통과하며 이순신 장군의 기함을 포위 공격하고 있다. 뒤편으로는 조선 수군의 군함 12척이 일렬횡대로 늘어서 있다.

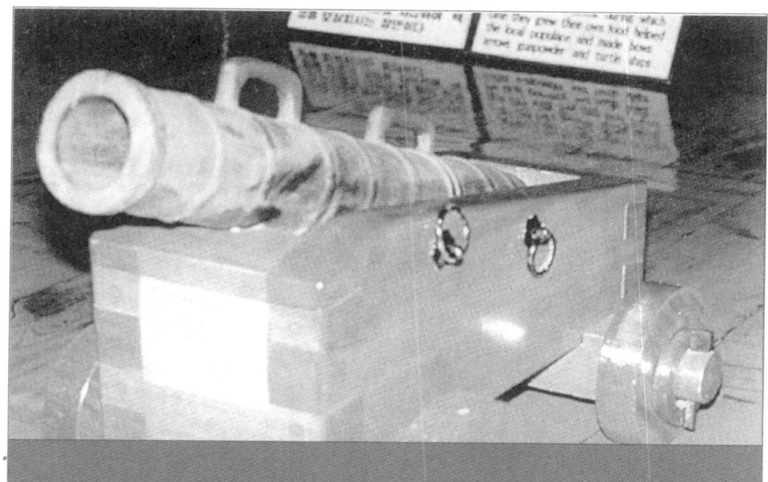

임진왜란 때 조선 수군의 주력 무기로 활용된 대포격인 총통. 이 총통을 배에 장착해 대장군전, 단석, 화포, 조란탄 등을 발사했다.

으나 승선 인원이 적고 무장력도 약해 실제 해전은 수행할 수 없는 수준이었다. 당시 조선 전선의 정원은 130명, 초탐선은 3~5명이었다. 그러므로 총 병력은 1800명 정도였다고 추정할 수 있다. 실제로는 그 정원을 다 채우지 못했을 것으로 보여 그보다 적은 병력이라고 봐야 할 것이다.

그에 반해 칠천량에서 승리한 일본 수군은 최소 133척 이상의 군함으로 이뤄져 있었다. 이 가운데 주력 전선인 아다케선의 경우 승무원이 180명 정도였다고 추정된다. 일본 군함의 수는 『이충무공전서』「행록」에는 333척, 『징비록』에는 200여 척, '명량대첩비' 에는 500여 척, 『난중일기』에는 133척으로 기록돼 있다. 이렇게 차이가 나는 것은 울돌목 포구가 좁아서 싸움에 직접 참가한 일본 군함과 후방의 넓은 바다에서 전투 결과를 지켜보던 일본 군함이 분리돼 있었기 때문이라고 볼 수 있다. 어쨌든 일본군의 총병력은 2~3만여 명에 이르는 대군이었다.

9월 16일 이른 아침, 셀 수 없이 많은 일본 전선이 명량해협을 향해 오고 있다는 첩보가 전해지면서 명량해전은 시작됐다. 일본 함선이 통과하려는 해협은 지금의 전라남도 해남군 화원반도와 진도 사이에 있는 길이 2킬로미터 정도의 수로다. 평균 폭이 500미터지만, 배가 다닐 수 있는 가장 좁은 곳은 150미터에 지나지 않는다. 암초가 많기 때문이다. 최저수심은 1.9미터이며, 조류의 속도가 11.5노트로 매우 빠르다. 예부터 물 흐르는 소리가 마치 울음소리 같다고 해서 울돌목이라고 불렀다. 일본 수군은 명량의 순류를 타고 거침없이 전진해왔다. 일본군 함대는 해협을 따라 좁고 길게, 거의 2킬로미터에 걸쳐 행렬을 이룬 채 다가왔다. 순신은 전선 13척을 일렬횡대로 쭉 늘어세워서 적과 맞섰다. 그러나 순신의 독려에도 조선 수군의 전열은 무너졌다. 명량의 급류를 역류해서 맞아야 했기 때문에 격군들이 노를 힘껏 저어도 조금씩 뒤로 밀린 것이다. 순신의 기함은 이런 상황에서도 침착하게 적을 기다렸다. 일본군은 순신의 기함을 보자 한꺼번에 몰려들기 시작했다. 이 절체절명의 상황에서 순신과 조선 수군은 어떻게 대적했던 것일까? 당시 전투의 진행에 대해 순신은 이렇게 기록하고 있다.

노질을 재촉해 앞으로 돌진하며 지자, 현자 등 각종 총포를 폭풍과 우뢰같이 쏘아대고, 군관들이 배 위에 총총히 들어서서 화살을 빗발처럼 쏘니 적의 무리가 감히 대들지 못하고 나왔다 물러났다 했다.…… 나는 적선이 비록 많다 해도 우리 배를 바로 침범치 못할 것이니 조금도 마음을 동하지 말고 다시 힘을 다해 적을 쏘고 또 쏘라 했다.…… 여러 장수들의 배들을 돌아보니 먼바다로 물러서 있는데, 배를 돌려 군령을 내리려 해도 적들이 그 틈을 타서 더 대들 것이라 나가지도 돌아서지도 못할 형편이었다. 호각을 불어 중군에게 군령을 내리는 깃발을 세우게 하고 초요기를 세웠더니 중군장 김응성의 배와 거제현령 안위의 배가 먼저 다가왔다. 나는 배 위에 서서 친히 안위를 불러 외쳤다. "안위야, 군법으로 죽고 싶으냐. 도망간다고 어디 가서 살 것이냐?" 안위도 황망히 적선 속으로 돌입했다. 두 배가 앞서 나가자, 적장이 탄 배가 휘하의 배 두 척을 지시해 일시에 안위의 배에 개미가 붙듯이 서로 먼저 올라가려 하니 안위와 그 배에 탄 사람들이 모두 죽을 힘을 다해 몽둥이로, 혹은 긴 창으로, 혹은 수마석 덩어리로 무수히 마구 쳐대다가 기진맥진하므로, 나는 뱃머리를 돌려 바로 쫓아들어가 빗발치듯 마구 쏘아댔다. 세 척의 적들이 거의 다 쓰러졌을 때 녹아만호 송여종과 평산포 대장 정응두의 배들이 뒤따라와서 힘을 합해 적을 사살했다. 투항한 왜인 준사가 바다를 보고 알아낸 '적장 마다시'를 갈고리로 뱃머리에 낚아 토막토막 자르게 하니 적의 사기가 크게 꺾였다. 우리 배들은 적이 다시 범하지 못할 것을 알고 북을 울리며 일제히 진격하여 현자포를 쏘아대니 그 소리가 산천을 뒤흔들었고, 화살이 빗발처럼 퍼부어 적선 31척을 쳐 깨뜨리자 적선은 퇴각했다.

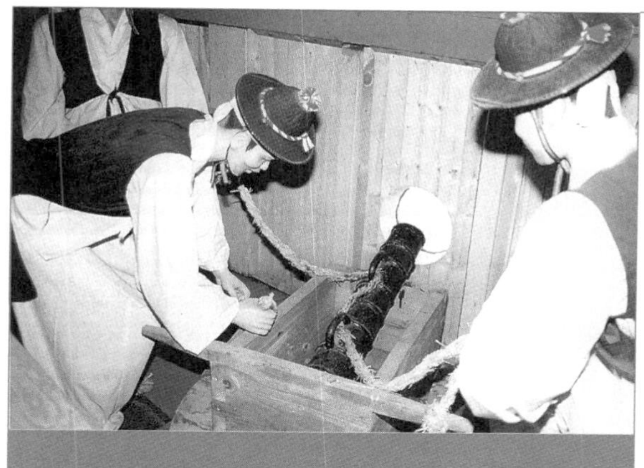
거북선 내부의 모습. 거북선 안에서 총통을 발사하는 조선 수병의 밀랍인형 모형.

—이순신, 『난중일기』에서

순신은 방어 진형의 맨 앞에서 주로 총통과 활로 적과 맞서 싸웠다. 나중에야 다른 수군 전선이 본격적으로 참전하지만, 거의 혼자서 전투의 모든 과정을 장악했던 것으로 나타난다.

순신이 실행한 전술은 기본적으로 좁은 물길을 지키면서 총통과 활로 적의 접근을 견제하고 필요할 때마다 신속하게 파고들어 싸우는 식이다. 권투를 예로 들면 '아웃복싱'을 기본으로 유지한 채 기회를 잡으면 파고들어가 무너뜨리는 스타일인 셈이다. 당시 전투에 소요된 시간은 오전 8시 30분께부터 오후 4시께까지 대략적으로 7~8시간이었던 것으로 추정된다. 이 때문에 과연 이런 식의 백병전 방식으로 그토록 압도적으로 밀리는 수적 열세를 극복하고 승리할 수 있을까 하는 의문이 계속 제기돼왔다. 이에 따라 당시 좁은 물길 아래 육지와 연결된 쇠줄을 설치해 적선의 진격을 막고 일본군의 진형을 무너뜨려 승리했다는 주장이 나오기도 했다. 철쇄전술, 곧 쇠사슬과 철구로 적선을 깨뜨렸다는 주장은 명량해전에 참전했던 전라 우수사 김억추의 『현무공실기』 등을 토대로 하고 있다. 그러나 순신의 기록에는 이런 내용이 전혀 언급되지 않고 있다. 어쨌든 일본군은 조류마저 조선 수군의 순류 쪽으로 바뀌자 급격히 전의를 잃는다. 전세는 완전히 조선 수군 쪽으로 기울고 일본 수군은 결국 철수하기 시작했다. 조선 수군이 13척의 배로 133척이 넘는 함대를 이겨낸 것이다. 이 전투에서 일본 수군은 31척이 격침된 반면 조선 수군은 한 척의 피해도 없었다. 이 해전으로 조선 수군은 호남 지역의 제해권을 되찾게 됐다.

순신이 일본군과 싸운 전투는 대략 17차례. 그는 이 전투에서 모두 이겼다. 17전 17승을 거둔 것이다. 이 전투 가운데 가장 빛나는 것이 바로 가장 최악의 조건에서 싸워 이겨 정유재란의 운명을 사실상 결정한 이 명량해전이라고 할 수 있다. 그는 자신의 전 생애와 전 지식, 전 역량을 던져 조선의 운명을 바꿨다.

일본의 군신, 이순신

러일전쟁 때 러시아 발틱 함대를 격파한 일본의 도고 헤이하치로〔東鄕平八郞〕 제독은 승전 뒤 자신을 넬슨 제독에 버금가는 군신(軍神)으로 치켜세우는 말을 듣고 이렇게 말했다. "영국의 넬슨은 군신이라고 할 정도의 인물이 되지 못한다. 해군 역사상 군신이라고 할 수 있는 제독이 있다면 이순신 한 사람뿐이다. 이순신과 비교하면 나는 하사관도 못 된다."

한산도 제승당에 있는 노량해전 그림. 이순신 장군이 적탄에 맞아 숨진 것을 숨긴 채 전투를 벌이고 있다.

당시 도고 함대의 수뇌사령(水雷司令)인 가와타 쓰도무〔川田功〕 소좌는 '함대가 출동할 때 이순신 장군의 영에게 빌었다'면서 이렇게 기록하고 있다. "마땅히 세계 제일의 해장인 조선의 이순신을 연상할 수밖에 없었다. 그의 인격, 그의 전술, 그의 발명, 그의 통제력, 그의 지모와 용기, 그 가운데 어느 한 가지도 상찬의 대상이 아닌 게 없다."

나아가 일본은 일제시대에도 통영 충렬사에서 진해 해군사령부의 주도로 이순신 장군에 대한 진혼제를 지냈다고 한다. 과거 일본의 적장이었던 이순신을 사실상 그들의 군신처럼 떠받들었던 것이다. 일본의 국민작가로 '국사'(國師)라는 칭송을 받은 시바 료타로(司馬遼太郎)는 이런 이순신 열풍에 대해 이렇게 풀이했다. "일본이 메이지 유신 이후 해군을 창설한 뒤 아직 자신이 없었기에 동양권에서 배출한 유일한 해군 명장 이순신을 연구하고 대단히 존경하게 됐다."

『근세일본사』에는 이순신과 노량해전에 대한 이러한 기록이 있다. "이순신은 이기고 죽었으며, 죽고 나서도 이겼다. 조선전쟁 7년 동안에…… 참으로 이순신 한 사람을 자랑삼지 않을 수 없다. 일본 수군의 장수들은 이순신이 살아 있을 때에 기를 펴지 못했다. 그는 실로 조선의 영웅일 뿐만 아니라 동양 3국을 통틀어 최고의 영웅이었다."

한편 구한말 활동했던 미국의 선교사 겸 사학자로 『대한제국흥망사』 등 역저를 남긴 바 있는 헐버트(H.B. Hulbert)는 한산대첩과 관련해 이렇게 평가한 바 있다.

"한산도 해전은 조선의 살라미스 해전*이라고 할 수 있다. 이 해전이야말로 도요토미의 조선 침략에 사형선고를 내린 것이며, 도요토미의 명나라 정벌의 웅도를 좌절시킨 일전이었다."

*살라미스(Salamis) 해전: 기원전 480년 아테네 함대를 주력으로 한 그리스 함대가 병력과 장비가 우세한 페르시아 해군을 폭이 좁은 살라미스만으로 유인해 대승을 거둔 전투.

인류 최고의 경영자

요셉, 인류 최초의 재테크 **구약성서 고난의 주인공, 신의 은총을 받아 경영자로 부활하다**

경영학원론, 석가의 가르침 **'주식회사 불교'는 어떻게 2600여 년을 살아남았나**

마호메트, 독자적인 이슬람교의 근원 **1400년 전 이슬람을 일으켰던 세계사적 모래폭풍, 한반도에 몰아닥친 것인가**

요셉, 인류 최초의 재테크

구약성서 고난의 주인공, 신의 은총을 받아 경영자로 부활하다

늙은 아비의 사랑을 독차지하던 소년 한 명이 질투에 눈 먼 열 명의 배다른 형들의 음모로 웅덩이에 던져진다. 간신히 죽음을 면한 소년은 노예로 이집트에 팔려간다. 가나안 출신인 이 노예 소년은 뛰어난 재주를 보여 주인집의 가정 총무가 된다. 그러나 준수한 청년으로 성장한 뒤 이번에는 동침을 요구하는 주인 처의 유혹을 받아들이지 않다가 이 여자의 무고로 다시 감옥에 갇히고 만다. 그가 감옥에서 서른을 맞았을 때 이집트를 다스리는 파라오가 이상한 꿈을 꾼다. '물가에서 꼴을 뜯던 아름답고 살진 일곱 암소가 흉악하고 파리한 다른 일곱 암소에게 먹히고, 무성하고 충실한 일곱 이삭이 다시 비리비리하고 동풍에 마른 일곱 이삭에게 삼키운다.' 온 이집트의 술객과 박사들이 이 꿈을 해몽하지 못할 때 신의 은총을 받은 이 노예는 '앞으로 일곱 해 동안의 풍작과 일곱 해 동안의 흉작이 이어질 것' 이

ⓒ 정광식

요셉 상상도.

라는 예언을 한다. 그는 이어 풍년 때 성마다 전체 수확의 5분의 1씩 비축해 흉년에 대비할 것을 건의한다. 이 놀라운 능력으로 그는 이집트의 총리가 되고 절망의 7년 기근 속에서 이집트 사람들을 먹여 살려낸다. 나아가 그는 자신을 죽이려 하고 노예로까지 팔았던 배다른 형들을 끝내 용서하고 아버지와 형제의 가족들을 모두 이집트로 인도해 멸망으로부터 구원해낸다.

성서 속 인물 요셉은 실존했을까

구약성서에서 가장 흥미진진하고 가슴 아프면서도 감동적인 이 이야기의 주인공은 요셉이라는 이름을 가지고 있다. 요셉의 이야기는 그 놀라운 예술성과 종교적 성격으로 수천 년 동안 인류의 심금을 울려왔다.

요셉이 실제로 존재했는지 확인하는 것은 대단히 어렵다. 구약성서 창세기 35장부터 50장까지에만 나와 있을 뿐 이집트 역사서에선 발견되지 않기 때문이다. 게다가 실재했다면 거의 3700~4000년 전으로 거슬러 올라가는 인물인 것이다. 일부 역사학자들은 정황적으로는 적어도 한 번 이상 시리아와 팔레스타인 지역의 사람들이 기근을 피하기 위해 이집트로 피난했다고 추정한다. 구약성서에 따르면 요셉 이전의 시대에도 기근 때문에 아브라함이 이집트로 내려갔다고 한다(창세기 12장 10절). 또한 고대 이집트 세소스트리스 2세 시대(기원전 19세기 초)의 것으로 보이는 베니하산(Beni Hassan)의 크눔호테프 무덤에는 족장 입사(Ibsha)의 인도 아래 37명의 아시아계 성인 남녀와 아이들이 이집트에 도착하는 장면의 벽화가 그려져 있다. 이 사람들이 입고 있는 다양한 색채 줄무늬옷은 구약성서에 나오는 '채색옷'을 연상케 한다. 성서에서 아브라함의 손자 야곱은 가장 사랑하는 여인으로부터 늙어서야 얻은 자식인 요셉을 편애해 무늬가 있는 '채색옷'을 입히고 있다. 나아가 메르넵타 8년에 작성된 보고서에는 파라오가 에돔에서 온 베두인족에게 '자신과 가족의 생명을 부지할 수 있도록' 입국을 허락하고 있다.

일곱 해 동안의 풍년과 일곱 해 동안의 흉년을 예측한 것을 당시 이집트의 농업과 연관지어 해석하는 견해도 나온다. 이집트 사람들은 나일강의 홍수량이 7.6~8미터 정도에 이르기를 간구해왔다. 당시 사람들은 이 홍수량의 수치를 기준으로 그해의 소출을 대략 예측할 수 있었는데, 이 정도 수치가 가장 바람직했기 때문이다. 예컨대 홍수량이 6.1~6.4미터 정도에 그친다면 그해 곡식 소출은 약 20퍼센트 줄어든다. 반대로 홍수량이 필요량보다 20퍼센트 많은 9미터 이상을 기록하면 모든 수로와 제방까지 무너뜨려 많은 인명피해를 낸다.

나아가 요셉과 그 형제들을 기원으로 하는 유대인의 12지파가 나중에 이집트에서 빠져나와 가나안 지역으로 갔다는 내용은 역사적 사실일 가능성이 큰 것으로 평가받는다. 또한 성서의 요셉 이야기를 연상시키는 '두 형제 이야기'(The Tale of the Two Brothers)가 1860년 이집트에서 발굴된 사실을 주목할 필요가 있다. 여인의 유혹을 거절하자 모함을 당해 투옥되는 식의 구조가 매우 비슷하다. 신관문자(hieratic)로 알려진 이집트 필기체로 파피루스 위에 기록돼 있다가 수천 년 뒤에 햇빛을 본 이 작품이 구약의 요셉 이야기와 같은 구조를 지녔다? 이건 그냥 예삿일로 넘기기에는 뭔가 걸리는 것이 너무 많다.

이런 점을 종합할 때 다음과 같은 가설이 가능해진다.

첫째, 기원전 17~19세기 이집트 중왕국 12왕조 때 이스라엘 지역에서 장기적인 기근을 피해 이집트로 들어온 사람들이 역사적으로 존재했다.

둘째, 이 사람들의 지도자가 이집트의 농업을 주관하는 지위에 올라 장기 기근에 효율적으로 대처해 이집트는 물론 다른 나라 사람들도 구원해냈다.

셋째, 이 지도자가 동원한 방식은 전 국가적 식량 비축, 치수 사업, 광대한 토지 재개발 사업 그리고 경작지의 국유화 사업 등이었을 것이다.

넷째, 종교적·혈통적 측면에서 확실한 정체성 의식을 가지고 있던 이 집단은 당시 이집트에 있던 실화 또는 설화에 이 지도자의 전기를 결합했다(아니면 그 자신의 실제 이야기일 수도 있다).

이 점과 관련해 구약 역사학자인 유진 메릴은 흥미로운 견해를 내놓고 있다.

> 요셉이 이집트에 온 것은 기원전 19세기 말엽 세소스트리스 2세 치하 때일 것이다. 세소스트리스는 아시아 노예들이나 용병을 많이 고용했다. 또한 그의 치하에서 실제로 광대한 토지 재개발 사업과 치수 사업이 벌어졌다. 당시 파윰 분지(Payyum Bassin)와 나일강을 연결하기 위해 수로를 팠는데, 이 수로의 유적은 오늘날에도 '요셉의 강'(Bahr Yusef)이라 불린다. 이 이름이 세소스트리스 2세의 공공사업 프로젝트에 대한 요셉의 기여를 보여주는 증거물은 아닐까? ……요셉의 핏줄들을 이집트 동부 삼각주(구약에 나오는 고센 지방)에 정착하도록 초청한 것은 세소스트리스 3세일 것이다. ……이집트 중왕국의 뛰어난 인물 가운데 하나인 세소스트리스 3세 때 전무후무한 농업정책, 국가정책이 실시됐으며…… 모든 종류의 장인들과 상인들이 정확하게 이 세소스트리스 3세 때 출현했다. 당시 세소스트리스 3세는 (아마도 요셉의 조언과 도움에 따라) 땅은 세 부분으로 나누고, 각각을 보고자로 알려진 관리

가 다스리게 했다. 그리고 보고자들은 대신이라 불리는 일종의 총리와 같은 고관의 통솔을 받았다.

재결합과 용서의 인물

과연 이집트 세소스트리스 부자의 치세 때 벌어진 일은 무엇일까? 그 일에 요셉은(실제로 그 시기에 존재했다면) 어떤 역할을 했을까? 이 사라진 고리를 이어주는 것은 현재로선 구약성서밖에 없다. 구약성서에 따르면 요셉은 추수기에 비축해두었던 식량을 팔아 머지않아 그 땅의 모든 돈을 모아들인다. 이어서 그는 양식을 위한 대가로 가축을 받

이집트 농업을 보여주는 피라미드 내부 벽화. 구약에 따르면, 요셉은 정보경영과 국가 재해대책 시스템으로 국가 주도형 재테크를 실현했다.

았으며, 나중에 가축이 더 이상 없게 되었을 때는 토지와 사람들까지 받았다. 그 뒤 이것마저 다 되었을 때는 사람들에게 종자를 주어 파라오의 소유가 된 땅에서 농사를 짓게 하고, 그 추수의 5분의 1을 세금으로 내게 했다. 나머지 5분의 4는 종자와 양식으로 삼게 했다. 그렇게 해서 요셉은 이집트 토지법을 세웠다. 동시에 이스라엘 족속인 가나안 사람들은 이집트 고센 땅에 살며 자신들의 산업을 얻고 생육하고 번성했다고 구약성서는 전하고 있다. 바로 이런 식으로 가나안 사람들은 자신들이 잘 해내는 반면 이집트 사람들은 싫어하는 목축업을 이집트에 전파한 것으로 추정된다.

정확한 농업 생산량을 예측하는 정보경영, 풍작 때 흉작을 대비하는 국가 재해대책 시스템, 그리고 이 두 가지를 바탕으로 백성들을 먹여 살리고 그 반대급부로 토지 국유화를 관철시키는 국가 주도형 재테크……. 이건 아무리 현대의 날고 기는 통치자들이나 경영자들도 입이 벌어질 지경이다. 거기다가 외국 이민(이스라엘 12개 지파 사람들 등등)을 과감하게 받아들여 경지를 확대하는 한편 축산업이라는 새로운 첨단산업도 도입한다. 이로써 고난받는 자 요셉은 '신의 은총을 받는 경영자', '먹여 살리는 자'로 화려하게 부활한다. 또한 동시에 '재결합과 용서의 인물'로서 수천 년을 넘나드는 명예의 전당에 헌정된다. 바로 과거 자신을 죽이려 한 열 명의 형을 용서하고 이 용서를 바탕으로 전 가문인 이스라엘 12개 지파의 재결합까지 성공시키고 있기 때문이다.

경제의 관점이 아닌 삶의 관점에서 보더라도 그의 전기는 대단히 풍부하고 깊은 가치를 담고 있다고 할 수 있다. 오히려 그 전기의 해피엔딩적인 요소가 너무나 잘 알려져 있기 때문에 그를 잇따라 덮쳤던 처절한 극한 상황의 무게를 사람들이 과소평가하는 성향이 강하다. 그러나 요셉의 실제 삶으로 다시 한번 들어가보면 얘기는 전혀 달라진다. 과연 요셉의 가정보다 더 뿔뿔이 갈라지고 반목하는 가정이 있을까? 과연 요셉처럼 형 열 명이 일치단결해서 죽이려 한 끔찍한 일을 당한 사람이 있을까? 과연 요셉처럼 형들에 의해 노예로 팔려 먼 이국으로 끌려가는 일을 당한 사람이 있을까? 과연 요셉처럼 억울하게 감옥에 갇혀 사형까지 당할지 모르는 사람으로 또다시 전락하는 심정을 상상할 수 있을까? 과연 이 모든 불행과 비극을 요셉처럼 모두 경험한 사람이 있을까? 어두운 밤 홀로 뚜렷하게 빛나는 별처럼 요셉은 이 모든 고난을 이겨내고 승리한 것이다.

지금도 풀리지 않는 의문

그러나 요셉의 이집트 사업은 역사적으로 심각한 논쟁거리가 되어 왔다. 그 실재성과 상관없이 성경에 나타난 그 재테크의 도덕성 때문이다. '신이 실행한 인류 최초의 거대한 재테크'가 결국은 백성들의 토지 박탈과 노예화를 불러왔다고 볼 수밖에 없었기 때문이다. 이 부분은 사회주의자는 물론 진지한 도덕주의자에게도 심각한 문제가 아닐 수 없다.

이에 대해 요셉 연구자이기도 한 작가 토마스 만은 이런 견해를 내보인 바 있다.

> 당시는 아직 화폐라는 것이 존재하지 않을 때다. 따라서 보물과 귀한 금속을 내고 (토지를) 살 수 있는 대지주나 귀족들에게는 비싸게 팔았을 것이다. (국가 경영에 부정적으로 작용하는 그들이 표적이었다.) 그리고 돈을 대신하고 있었다고 할 수 있는 가축들은 형식적으로 소유권이 넘어간 것으로, 가축들

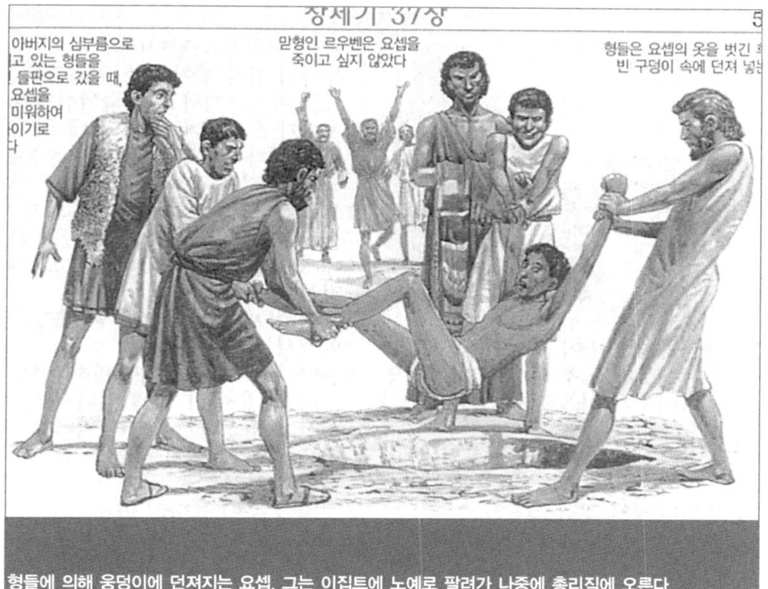

창세기 37장
5
아버지의 심부름으로
고 있는 형들을
들판으로 갔을 때,
요셉을
미워하여
이기로
다
맏형인 르우벤은 요셉을
죽이고 싶지 않았다
형들은 요셉의 옷을 벗긴
빈 구덩이 속에 던져

형들에 의해 웅덩이에 던져지는 요셉. 그는 이집트에 노예로 팔려가 나중에 총리직에 오른다.

은 원래 있던 축사와 집에 그대로 있었다. 일종의 담보를 잡은 형식이라고 보는 것이 진실에 더 가깝다. ……토지도 영주들의 세력을 약화시키기 위해 토지의 소유권을 파라오에게 넘기고 작은 영토로 나누어 소작인들에게 경작을 맡긴 것이다. 나아가 5분의 1만 국가에 세금으로 내도록 한 것은 이전의 세금 비율과 사실상 같다. ……이걸 악의적인 착취와 노예화로 보는 것은 맞지 않다.

그래도 모든 회의가 확실하게 풀리는 것은 아니다. 동양에 있었던 것과 같은 국가 창고, 재해 때의 무상지원 방식은 당시 이집트 등 중동 지역에 닥친 재난의 규모가 너무 크기에 적용할 수 없었던 것일까. 어쨌든 유진 메릴은 세소스트리스 3세 때의 정책이 중산층의 형성을 도왔을 것이며, 실제로 이때 다양한 장인과 상인들이 등장했다고 밝히고 있다. 이것이 사실이라면, 토마스 만의 해석은 상당한 설득력을 지닌다. 토지를 과점한 대지주나 귀족들의 토지 소유권을 국가가 가져옴으로써 결과적으로 부를 재분배하는 효과를 가져왔다는 논법이 성립되기 때문이다.

결국 이 풀리지 않는 의문과 회의는 신의 도덕성, 재테크의 정당성에 대한 인류 근원으로부터의 물음이라고 할 수 있다. 신은 과연 도덕적인가? 과연 재테크라는 것은 신 앞에서 정당하다는 판정을 받을 수 있는 것인가? 이 물음이 21세기에도 여전히 유효하다는 것을 요셉의 이야기는 웅변하고 있는지도 모른다.

요셉(Joseph)이라는 이름의 그들

요셉은 영어식으로는 조지프로 발음된다. 스펠링은 'Joseph'이다. 이 이름은 고난을 받은 사람들, 신의 은총을 간구하는 사람들에게 빛과 희망의 이름으로 그 역사를 이어왔다. 이런 인기를 반영해 무수히 많은 사람이 이 이름을 사용했다. 그 결과 성인으로부터 독재자에 이르기까지 전 세계 여러 나라의 수많은 사람이 또다시 역사에 요셉(조지프 또는 요시프, 요제프 등)이라는 이름을 남겼다.

신약성서에 나오는 예수의 법적 아버지도 요셉이다. 마리아와 정혼한 그는 마리아가 혼전에 임신한 셈인데도 '천사에게서 계시를 받고' 그대로 결혼한다. 그는 나중에 가톨릭교회 전체의 수호성인으로 추앙받는다. 미국 대통령 존 F. 케네디의 아버지도 이 이름을 썼다. 아일랜드계 미국인으로 금융업과 조선업, 영화산업 등으로 백만장자가 된 조지프 피츠제럴드 케네디는 그 자신이 영국주재 대사를 지내기도 했으며, 아들들이 각각 미국의 대통령, 법무장관, 상원의원이 됐다.

소련의 스탈린(Joseph Stalin)도 이 이름을 썼다. 레닌이 죽은 뒤 트로츠키와의 권력투쟁에서 이긴 그는 1920년대부터 1950년대까지 30여 년 동안 소련공산당 서기장, 수상으로서 절대권력을 누리며 소련을 통치했다. 나치 독일의 선전상을 지낸 괴펠스도 요제프라는 이름을 썼다. 유고슬라비아의 지도자로 비동맹운동을 이끈 티토도 정식 이름이 요시프 브로즈 티토(Josip Broz Tito)다. 나치 독일에 대한 빨치산 투쟁 등의 경력으로 강력한 지도력을 지녔던 그의 죽음은 유고연방의 해체로 이어졌다. 그 결과 발칸반도 지역은 처참한 민족분규로 20세기 후반 대표적인 비극의 현장이 돼버렸다.

유고 지도자로 비동맹운동을 이끈 요시프 브로즈 티토.

영국의 해양소설가 콘래드(Joseph Conrad)도 '조지프족'이다. 우크라이나에서 태어난 폴란드계의 이 작가는 『로드 짐』(영화로도 나왔음), 『노스트로모』, 『어둠의 심장』 등의 작품을 남겼다. 미국 퓰리처상의 기원이 되는 언론인 퓰리처의 이름에도 조지프가 들어간다. 20세기 초 미국에서 가장 영향력 있는 언론인이었던 조지프 퓰리처는 현대 신문의 기초를 닦았으며, 그의 이름을 딴 상은 1917년 이래 미국에서 최고의 권위를 인정받는 저널리즘상으로 평가받고 있다.

2001년 정보 격차에 따른 시장이론의 기초를 세운 공적으로 노벨경제학상을 공동으로 받은 스티글리츠(Joseph Stiglitz) 교수도 이 이름을 쓰고 있고, 『신화의 힘』, 『신의 가면』, 『천의 얼굴을 가진 영웅』 등 신화학의 걸작을 남긴 캠벨(Joseph Campbell)의 이름에도 조지프가 들어간다.

토마스 만이 사랑한 요셉

요셉의 이야기는 독일의 소설가 토마스 만의 손으로 거의 4000년 만에 다시 훌륭한 문학작품으로 인류 앞에 부활한다. 만은 장편소설 『부덴브로크가의 사람들』로 노벨문학상을 받았고, 일반적으로 『마의 산』이 대표작이라고 평가받는다. 하지만 정작 작가 스스로는 이 요셉 이야기를 다룬 『요셉과 그 형제들』을 최고의 걸작으로 꼽을 정도로 아끼고 사랑했다.

컴퓨터가 나오기 전 토마스 만은 이 이야기를 깨알 같은 글씨로 7000장을 써내려가 네 권의 소설로 만들었다. 이 작품을 완성하는 데 1926년 12월부터 1943년 1월까지 13년이 걸렸다. (중간에 『바이마르의 로테』를 쓴 4년 정도를 빼고 계산한 것이다.) 원래 요셉의 이야기는 많은 예술가들의 상상력을 자극해 많은 성화로 재현되곤 했다. 벨라스케스도 그 가운데 하나다. 세계적인 문호 괴테도 이 이야기를 소재로 글을 쓰고 싶어했다. "(성서 속의 요셉 이야기는) 너무 짧다.…… 작가라면 이처럼 아름다운 이야기를 세세하게 그려내야 할 것만 같은 일종의 사명감을 느끼지 않을 수가 없다." 그러나 괴테가 아닌 만이 이 일을 완성한 것이다. 그는 이 대소설을 쓰기 위해 문헌 연구나 답사여행도 엄청나게 해야 했다. 이렇게 투여한 기간까지 합치면 소설이 나오기까지 거의 16년이 걸린 것으로 집계된다. 모두 네 권으로 이루어진 소설의 첫 편 『야곱 이야기』는 1933년에 나왔다. 바로 그해 독일에서는 히틀러가 정권을 장악했다. 당시 강연을 목적으로 국외여행 중이던 토마스 만은 체포령이 떨어져 귀국을 할 수 없게 된다. 이전에 "반공은 우리 시대가 안고 있는 근본적인 어리석음이다"라고 말한 적이 있는 것을 꼬투리 삼아 나치 당국이 그를 마르크스주의자로 몰았던 것이다.

(그는 그러나 스스로 공산주의자가 아니라고 공언했다. 공산주의자 논쟁이 아니었더라도, 이 소설은 유대인을 주인공으로 하기에 결국 독일에서는 출간될 수 없었을 것이다.) 나치 당국은 그의 재산을 몰수하고 국적까지 빼앗는다. 토마스 만은 마치 스스로가 요셉이 된 것 같은 고난을 겪으며 대작 『요셉과 그 형제들』을 써나갔다. 그 자신도 이 힘든 상황을 이길 수 있게 도와준 것이 바로 이 소설이라고 토로한 바 있다. 메소포타미아와 이집트의 역사와 신화, 유적 등을 두루 섭렵하는 산고 끝에 소설이 세상에 나오자 맨 먼저 평론가들은 작가의 해박한 지식과 독서량에 혀를 내둘렀다. 나아가 같은 시대를 살던 헤르만 헤세와 지그문트 프로이트도 격찬하는 등 소설은 세상으로부터 높은 평가를 받았다.

이제 깨달은 자, 부처는 깨달음을 얻은 장소와 그 근처에서 7주를 보낸다. 선정과 명상 그리고 수행을 계속한다. 이 무렵 그는 한 가지 어려운 문제로 궁리를 거듭했다. 자신이 깨달은 바를 중생들에게 전할 것인가, 말 것인가의 문제를 놓고 그는 주저하고 있었다. 내가 발견한 진리는 매우 난해해 보통의 이해력으로는 도저히 미칠 수가 없는 것이다. 단지 부처님만이 알 수 있는 진리다. 이 법을 설교해줘도 사람들은 이해할 수 없을 것이며, 이 법은 부당하게 포기될지도 모른다. 그는 이렇게 생각해서 설법을 단념하려고 한 것이다. 그러나 신들은 부처님의 설법을 부탁한다. "마의 군세를 쳐부수고, 그 마음은 월식을 벗어난 달과 같소. 자, 일어서시오. 지혜의 빛으로 어둠을 비춰주시오." "성자여, 법을 설해주소서. 반드시 깨닫는 자가 있을 것입니다." "옛날부터 마가다에서는 때묻은 자들이 부정한 법을 말하고 있습니다. 감로의 문을 열어주소서. 무구한 부처님의 법을 사람들에게 들려주소서."

부처, 설법을 단념하려 했던 갈림길

부처는 이제 연꽃이 가득한 연못을 본다. 어떤 연꽃은 물속 깊숙한 곳에 처박혀 있어서 수면 위로 떠오르지 못하고, 어떤 연꽃은 수면 위로 올라와 활짝

꽃을 피웠고, 어떤 연꽃은 수면 위로 올라오려 안간힘을 쓰고 있었다. 부처는 사람도 이 세 종류의 연꽃처럼 오류와 잘못된 가르침의 노예가 된 사람, 진리를 발견한 사람, 아직도 진리를 찾고 있는 사람으로 나눌 수 있다고 보았다. 세 번째 부류, 그러니까 아직 갈 길을 정하지 못한 사람들은 가르침이 필요한데 세속에는 이런 사람들이 훨씬 더 많다. 이 사람들은 조금만 도움을 주면 구제될 수 있다. 부처는 세 번째 부류에 속하는 사람들을 대상으로 설법에 주력하기로 결심한다.

–『영원한 인간상 3– 크나큰 미소 석가』 중에서

2600여 년 전, 세상 사람들은 아직 부처가 이 세상에 출현한 것도, 나아가 그가 자신들을 위한 설법을 단념하려고 한 것도 모르고 있었다. 불교적 논법에 따르면, 인류는 어쩌면 자신들이 인식하거나 상상할 수 있는 시간의 한도 안에선 다시 만나지 못할 진리를 놓쳐버릴 수도 있는 절체절명의 위기에 몰려 있었던 셈이다. 이때 내린 부처의 이 결심 하나가 결국 인류의 역사를 바꿔놓는다. 넓은 의미에서 본다면 그가 '경영자'로 21세기의 인류를 다시 만나는 일이 가능하게 되었다. 바꿔 말해 다른 무엇보다 이 결심을 내렸다는 사실이야말로 부처가 얼마나 탁월한

석가의 고행 당시 모습을 그린 상. 고행 6년째로 피골이 상접해 있는 처절한 모습이다.

경영자인지를 보여주는 것이다. 현대적 경영의 논리로 표현하면 '아이디어를 아이디어 자체에 그치지 않은 채 사업으로 연결시키고, 직접 경영을 통해 높은 수익을 올리는 회사를 만들었다' 고 할 수 있다.

> 네 가지 종족이나 계급은 그 사람의 혈통이나 신분으로 구별되는 것이 아니다. 우리는 모두가 똑같은 사람이다. 누구든지 번뇌가 없어지고 청정한 계행이 성취돼 생사의 무거운 짐을 벗어버리고 완전한 지혜를 얻어 해탈의 도를 이루었다면, 그 사람이야말로 사성 중에서 가장 뛰어난 사람이라고 할 수 있다. 왜냐하면 진리만이 이 세상에서 가장 높은 것이기 때문이다.
>
> –『남전 장부 사문과경』 중에서

두 번째, 경영자로서 석가의 위대성은 그가 교단을, 그것도 초계급적 교단을 만들어서 운용했다는 데 있다. 특히 교단이 인도의 카스트 제도에 따른 차별을 무시하고 파격적으로 누구나 환영했다는 점은 아무리 강조해도 지나치지 않을 정도다. 얼마 지나지 않아 교단은 여성도 받아들여 세계 종교로의 확장을 조직적 측면에서도 확실하게 뒷받침했다. 구체적으로 살펴보면 맨 처음 석가의 설법

석가가 성불한 부다가야의 마하보디. 가장 유명한 불교 성지이다.

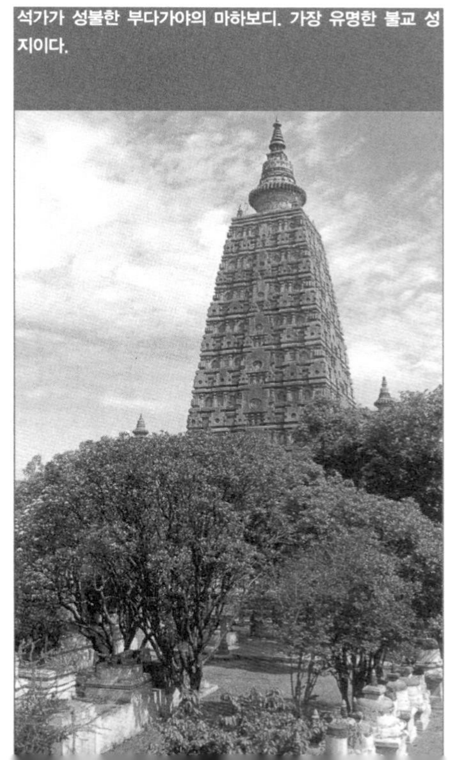

을 듣고 출가한 첫 출가자인 야사스와 첫 재가신자가 된 야사스의 부모는 인도 사람이 아니었다. 카스트 제도상으로도 평민인 바이샤 출신이었다. 더 나아가 나중에 석가의 수제자가 된 우팔리는 이발사 출신으로 하층 계급인 수드라 출신이었다. 나아가 석가는 자신을 길러준 이모이자 계모인 마하파자파티를 최초의 비구니로 교단에 받아들였다. 그러니까 어머니부터 첫 여성 성직자로 받아들인 셈이다.

초기 석가의 설법 이후 불교에 귀의한 제자들과 신도들은 불교 공동체 '승가'(Sangha)의 구성원이 됐다. 출가한 남자 승려 '비구', 출가한 여자 승려 '비구니', 그리고 출가하지 않은 남자 신도 '우바새'와 출가하지 않은 여자 신도 '우바이'의 4부대중(四部大衆)이 이 승가를 이룬다. 바로 이 교단을 운용함으로써 불교는 석가의 입적 이후에도 하나의 종교적 정체성을 유지하는 데 성공한 뒤 수천 년을 헤쳐나가는 생명력의 추진 엔진을 갖게 된다. 이 교단이 중심이 돼 석가 입적 직후에 석가의 가르침을 하나로 모으고, 교단의 분열을 교정하기 위해 소집된 제1차 결집(고승들의 회의체)이 가능했다고 할 수 있다. 이 결집은 다시 100년 뒤 제2차 결집으로, 다시 100여 년 뒤 제3차 결집으로 이어지면서 불교 경전의 성립과 교세의 확장에 결정적인 기여를 하게 된다. 다시 현대적 경영의 논리로 해석한다면, '주주총회와 이사회 등의 조직을 갖춘 주식회사로 발전시킴으로써 기업의 연속성과 확장성을 결정적으로 업그레이드한 것'이라고 할 수 있다.

생태주의 대안경제의 길을 제시하다

원한을 품고 있는 사람들 가운데 살고 있지만 우리는 원한 없이 살아나가자.

괴로움을 갖고 있는 사람들 사이에 있지만 우리들은 괴로워함 없이 살아나가자. 탐내는 사람들 가운데 살고 있지만 우리는 탐 없이 살아나가자.

–『법구경』 중에서

세 번째, 석가의 위대성은 평화주의의 원칙에 있다고 할 수 있다. 기본적으로 석가는 교단과 세속의 영역을 명확하게 구별했다. 교단이 세속의 권력을 추구하는 식의 신정일치는 제시하지 않았다. 나아가 세속 대중이 교단에 귀의하는 것도 설법을 듣고 자발적으로 결단해서 이뤄지게 했다. 일부 예외가 있다면, 아들인 라훌라를 출가시킨 것을 비롯해 가까운 친척들을 적극적으로 출가토록 한 것이다.

이와 함께 다른 종교도 배척하지 않았다. 석가는 입적을 얼마 앞두고 인도의 강대국 마가다의 왕이 부족연합국가인 브리지를 상대로 전쟁을 하려는 것을 설득해 막는다. 나아가 이 과정에서 '7불쇠법'(七不衰法: 한 가지라도 지키면 망하지 않는다, 바꿔 말해 한 가지라도 지키면 그 나라를 공격할 수 없다는 7개조의 기준임)을 밝히면서 종교적 관용의 정신을 천명한다. '안팎의 종묘와 각양각색의 종교를 존경해야 한다'는 가르침을 강조하고 있는 것이다. 전쟁을 막으려 했고, 그 전쟁을 막는 논리적 근거로서 종교적 관용을 제시한 셈이다. 바로 이런 평화주의적 원칙이 없었더라면 불교가 그 뒤 2600여 년이 지나는 동안 살아남아 이처럼 세상에 널리 확산되지는 못했을 것이다. 현대 경영의 논리로 표현한다면, 기본적으로 독점 체제를 반대하고, 공정 경쟁의 룰에 충실했다고 할 수 있다.

몸뚱이는 하나인데 머리가 둘인 새가 있었다. 공명조라는 새다. 한쪽 새가 독약을 먹자 온 몸에 독이 퍼져 다른 한쪽 새도 함께 죽었다.

–『불본행집경』 중에서

네 번째 위대성은 생태주의적 대안경제의 길을 제시했다는 점이다. 현대의 경제는 사실상 유대교와 기독교가 함축하는 '사냥문화'의 속성을 강하게 반영하고 있다. 그 문화는 이 세상을 '나 자신'과 '나 이외의 사물'로 구별한 다음 필요와 욕망의 매개에 따라 '나 이외의 사물'을 나가서 잡아들이는 문화다. 그 결과 현대는 갖가지 문제점에 봉착해 신음하고 있다. 성장의 부작용으로서 환경의 파괴, 사막화의 급격한 확산, 국가간·계급간·세대간 불균형의 확대, 전쟁과 불안정성의 증대 등 인류의 미래를 위협하는 숱한 위기 징후가 포착된다.

석가의 첫 설법인 초전법륜의 모습을 새긴 부조. 이 설법으로 부처는 포교자이자 경영자로서의 첫발을 내딛는다.

이 과정에서 제시되는 대안경제 가운데 불교적 방식–불교의 길이 새롭게 각광받고 있다. 불교는 기본적으로 생명과 생태에 대한 존중, 욕망의 절제를 지향하기 때문이다.

불교는 모든 생명체를 동근동체이자 자타불이적(自他不二的) 관계로 파악한다. 이렇기 때문에 동체자비심으로 모든 생명체를 보호하고 구제해야만 하는 것이다. 이런 시스템은 단순한 생명존중이나 생태주의적 지향이라는 단계를 넘어 좀더 근본적으로 현대 인류 사회가 당면하고 있는 문제를 푸는 해결책으로서 진지하게 평가되기 시작했다. 다시 한번 현대 경영적 관점을 빌린다면, 불교는 자원의 유한성에 대한 철저한 자각을 전제로 지속 가능한 시스템을 모색하는 경제철학을 내세워 그 결과 2600여 년 만의 대성공을 눈앞에 두고 있다.

석가 생존시 불교의 강력한 후원자이던 빔비사라 왕의 석가 방문 모습 부조.

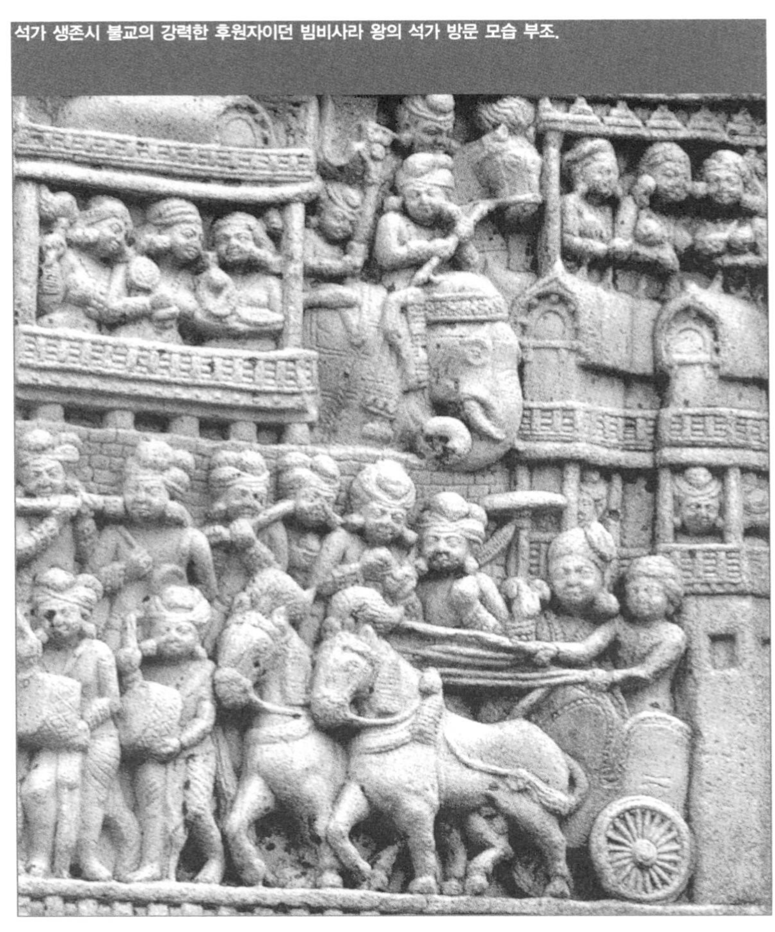

'불교적'이라면 만사형통

이런 정황을 배경으로 석가의 가르침–불교는 현재 경제의 관점에서도 다각도로 새롭게 조명되고 있다. 일본의 이노우에 신이치 같은 사람이 쓴 『상생의 불교 경영학』이 대안경제로서 불교의 가능성을 점검하는 거시적 접근이라면, 미국의 프란츠 메트카프가 쓴 『직장에서 적용할 수 있는 부처의 가르침』이라든가 게셰 마이클 로치가 쓴 『비즈니스의 달인 붓다』는 불교적 경영 마인드를 개별 기업에 적용하는 미시적 접근이라고 할 수 있다.

거시적이건 미시적이건 불교적 접근이 탄생한 이유는 기존의 방식에 심각한 문제점이 있기 때문이다. 불교적 시각과 전망에서 기존의 한계를 극복할 수 있는 새로운 가능성을 발견하기 때문인 것이다.

이노우에는 종래의 경제, 경제학이 전제하고 있는 욕망의 존재를 분석한 뒤 그 욕망을 불교적으로 해결하는 방향을 주목한다. 그의 논법은 이런 식으로 정리할 수 있다.

> 불교는 탐욕스러운 마음에 사로잡히는 일련의 과정을 꿰뚫어보고 무집착 또는 모든 욕망과의 분리를 선언하지 않았는가? 이 방식을 현대 경제에도 원용할 필요가 있다. 이런 논리의 연장선에서 종래의 경제개발이라는 이름 아래 환경은 물론 전통적인 종교와 공동체적 가치관까지 파괴되고 몰락하는 것을 막아보자. 그 대신 비폭력과 자비의 불교 원칙에 기초한 지속적인 발전을 모색하자. 그 구체적인 표현의 하나로 마구잡이식 경제발전에 대한 불교식 대안인 '열대우림의 파괴를 막는 캠페인' 같은 것을 보라. 태국의 브라 브라착(Phra Prachak)이라는 불교 승려는 자연을 보존하고 불교적 가치관을 지키기 위해 숲속의 모든 큰 나무에게 불교식 입문 의식을 베푸는 획기적인 계획을

실행했다.

이노우에는 이와 동시에 불교 역사에서 자연스럽게 형성된 나눔의 정신 같은 것을 높이 평가한다. 기독교 사회에서는 종종 부자들에 대한 반감 같은 것이 발견되는데, 불교는 초기부터 재가 신도들로부터 기부금을 받아 출가자들의 수행생활을 지원하든가 불우한 신도들에게 재분배했다는 것이다. 이런 중용적 정신이 새로운 경제철학의 핵심이 되어야 한다는 논리다.

미국인 메트카프나 로치의 미시적 접근은 좀더 개인주의적인 처세술에 가깝다고 할 수 있다. 메트카프의 예를 보자. 그는 직장생활에서 부닥치는 흔하고도 중요한 문제들을 쭉 나열한다. 그리고 각각의 불교적 처방을 제시한다. '부처라면 해야 할 일의 우선순위를 어떻게 정했을까?', '부처라면 경력관리나 일자리 선택을 어떻게 했을까?', '부처라면 승진하기 위해 어떻게 했을까?', '부처라면 성공하는 사람의 옷차림은 어떠해야 한다고 가르쳤을까?'…… 그가 얘기하는 성공하는 사람의 옷차림에 대한 불교적 처방은 이렇다.

> 부처 생전에 승려 엘리트 계급인 브라만은 좋은 옷차림과 머리스타일로 금방 눈에 띄었다. 부처는 그러나 그런 것 가지고는 자신을 현명하게 만들 수 없다고 보았다. 만일 당신의 내면이 깨끗하다면 당신의 옷차림이 어떻건 그 빛이 밖으로 발현될 것이다. 오늘날도 마찬가지다. '직장에서의 성공'이라는 관점에서도 중요한 것은 내면이다. 당신이 기여할 수 있는 기술과 재능은 어떤 것인가? 다른 사람들하고는 원만하게 공동작업을 할 수 있는가? 정직하고 열심히 일하는가? 자기 절제력은 갖춰져 있는가? ……중대한 취업 인터뷰를

앞두고 밖으로 뛰쳐나가 아르마니 정장을 사 입기 전에 당신 마음과 성정을 갈고 닦아라. 그게 성공을 일으키는 '진정한' 옷차림인 것이다.

–『직장에서 적용할 수 있는 부처의 가르침』 중에서

당신은 누구의 글이 더 매력적인가? 이노우에인가, 메트카프인가? 이노우에가 대승불교에 가깝다면, 메트카프는 소승불교에 가깝다고 할 수 있지 않을까?

켄 블랜차드의 석가경영론

세계적인 경영 컨설턴트로서 '켄 블랜차드 컴퍼니'(The Ken Blanchard Companies)의 회장이자 베스트셀러 저술가인 켄 블랜차드 교수는 경제 현장에서 불교 신자가 아닌 사람에게도 석가의 가르침은 대단히 유용하다고 주장하는 사람이다. 무엇보다 그는 세계 곳곳에 사무실이 포진돼 있는 자기 회사의 업무를 수행하며 이런 결론에 이르렀다고 강조한다. 그저 입에 발린 소리가 아니라 기업을 경영하면서 경험적으로 깨달은 결론이라는 것이다. 그의 주장을 한번 살펴보자.

미얀마 셰다곤 파고다의 동승들.

"나는 켄 블랜차드 컴퍼니의 최고 정신지도자(Chief Spiritual Officer: 참 재미있는 발상을 담은 직책이지 않은가?)로서 매일 아침 전 세계 사무실에 음성 메시지를 발송한다. 우리 직원들이 최선을 다하며 우리의 사명과 가치를 잊지 않도록 격려하기 위해서다. 이 메시지는 미국과 캐나다, 영국 등지에 흩어져 있는 280개가 넘는 사무실에 매일 인트라넷을 통해 전달된다.

나는 예수의 제자로서 바로 그가 진리요, 길이라고 믿는다. 자연히 성서에 기록된 예수로부터 많은 영감을 얻곤 한다. 하지만 전 세계 사무실에는 온갖 종교를 믿는 사람들을 비롯해 종교가 아닌 인간의 선의를 최고로 간주하는 이들까지 다양한 사람들이 함께 일하고 있다. 만일 내가 기독교적 관점에서만 메시지를 작성한다고 낙인 찍히면 결국 사람들이 보지도 않고 그 메시지를 삭제해버릴 것이다. 그 결과 나는 예수 이외에 부처, 마호메트, 모세, 간디, 요가 철학자, 달라이 라마, 넬슨 만델라, 마틴 루서 킹, 함마슐트 등도 영감의 출처로 활용하기에 이르렀다. 부처는 신도, 구세주도 아니라고 한다. 그는 현명한 교사이자 심리학자다. 그는 사람들에게 자기를 향해 기도를 올리지 말라고 했다. 그 대신 사람들을 자기의 예를 따라 해탈에 이르도록 초대한다. 그는 길을 가리키지만 길 그 자체는 아니다. 그의 가르침 가운데 변화에 대처하는 방법은 특히 많은 도움을 준다. 부처의 영감과 말씀은 우리가 경제 현장에서 좀더 친절하고 좀더 고결한 인간으로 살아갈 수 있도록 이끌어준다."

블랜차드의 고백은 독실한 기독교인이면서도 다른 종교에 대해 대단히 포용적인 자세를 유지하고 있고, 불교적 관점이 현대 경제 현장에서도 유용성을 지닌다고 설파한다는 점에서 눈길을 끈다. 블랜차드는 『겅호!』을 비롯해 『부자의 생각을 훔쳐라』, 『열광하는 팬』, 『1분경영』, 『칭찬은 고래도 춤추게 한다』, 『작은 것으로부터 시작하라』 등 경영 및 처세에 관해 많은 책을 썼다. 이 책들은 전 세계 25개 언어로 번역돼 출판됐다.

마호메트,
독자적인 이슬람교의 근원

1400년 전 이슬람을 일으켰던 세계사적 모래폭풍, 이제 한반도에 몰아닥친 것인가

대제국 비잔틴 제국과 사산조 페르시아라는 두 강대국이 각각 서쪽과 북쪽을 압박하고, 풍요한 중계무역의 혜택을 누리는 '아라비아펠릭스' (행복한 아라비아라는 뜻의 지역명)가 남부를 차지하고 있던 7세기 초 아라비아 반도, 아랍인들은 아직 '진' (여러 컴퓨터 게임에서 작은 능력을 지닌 존재로 등장하는 '지니' 의 이름은 여기서 따온 것임)이라는 정령과 수백이 넘는 우상을 섬기고 있었다. 일부 정착을 한 사람 이외엔 유목을 하던 그들은 아직 유대교나 그리스도교와 같은 일신교로도 나아가지 못하고, 민족으로서 통일된 정체성은 더더욱 갖지 못한 상태였다. 유목과 약탈을 통해 과격한 호전성과 빠른 기동력을 갖춘 그들은 탁월한 지도자도, 효율적인 정치체제도 없이 그저 주변국가에게 '골치 아픈 침략자' 정도로 취급받고 있었다.

하지만 사막도 뜨겁게 달궈지면 화학반응을 일으키는 것일까?

마호메트 상상도.

© 정광식

흩어진 모래알 같던 아랍인은 한 지도자를 만나자 세상을 뒤흔드는 강력한 모래폭풍으로 탈바꿈한다. 그들은 하나의 신 알라를 신봉하며 강력한 신정일치의 국가로 발전하기 시작했다. 유일신과 무력을 결합한 이 신정일치의 새로운 집단은 곧바로 아라비아 반도를 통일하고 중동 일대와 아프리카 북부, 유럽, 인도아 대륙과 중앙아시아로 진출해 나갔다. 이 '신에게 복종하는 자' 무슬림과 그들의 종교 이슬람교는 그 뒤 1400년 세계 역사를 바꿔버렸다. 21세기 들어 신도가 13억 명에 달하고 있는 이슬람교의 근원에는 창시자 마호메트(아랍어로는 무하마드)가 자리잡고 있다.

메카인들의 반발을 진압하다

서기 570년 무렵(일설에는 571년) 마호메트는 아라비아 반도의 서부 상업도시 메카에서 태어났다. 그는 메카를 정복한 쿠라이시족의 10 씨족 가운데 하나인 하심 씨족의 지도자 가문 출신이었다. 그러나 6세 때 고아가 돼버려 할아버지와 삼촌의 손에 양육됐다. 자라서 무역 일을 하던 그는 자신의 고용주인 열네 살 정도 연상의 부유한 과부 하디자와 결혼했다. 그 결과 자신이 소원하던 '명상생활'을 집중적으로 하게 된다. 40세 때 동굴 속에서 기도와 명상을 계속하던 그에게 '천사장 가브리엘'의 목소리가 찾아와 '코란'을 전송받았다고 한다.

그 뒤 그는 죽을 때까지 계속해서 가브리엘로부터 코란의 구절을 주기적으로 전해 받았다고 한다. 처음 마호메트는 자신의 친척과 친구들에게 설교해 소수의 신도를 얻었으나, 전래돼온 다신교를 믿던 대다수의 쿠라이시 가문과 메카인들은 그의 메시지에 강력하게 반발했다. 메카인들의 압박과 살해 움직임이 계속되자 마호메트는 자신을 지지하는 메카 북부 야스리브 사람들의 주선으로 서기 622년 메카를 탈출해 야스리브로 간다.

메카인 암살대를 피해 우역곡절 끝에 야스리브에 무사히 도착한 이 사건은 이후 '헤지라'(이주 또는 망명이라는 뜻)로 기록돼 이슬람교의 큰 전환점이 된다. 아울러 622년은 이슬람교 원년인 헤지라 원년이 된다. 이슬람교는 이 헤지라로 종교적 거점인 최초의 종교공동체(움마) 조직을 갖추게 됐다. 나아가 마호메트는 이 움마의 구성원 사이에서 원만히 합의보지 못한 대외 정책들은 신 알라와 자신에게 맡겨야 된다는 선언인 '메디나의 헌장'을 채택해 공동체의 최종결정권을 장악했다. 강력한 신정일치 체제를 세운 것이다.

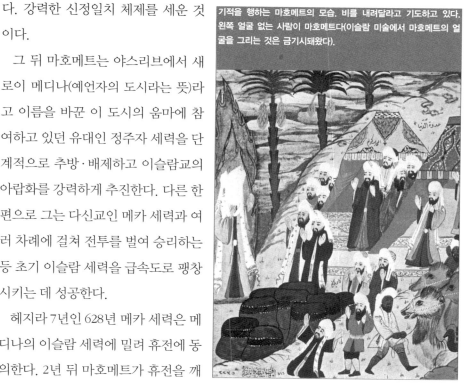

기적을 행하는 마호메트의 모습. 비를 내려달라고 기도하고 있다. 왼쪽 얼굴 없는 사람이 마호메트다(이슬람 미술에서 마호메트의 얼굴을 그리는 것은 금기시돼왔다).

그 뒤 마호메트는 야스리브에서 새로이 메디나(예언자의 도시라는 뜻)라고 이름을 바꾼 이 도시의 움마에 참여하고 있던 유대인 정주자 세력을 단계적으로 추방·배제하고 이슬람교의 아랍화를 강력하게 추진한다. 다른 한편으로 그는 다신교인 메카 세력과 여러 차례에 걸쳐 전투를 벌여 승리하는 등 초기 이슬람 세력을 급속도로 팽창시키는 데 성공한다.

헤지라 7년인 628년 메카 세력은 메디나의 이슬람 세력에 밀려 휴전에 동의한다. 2년 뒤 마호메트가 휴전을 깨고 1만 명의 무장세력으로 진군해오자 메카는 그대로 항복한다.

메카에 들어온 마호메트는 다신교의 중심이던 카바(신의 처소라는 뜻)에서 유일신 알라를 상징하는 흑석만을 남긴 채 다른 우상의 상징물들을 다 없애버리는 정화의식을 벌인다.(이 행위는 예수가 예루살렘 성전에 처음 들어가 장사치를 몰아낸 정화의식을 연상시키지 않는가?)

예멘군을 공격하는 새의 그림. 새들이 메카를 공격하는 군대를 격퇴했다는 신화적 이야기를 묘사한 것이다.

마호메트의 죽음, 그 뒤

메카 점령으로 강력한 신정국가의 체제를 갖춘 이슬람 세력은 629년 비잔틴 제국이 지배하고 있던 시리아에 원정대를 보내는 등 세력 팽창에 진력한다. 곧이어 거의 모든 아랍 부족들이 움마의 구성원이 되겠다는 협정을 체결하게 된다. 그러나 서기 632년 메카 순례에서 메디나로 돌아온 마호메트는 갑자기 고열과 두통을 동반한 병에 걸려 죽고 만다.

마호메트가 후계자를 정해놓지 않은 채 갑자기 죽음으로써 이슬람교에 위기가 오자 무슬림들은 고심 끝에 쿠라이시 부족 출신인 아부 바크르를 '칼리프'라는 직함을 가진 공동체의 '이맘'(예배 인도자)으로 결정한다. 신권적 군주제를 채택한 것이다. 아부 바크르는 마호메트의 죽음으로 움마에 대한 의무가 끝난 것으로 간주하려는 세력들을 다시 결속하기 위해 대외전쟁에 본격적으로 나선다. 이 전략은 절묘하게 성공한다. 비잔틴 제국과 사산조 페르시아 두 강대국이 서로 반목하고 견제하는 상황과 무슬림의 기동성 높은 전투 능력이 결합해 군사적 승리를 잇따라 거둔 것이다. 그 결과 이슬람 세력은 채 30년도 안 되는 시간 동안 시리아, 이라크, 이집트, 북아프리카, 호라산(오늘날의 투르크메니스탄)를 정복했다. 마호메트는 죽었어도 그 후계자들은 그가 남긴 강력한 정복국가적 신정일치 시스템을 효율적으로 가동해 세계 역사를 바꾸기 시작한 것이다.

서기 610년 무렵 마호메트가 계시를 받고 그 메시지를 처음으로 설교하기 시작했을 때 그의 교리를 따라 개종한 사람은 부인인 하디자와 두 양아들 알리와 제이드 정도에 지나지 않았다. 초기 신도들은 매우 더디게 늘어갔다. 군사적인 측면에서도 초기에는 어려움을 겪었다. 메디나로 탈출한 뒤 메카 세력을 공격하기 시작했을 때 무장병력의 규모는 수십 명 수준에 지나지 않았다. 본격적인 대량 약탈·공격이라고 할 수 있는 서기 624년 바드르 전투에 동원한 마호메트의 병력은 총 300명 수준이었다. 그런 세력이 불과 30년밖에 안 되는 시간에 세상을 뒤흔들 만한 엄청난 성공을 거둔다.

> 우리는 가장 강성한 왕국, 막강한 힘, 엄청난 수의 백성을 거느리고 다른 국가들을 지배하고 있는 초강대국 페르시아와 비잔틴 제국에 맞섰다. 무기도 장비도 식량도 없이 맨몸으로 나가 맞서 싸웠다. 신은 우리에게 승리를 주셨다. 우리가 그들의 나라들을 정복해 그들의 땅과 집에 살게 하시고, 그들의 재산을 빼앗게 허락해주셨다. 우리에게 이러한 진리보다 더 강하고 더 나은 것은 없었다.
>
> —후대의 한 이슬람 작가

그 이유는 어디에 있을까? 종교적으로는 세계 종교 가운데 가장 후발 종교라 할 수 있고, 군사적으로는 모래알처럼 흩어진 데다가 무기 체계도 우세하지 않았던 이 집단이 단기간에 가장 놀랄 만한 성공을 거둔 원인은 무엇일까?

마호메트의 성공 동인은 내부적인 요소와 외부적인 요소로 이뤄진다. 더욱 중요한 것은 내부적인 요소다. 그 원인을 대략적으로 정리하면 다음과 같다.

① 일신교와 민족적 정체성의 통일 등 이론화 작업의 성공

② 신정일치 체제+무력주의=전면전 시스템의 완성

③ 종교공동체주의로 팽창의 모멘툼을 잡음

④ 교리에 현세주의의 요소를 적극적으로 도입

⑤ 물적 토대를 중시

신정일치와 무력주의의 결합

첫 번째로, 이론화 작업을 분석해보자. 이것은 대단히 중요하다. 마호메트의 지렛대가 종교이고, 종교는 본질적으로 메시지의 싸움이라고 할 수 있기 때문이다. 당시 아라비아 반도에는 이미 세계 종교의 물결이 작은 규모이기는 하지만 여러 방면에서 확실하게 밀어닥치고 있었다. 곳곳에 정착한 유대인들은 야훼(여호와)를 섬기는 유대교로, 일부 아랍인들은 비잔틴 제국의 영향 등으로 예수를 섬기는 그리스도교로 유일신의 물결을 반도 안에 확산시키고 있었다.

마호메트는 이런 종교적 국면을 누구보다도 잘 이해하고 있었다. 구약성경과 탈무드 등으로 이미 수천 년 역사를 관통하는 종교적·역사적 이론 작업을 완성해놓았다고 할 수 있는 유대교와, 세계 제국 비잔

틴의 문명을 뒤에 업는 등 앞서가는 그리스도교를 따라잡기 위해선 아라비아의 새 종교는 이론면에서 발군의 비약이 필요했다.

마호메트는 이미 다른 종교의 교리와 움직임에 어느 누구보다 정통해 있었다. 그는 성장하는 과정에서나 대상으로 나선 시기에 아라비아 곳곳에 들어와 있는 여러 종교와 접촉할 기회가 많았다. 결혼 뒤 부인 하디자의 조카인 학식이 높은 바라카를 통해 히브리어와 아라비어로 옮긴 시리아의 그리스도 복음서라든가, 유대교나 그리스도교에도 속하지 않는 새로운 유형의 일신론인 '하니프'를 접했으리라고 상정할 수 있다. 그 결과 마호메트는 혈통적으로는 유대교나 그리스도교 모두에서 '믿음의 조상'으로 간주하는 아브라함(아랍어로는 이브라힘)까지 거슬러 올라가 그 아브라함의 아들 이스마엘을 선조로 규정한다. (구

7세기 양피지에 고대 아라비아 문자로 쓴 코란.

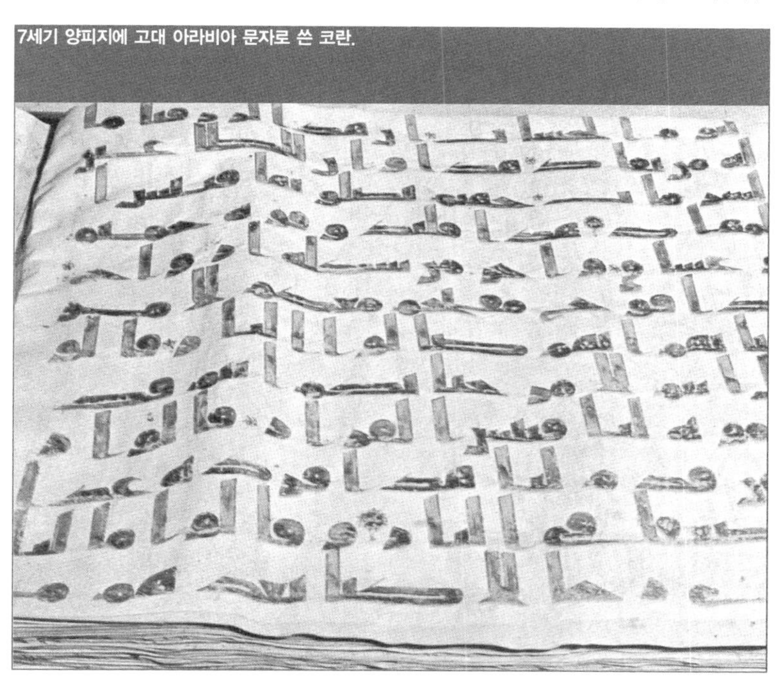

약성서 창세기에 나오는 아브라함의 정실 부인 사라의 몸종인 하갈이 낳은 아들이 바로 이스마엘이다.)

교리적으로는 유대교나 그리스도교와 비슷하게 계시나 예언 그리고 유일신인 하느님(알라)를 채택한다. 자연스런 결과로, 이슬람의 경전인 코란에 등장하는 28명의 예언자 가운데 21명이 그리스도교의 예언자이기도 하다. 나아가 마리아가 신의 계시로 예수를 수태했다는, 그리스도교 성경의 내용을 인정한다. 예수도 예언자로 인정하지만, 그 신성(神性)은 인정하지 않는다. 이런 요소에 더해 마호메트는 새 종교의 민족주의적 성격을 극적으로 확립한다. 아브라함을 조상으로 상정하고, 유일신인 알라를 신봉한다는 점에선 유대교, 그리스도교와 맥을 같이 하는 선에서 머물 수도 있었다. 그러나 그는 이슬람교를 독자적인 길로 내몰아갔다. 헤지라 3년인 624년, 바로 기도의 방향을 예루살렘이 아닌 메카로 바꿔버렸다. 이슬람교를 유대교의 아류가 아닌 아랍의 종교로서 정립한 것이다. 이런 강경한 이론 작업의 결과 이슬람교의 정체성은 아랍 민족주의적 요소와 적절하게 결합했다.

두 번째, 신정일치와 무력주의를 결합시킨 부분을 보자. 뛰어난 비교종교 연구가의 자질을 갖춘 것으로 추정되는 마호메트는 신정일치의 강점도 잘 이해했던 것으로 보인다. 유대교의 경우 역사상 신정일치의 시기를 넘어 왕정의 형태를 유지하다 멸망한 경험을 가지고 있었다. 나아가 이런 신

아랍어로 마호메트라고 쓴 서체.

정일치 체제에 그는 최초로 무력 해결 방식까지 도입한다. 세계 종교로 발전한 종교 가운데 이런 식의 강경책을 채택한 사례는 없다. 아라비아 반도 유목민의 전통에 충실한 이 방식은 애초 메디나로 망명한 마호메트 세력의 생존을 위해 채택되기 시작된 것이다. 그 뒤 종교적 독트린으로까지 발전해나갔다. 그 결과 호전적 유목민이 종교적 열정을 더한 강력한 군사집단으로 변모한 것이다.

세 번째, 종교공동체주의를 성장의 동력으로 삼았다는 부분은 매우 주목할 만하다. 다른 일반적인 제국보다 훨씬 효율적인 결과를 가져왔다고 할 수 있기 때문이다. 종교공동체인 움마는 급속도로 다른 모든 기존 조직을 해체시키고 종교의 우산 아래 기존의 역량을 재결집했다. 이제 아랍인들은 혈통과 계급과 출신지, 혹은 출신지의 국명을 떠나 이슬람의 깃발 아래 새롭게 단결해나갔다. 움마는 정복전쟁의 경제적 이익을 분점하려는 사람들로 북적거리고, 군대의 병력은 늘어나기 시작했다.

네 번째, 이슬람의 현세주의적 요소는 다른 세계 종교와 상당히 구별된다. 사후의 심판에 대해 규정한 부분은 매우 놀라울 정도다. "죄가 없는 자는 천국에 가고, 거기서 생전에는 얻지 못했던 것, 즉 나무 그늘이나 시원한 동산, 맑은 물, 훌륭한 음식, 빛나는 눈을 가진 아름다운 여성 등을 얻게 된다."

어느 종교도 이처럼 사후의 보상에 대해 구체적이고 현세적으로 묘사하지는 않았다. 이와 함께 일부다처제 등의 요소는 확실히 다른 문명권으로부터 비판받는 요소다. 그러나 그 내부 신자들에게는 다른 의미로 받아들여졌을 것으로 보인다. 더욱 실질적이고 쉽게 파악할 수 있는 보상체계를 제시해 그야말로 이슬람교가 일정 정도 '현세적 경쟁력' 을 갖추는 계기로 작용했다는 분석도 가능할 것이다.

마지막으로, 물적 토대의 요소를 보자. 이슬람교를 믿는 무슬림의 다섯 가지 의무인 '오행' 가운데 법적 의무로, 보시라는 뜻의 '자카' 는 이슬람 세력의 강대화에 결정적으로 기여했다. 정확하게 말하면, 이 자카의 목적은 바로 '메디나의 무슬림을 먹여 살리고, 강력한 군대를 유지하는 데 필요한 세금을 내는 것' 이었다. 나아가 626년부터는 새로운 세금 하나가 덧붙기 시작한다. '지지아' 라고 불리는 이 인두세는 교리상으로는 역시 같은 하나님을 믿고 있다고 할 수 있는 유대교인과 그리스도교인이 자기의 사업권을 유지하려고 할 때 내야 하는 것이다. 또한 이슬람교는 10세기에 성립한 『리잘라』라는 규범집을 통해 '지하드' (성전)가 끝나고 전리품을 나누는 방식을 참가자의 종류, 성격, 계급 등에 따라 매우 자세하게 분류해놓았다. 물적 토대에 대한 관심이 교리 차원에서도 비중 있게 다뤄지고 있는 것을 보여주는 구체적인 사례다. 사원이건 군대건 이슬람에 복무할 경우 그 생계는 절대적으로 보장되는 시스템을 지향한 것이다.

9 · 11 테러를 계기로 한국은 이라크 파병의 소용돌이 속에서 이슬람 세력과 지금까지와는 전혀 다른 경착륙적인 충돌 국면으로 돌입했다. 이런 문명론적인 성격과 별도로 현재 한국의 경제기술적 성격은 불가피하게 중동의 에너지에 절대적으로 의존하는 구조에 고착돼 있다. 문명론적 충돌이 경제기술적 생존을 위협하는 극도로 불안정한 국면으로 들어선 것이다.

이슬람은 과연 본질적으로 테러 등 호전성을 안고 있는 것일까? 한국은 과연 무력을 피한 채 에너지 생존 전략을 평화적으로 펴나갈 수 있는 것일까? 마호메트가 일으킨 모래폭풍은 1400년을 지나 이제 한

반도에까지 밀어닥쳤다. 21세기 햇수가 더해갈수록 이 모래폭풍의 위력은 더욱 강력해질 것이 틀림없다.

그들은 왜 마호메트를 따랐을까?

아랍인들은 마호메트 이전에는 각 지역별로 흩어진 채 세력이 매우 약한 상태에 있었다. 마호메트와 오랫동안 대립했던 정치·경제 중심지 메카의 카바만을 보더라도 거의 360명이 넘는 신을 섬길 정도로 이데올로기 면에서 분열돼 있었다. 또한 군사적으로도 아라비아 반도의 주민들은 과격한 호전성과 빠른 기동력에도 불구하고, 수적으로도 많지 않고, 효율적인 조직도 전혀 이루지 못하고 있었다. 한마디로 비잔틴 제국과 사산조 페르시아라는 주변 강대국에 전혀 위협이 될 것 같지 않은 '모래알 같은 존재', '성가신 존재'에 지나지 않았다. 7세기 무렵까지 그들은 역사의 주인공이 돼본 적도 없고 될 것이라고 평가받은 적도 없다. 그런 그들이 마호메트가 등장한 뒤 30년도 안 되는 시기에 이룩한 업적으로 1400여 년 이상 세계사를 흔드는 중심세력으로 성장했다. 그 배경은 무엇일까? 무엇이 그들을 마호메트의 강력한 신정일치의 메시지에 복종하도록 만들었을까?

상황적으로 그들은 하나의 공통체로 통합해야 할 필요성에 직면해 있었다고 할 수 있다. 그런 그들에게 마호메트가 주변 강대국처럼 똑같은 신에게 예배하고, 똑같은 법률에 따르며, 똑같은 목적의식 아래 함께 전쟁해야 할 모멘툼을 제공한 것이다. 이와 동시에 당시 아라비아를 비롯해 중동 지역을 감싸고 있던 정치·경제적 조건이 그들의 단결을 결정적으로 촉진시켰다. 그것은 바다의 실크로드와 밀접한 관련이 있다. 비잔틴 제국이나 사산조 페르시아 모두 당시 인도와의 무역을 대단히 중요시하고 있었다. 각각 홍해나 페르시아 만을 거쳐 아라비아 해를 건너 인도로 가는 항로에 사활적 관심을 기울였다. 이 때문에 아라비아 반도 일대가 새롭게 그 전략적 중요성을 더해갔다. 당시 비잔틴 사람들은 자신들의 속국인 이디오피아나 갓산왕조를 통해 중동 지역을 조종하려 했고, 사산조 페르시아인들은 동부를 직접 통치하다가 점점 남부와 아라비아 반도의 중앙부까지 지배해나갔다. 아라비아 주민들은 이전까지 두 강대국이 아라비아의 사막지대까지 들어와 직접 통치하리라고는 예상치 않고 있다가 위기를 느끼게 된다.

그런 주민들에게 단결의 메시지, 전면적인 무력전쟁의 불길을 던진 것이 바로 마호메트의 이슬람교였던 것이다. 결국 이를 계기로 아라비아인들은 아랍=무슬림이 돼 자신들을 위협하던 사산조를 멸망시키고 비잔틴 제국마저 유럽 지역으로 몰아내는 데 성공한다.

부자의 철학

사마천, 애덤 스미스의 빰을 치다 **오늘날 되살아나는 「화식열전」의 놀라운 부의 철학**

노예들의 유통 프랜차이즈 **「화식열전」에 나타난 주인공들의 흥미로운 재테크**

돈과 권력을 모두 얻은 여불위와 범려 **거부를 이룬 뒤 권력 추구에 성공한 여불위, 대정치가였다가 상인으로 변신한 범려**

사마천, 애덤 스미스의 뺨을 치다

오늘날 되살아나는 「화식열전」의 놀라운 부의 철학

2100여 년 전 사마천은 이렇게 기록했다.

"물건 값이 싸다는 것은 장차 비싸질 조짐이며, 값이 비싸다는 것은 싸질 조짐이다."

"식량, 자재, 제품, 산과 택지 네 가지는 백성들이 입고 먹는 것의 근원이다. 이 근원이 크면 백성들은 부유해지고, 그 근원이 작으면 백성들은 가난해진다."

"빈부의 도란 빼앗거나 안겨주는 것이 아니다. 교묘한 재주가 있는 사람은 부유해지고, 모자라는 사람은 가난한 것이다."

"창고가 가득 차야 예절을 알고, 먹고 입을 것이 넉넉해야 영욕을 안다."

"천하 사람들은 모두 이익을 위해 기꺼이 모여들고, 모두 이익을 위해 분명히 떠난다."

"관직의 지위에 따라 받는 봉록도 없고, 작위에 봉해짐에 따라 받는 식읍의 수입도 없으면서 이런 것을 가진 사람처럼 즐거워하는 사람들이 있다. 이들을 소봉(素封: 무관의 제왕 정도로 의역할 수 있음)이라고 한다."

"만일 집이 가난하고 어버이는 늙고 처자식은 연약하고 명절이 되

진시황의 병마용은 당시 도자기 기술이 얼마나 발달했는지 잘 보여준다.

어도 조상에게 제사를 올리지 못하며 옷을 입고 사람들과 어울리기 어려우면서도 이런 것들을 부끄러워할 줄 모른다면, 비할 바 없을 만큼 못난 사람이다. ……오랫동안 가난하고 천하게 살면서 인의를 말하는 것만을 즐기는 것 또한 아주 부끄러운 일이다."

"대체로 가난에서 벗어나 부자가 되는 길에는 농업이 공업만 못하고, 공업이 상업만 못하다. 비단에 수를 놓는 것이 저잣거리에서 장사하는 것만 못한 것이다. 말단의 생업인 상업이 가난한 사람들이 부를 얻는 길인 것이다."

"부유해지는 데는 정해진 직업이 없고, 재물은 정해진 주인이 없다. 능력이 있는 사람에게는 재물이 모이고, 능력이 없는 사람에게서는 기왓장 부서지듯 흩어진다. 천금의 부자는 한 도읍의 군주와 맞먹고, 거만금을 가진 부자는 왕과 즐거움을 함께한다."

소봉(素封), 화려한 백수!

믿기 어려울 지경이다. 어떻게 2100여 년 전 사람의 입에서 이런 이야기가 나올 수 있단 말인가? 어쩌면 이렇게 오늘날과 똑같단 말인가?

어떤가? "물건 값이 싸다는 것은 장차 비싸질 조짐이며, 비싸다는 것은 싸질 조짐이다"라는 말은 그 시대 사마천이 이미 애덤 스미스의 수요·공급의 법칙과 비슷한 개념을 알고 있었다는 느낌을 주지 않는가? 아니, 오히려 어떤 의미에서는 요즘 주식 투자의 철칙을 말하는 듯하다. "소문에 사고 뉴스에 팔아라."

"백성들이 먹고 입는 것의 근원이 크면 백성들은 부유해지고, 작으면 가난해진다"는 말은 그대로 성장과 분배에 관한 파이 이론을 연상케 한다. 저 유명한 "파이를 키워야 분배의 몫도 커진다"는 그 표현 말이다.

여기까지 놀라지 않은 사람도 사마천 시대의 '소봉'과 오늘날의 '화백'을 비교하면 놀라지 않으려야 않을 수가 없으리라. 사마천 시대 소봉은 이런 부를 가진 사람을 말했다.

- 말 50마리를 키울 수 있는 목장(또는 소 167마리나 양 250마리를 키울 수 있는 목장이라도 좋다.)
- 돼지 250마리를 키울 수 있는 습지대

- 1000마리의 물고기를 양식할 수 있는 연못
- 안읍의 대추나무 1000그루
- 강릉의 귤나무 1000그루
- 하나라의 옻나무 밭 1000묘
- 생강과 부추밭 1000묘

이런 사람들은 관직에 나가지도, 작위를 받지도 않았는데도 계속 안정적으로 풍부한 수입이 들어왔다. 왕이나 제후, 장군이나 재상을 크게 부러워하지 않아도 된다. 저잣거리를 기웃거릴 필요도 없고, 다른 마을에 가지 않고 가만히 앉아 수입만 기다리면 된다.

오늘날의 '화백'은 '화려한 백수'의 준말이다. 벌어들인 돈으로 부동산이나 주식에 투자해 평생 쓸 만큼의 재산을 형성해놓은 사람들이다. 따로 직장을 나가는 것도 아니라서 겉보기에 백수 같지만, 부동산의 임대료 수입을 시작으로 주식 배당금, 부동산 시가 상승에 따른 자산 증식, 금융소득, 그 밖의 종합소득 등 엄청난 고소득을 올린다. 그야말로 '현대판 소봉'인 것이다.

'재화를 증식시킨 사람들'을 기록한 『사기』의 「화식열전」은 그 스케일과 정보성, 풍부한 실증성 등으로 오늘날의 우리를 감탄케 한다. 특히 오늘날도 그대로 통용될 수 있는 진실의 권위마저 갖추고 있어 『사기』 전체의 품격을 드높인다. 사마천의 진정성은 곳곳에서 배어나오지만 이 「화식열전」에서 내비치는 경제관은 그 전문성과 통찰력의 깊이가 보통이 아니라는 것을 일깨워준다.

「화식열전」이 보여주는 관점을 대략적으로 정리하면 이렇다고 할 수 있다.

① 수신-제가-치국-평천하의 근본은 경제다.

② 경제는 자유방임주의를 큰 뼈대로 하면서 적절한 국가의 개입을 보완책으로 결합한다.

③ 인간의 본성은 부귀를 지향한다.

④ 상업이야말로 인간의 의식 문제를 해결하는 길이다.

⑤ 지경학(地經學)도 지정학(地政學)만큼이나 중요하다.

⑥ 부는 권력, 명예 등 더 많은 것을 가능케 한다.

⑦ 재테크에서는 시테크도 매우 중요하다.

⑧ 아껴 쓰고 부지런한 것은 기본이고, 나아가 반드시 기이한 방법을 사용해서 부자가 됐다.

바로 이런 관점에서 사마천은 노자류의 고립주의나 한나라의 중농억상(重農抑商) 가치관을 모두 비판하고 있다. '백성들이 제각기 자신들의 음식이나 옷, 습속, 일에 만족하며 서로 왕래하지 않으면서도 행복해 한다' 는 노자의 가치관은 그야말로 '근대의 풍속을 돌이키고 백성들의 귀와 눈을 막으려 하는 것' 으로서 실행할 수 없다고 반박한다. 사마천의 견해로 보면 그것은 억지다. 노자식으로 표현하면 그 자체가 억지를 기반으로 한 작위(作爲)다. 노자의 근본 철학인 '무위자연' (無爲自然)과 정반대에 있는 것이다. 또한 건국 이래 지속적으로 상업 억제책을 써온 한나라 조정과 달리 거시적 관점에서 상업 및 상인의 위상을 높이려는 의지를 표출한다. 한나라에서는 상인의 대두를 견제하기 위해 이런 방법들까지 동원했다.

① 인두세의 부담을 두배로 늘림

② 민간에서 화폐 주조하는 것을 금지

③ 소금과 철의 전매화

④ 균수법 실시로 국가에 대한 조달 행위를 상인으로부터 지방관리

로 이관

⑤ 상공업자에 대한 재산세를 일반인의 2.5~5배로 증세

거대한 부의 증식

그런 식으로 하더라도 부의 편중을 막는 것은 참으로 어려웠다. 그 과정을 한번 보자. 한나라 초기 부자들은 오늘날의 관점에서 보면 이른바 자유방임주의에 따라 거부를 축적한다. 애초 한고조 유방이 전란의 폐해와 진나라의 엄혹한 행정에서 백성들을 풀어주기 위해 법령을 간소하게 하고 금지 법률을 줄이면서 부의 편중은 급격하게 진행됐다. 이익만을 도모하는 돈 많은 장사꾼들은 법과 상도를 어긴 채 사재기 등을 해댔다. 그 결과 물가가 크게 뛰어 쌀 한 섬에 만 전, 말 한 마리가 백만 전에 거래되기까지 했다고 한다. 이에 따라 유방은 상인들이 비단옷을 입는 것과 수레에 타는 것을 불허하고 조세를 무겁게 메겼다. 그 뒤 상인은 원칙적으로 관리가 되지 못하게 했다. 균수법을 도입해 상인의 중간이윤을 막은 것 등도 모두 상인 억제책이었다.

또한 상공업자에게 세금을 많이 거두는 방안을 실시하며 재산을 숨긴 채 제대로 신고하지 않거나 허위신고를 할 경우 전 재산을 몰수하고 고발자에게는 몰수 재산의 절반을 나누어주는 고민령까지 실시했다. 한때 이 제도는 상당한 성과를 거둬 조정에 몰수된 재산은 억 단위, 노비는 1000만 명, 경지는 큰 현에서 수백 경(1경은 약 4.5헥타르), 작은 현일지라도 100여 경에 달했다고 한다. 멀리는 2700여 년 전으로까지 거슬러 올라가는 과거에 중국에서 어떻게 이런 식의 거대한 부의 증식이 가능할 수 있었을까? 과연 그 배경은 무엇일까?

이 의문을 풀기 위해선 전국시대나 한나라 초기의 경제 규모를 이해

할 필요가 있다. 『전국책』에 실려 있는 저 유명한 연횡책의 유세가 소진의 말을 경청해보자.

제나라 수도 린쯔[臨淄]의 성 안에 7만 호의 가옥이 있고, 각 가옥마다 세 명의 장정이 있다고 치면 이 도시만으로도 21만 명의 병력을 동원할 수 있다. 사람들은 모두 부유해서 생활에 여유가 있으므로 음악을 듣는다든지, 투계나 개의 경주를 할 수 있는 회장이 갖춰져 있다. 또한 쌍륙(雙六: 윷놀이 비슷한 도박)이나 축국(蹴鞠: 축구 비슷한 놀이)을 하는 곳도 있다. 한길에서는 수많은 마차가 어지러이 붐비어 수레바퀴가 마주 부딪치고…… 아마도 사람들이 일제히 땀을 뿌린다면 비가 오는 것 같을 것이다. 사람도 집도 모두 풍요해서 의기가 왕성하다.

실제로 고고학적 연구 결과 린쯔 성의 크기는 서벽 2812미터, 북벽 3316미터, 동벽 5209미터, 남벽 2821미터였던 것으로 추정된다. 일부 역사학자들은 당시 린쯔에 살았던 사람이 최대로 약 30만 명은 되었을 것이라고 추정하기도 한다. 기원전 300년 전 이 정도 규모의 도시라면 세계에서 1, 2위를 다투는 도시가 아니었을까 싶다. 나아가 당시 린쯔만이 아니라 위나라의 수도 대량과 그 주요도시인 온, 조나라의 수도 한단과 역시 주요도시인 형양, 초나라의 완구, 정나라의 양책, 제나라의 설, 연나라의 계와 하도 등도 비슷한 규모의 대도시였다고 한다. 세계적인 규모를 자랑하는 이 도시들

초나라 강릉 지역에서 출토된 칠기류. 대단히 정교해 감탄을 자아낸다.

은 모두 상업이 발달하고 제철이나 제염 등의 수공업이 번영했다고 전해진다. 청동기나 칠기 등의 제품도 대량으로 제조돼 판매됐다. 또한 전국시대에 들어서선 청동기가 완전히 실용적인 그릇이 돼 널리 보급되고, 값비싼 견직물이며, 금과 옥 가공품도 유통됐다.

종이 만드는 공정을 나타낸 그림. 한대 초기 제지업의 실태를 보여준다.

특히 이 시대에 한나라, 조나라, 위나라 같은 중원국가에서는 국가 단위의 화폐가 아닌 도시별 화폐의 존재를 확인할 수 있다. 바꿔 말해 화폐를 발행한 도시마다 그 화폐의 가치를 지탱할 만한 충분한 물적·경제적 기반을 가지고 있었다는 추측이 가능하다. 이런 도시가 중원 지역에는 상당히 많았다. 『전국책』의 「조책」(조나라 관련 부분) 3권에 따르면 "성벽 한쪽 변의 길이가 1000장(약 2259미터)에 인구 1만 호 정도인 도시가 서로 마주 바라다 보일 정도로 가까운 거리에 산재해 있었다"는 것이다. 『사기』의 「위세가」(위나라 관련 부분)는 지금의 산시 성 남부와 허난 성 황하 일대에 큰 현이 수십 개, 그 밖의 제법 이름 있는 도시가 수백 개 존재했다고 전한다. 또한 『전국책』의 「동주책」(동주 관련 부분)에는 "한나라 서부 도시 의양만 보더라도 사방이 각각 8리(약 3.2킬로미터)의 크기에 10만 명의 정예부대가 있었고, 이 병력이 몇 년 동안 먹을 수 있는 식량을 비축하고 있었다"는 기록이 발견된다. 이처럼 여러 도시의 발달과 각종 산업의 융성, 그리고 풍부한 인구를 바탕으로 각계각층에서 소봉의 부를 이루는 사람들이 적잖게 생겨날 수 있었던 것이다.

직업의 귀천을 뛰어넘는 진보성

그러면서도 이 사회에선 이른바 상도(商道)라는 것이 엄연히 작동하고 있었던 것으로 보인다. 사마천에 따르면 당시 교통이 발달한 대도시의 상업은 대략 연 20퍼센트의 이익을 적당한 이윤으로 보았다.

> 한 해에 술 1000독, 식초나 간장 1000병, 소나 양·돼지의 가죽 1000장, 쌀 1000가마, 땔감 1000수레, 목재 1000장, 구리 그릇 1000개, 말 200마리, 소 500마리, 단사(수은) 1000근, 무늬 있는 비단 1000필, 누룩 1000홉, 말린 생선 1000섬, 절인 생선 1000균, 밤 3000섬, 여우·담비 가죽으로 만든 갖옷 1000장 등(모두 100만 전이 본전)을 팔면 20만 전의 이익을 얻는다. 아니면 현금 1000관(100만 전)을 중개인에게 빌려주고 2할의 이식을 받아도 좋다. ……다른 잡일에 종사하면서 2할의 이익을 올리지 못하는 사람은 재물을 활용한다고 말할 수 없다.
>
> —『사기』「화식열전」 중에서

또한 사마천은 제대로 부를 일군 사람과 부정한 방식으로 부를 긁어모은 사람을 주의깊게 구분하는 치밀함을 보여준다. 제대로 부를 일군 사람은 『사기』「화식열전」에 수

중국 전국시대의 구슬 주판.

록한 반면 바람직하지 못하다고 본 사람은 『사기』의 「평준서」에 기록해놓았다. 「평준서」에 기록된 바람직하지 못한 사례는 유방의 큰 조카였던 오왕 유비, 대부 출신으로 거부가 된 등통 등을 들 수 있다. 유비는 동광을 소유하면서 돈을 마음대로 주조하고, 소금까지 만들어 천자에 버금가는 부를 일구자 결국 '오초7국의 난'이라는 반란까지 일으킨 인물이다. 등통은 한 문제 때 선박의 운항을 관장하는 관리로 있다가 황제의 총애를 바탕으로 거부를 이뤘다. 그는 황제의 총애로 상대부에 올랐으며 황제로부터 무수히 하사를 받았다. 촉군의 동광을 하사받고 돈을 주조할 수 있는 권리까지 허가받자 엄청난 돈을 찍어댔다. 이른바 '등씨전'이라 불린 그의 사주전은 천하에 널리 유통됐다. 결국 그는 나중에 관직에서 쫓겨나고 재산을 모두 몰수당해 군궁한 채로 죽는다.

중국 제남시 서한묘에서 출토된 도자기 제품으로 된 명기. 한나라 때 귀족의 생활 모습을 잘 보여준다.

나아가 사마천은 당시 소봉을 이룩한 사람들을 구체적인 예로 들며 직업의 귀천을 뛰어넘는 진보성을 보여준다.

> 밭에서 농사짓는 것은 (재물을 모으는 데는) 졸렬한 업종이지만, 진나라의 양씨는 밭농사로 주(州)에서 제일가는 부호가 됐다. 무덤을 파서 보물을 훔치는 것은 나쁜 일이지만, 전숙은 그것을 발판으로 일어섰다. 도박은 나쁜 놀이지만, 환발은 그것으로써 부자가 됐고, 행상은 남자에게는 천한 일이지만 옹낙성은 그것으로 천금을 얻었다. 술장사는 하찮은 일이지만, 장씨는 그것으로

천만금을 얻었으며, 칼을 가는 것은 보잘 것 없는 기술이지만, 질씨는 그것으로 제후처럼 반찬 솥을 늘어놓고 호화로운 식사를 즐겼다. 양의 위통을 삶아 파는 것은 단순하고 하찮은 일이지만, 탁씨는 그것으로 기마행렬을 거느리고 다녔다. 말의 병을 치료하는 것은 대단찮은 의술이지만, 장리는 그것으로써 종을 쳐서 하인을 부르게 됐다. 이것은 한 가지 일에 전념한 결과이다.

–『사기』「화식열전」 중에서

중소기업의 한 우물 파기, 이미 2천 년 전에 사람들은 그것을 실천해 부를 일궜다.

「화식열전」에 숨은 처절한 경험

사마천이 「화식열전」을 쓴 데에는 개인적 경험이 크게 작용했다고 할 수 있다. 바로 그 자신이 돈이 없어 궁형의 처참한 형벌을 받아야 했던 것이다. 사마천은 한 무제 때 흉노에 어쩔 수 없이 항복한 장군 이릉을 변호하다가 무제의 노여움을 사 성기를 거세하는 궁형이라는 끔찍한 형벌을 선고받았다. 당시 한나라는 속전제를 채택하고 있어 그에게 정해진 50만 전의 속전을 낼 경우 이 형벌을 피할 수 있었다. 그래서 사마천 일가는 한 달의 기한 동안 이 돈을 마련하기 위해 이리 뛰고 저리 뛰어야 했다. 투옥 직전 대부로 출사하고 있던 사마천에게는 50만 전은 도저히 마련할 수 없는 거금이었다. 사마천 자신이 쓴 「화식열전」의 내용에 비춰보면 50만 전이라는 돈은 소봉의 부를 누리는 부자가 2년 반을 한 푼도 쓰지 않고 모아야 하는 금액이라고 산정된다. 일설에 따르면 당시 사마천 집안은 채 20만 전도 모으지 못했다고 한다. 부인이 집에 있는 솥단지까지 팔아 간신히 5만 전을 구하고, 다시 친정의 부모님께 사정하고 빌어서 10만 전을 추가로 모은 것이다. 그 밖에 동료 공경대부들에게도 사정을 호소했으나 '천자의 뜻을 거스린 죄수의 가족'이라고 문도 열어주지 않기 일쑤였다고 한다. 일부 마음씨 좋은 공경대부도 몇천 전 정도 빌려주며 등을 떠밀었다고 알려진다.

바로 이런 처절한 경험이 있었기에 사마천은 돈의 가치를 제대로 이해할 수 있었고, 돈과 관련된 세상의 인심도 냉철하게 포착할 수 있었다. 그가 「화식열전」에서 "천하 사람들은 모두 이익을 위해 기꺼이 모여들고, 모두 이익을 위해 분명히 떠난다"고 쓴 글은 그냥 나온 게 아니다.

사마천의 상. 그는 50만 전으로 정해진 속전을 내지 못해 끔찍한 형벌을 받아야만 했다.

한편 이 「화식열전」을 열전의 마지막 부분인 「태사공 자서」 바로 앞에 배치한 것도 주목할 만하다. 이 글을 매우 의미심장하게 다루려는 저자의 의도를 강하게 느낄 수 있기 때문이다. 「태사공 자서」는 열전 마지막에 들어 있지만, 일반적으로 『사기』 전체의 서문으로 평가되곤 한다. 나아가 「화식열전」의 기조가 한나라 조정의 중농억상책을 비판하고 있다는 점도 주목해야 한다. 특히 한 해 20만 전 정도의 수입을 기준으로 하는 소봉의 사례를 대단히 구체적으로, 대단히 풍부하게 열거한 것은 그가 이 정도 돈의 힘과 의미를 얼마나 절치부심 깨닫고 연구했는지 짐작하게 해준다. 이 소봉 두 사람이 버는 연봉 정도의 부만 가지고 있었어도 그는 자신의 남성을 보호할 수 있었던 것이다.

노예들의 유통 프랜차이즈

「화식열전」에 나타난 주인공들의 흥미로운 재테크

전국시대의 '워런 버핏'

"중국 전국시대 인물인 백규는 시세의 변화를 살피기를 좋아했다. 그는 사람들이 버리고 돌아보지 않을 때 사들이고, 세상 사람들이 사들일 때 팔아넘겼다. 풍년이 들면 곡식은 사들이고 실과 옻을 팔았다. 그리고 흉년이 들어 누에고치가 나돌면 비단과 풀솜을 사들이고 곡식을 내다 팔았다. 이처럼 백규는 풍년과 흉년이 순환하는 것을 살펴서 사거나 팔아 해마다 물건 사재기하는 것이 배로 늘어났다."

"오지현의 나(倮)라는 사람은 목축이 본업이었다. 그는 가축이 늘자 신기한 비단을 사서 남몰래 융왕에게 바쳤다. 왕은 그 대가로 그에게 열 배나 더 많은 가축을 주었다. 그래서 그의 가축은 골짜기 숫자로 말과 소의 숫자를 셀 정도가 됐다."

"파촉에 청이라는 과부가 살았는데, 그 조상이 단사(丹沙: 수은)를 생산하는 동굴을 발견해 물려받았다. 이 단사 광산을 여러 대에 걸쳐 독점해 재산이 헤아릴 수 없을 정도로 많았다. ……그는 가업을 지키고 재물을 이용해 자신을 지켜 사람들로부터 침범당하지 않았다."

"조나라 출신인 탁씨는 원래 철을 캐고 제련해 부자가 된 사람이다. 그런데 진나라에게 조나라가 망해 포로가 되는 바람에 재물을 빼앗기고 강제 이주까지 당하게 됐다. 비슷한 처지에 빠진 다른 대부분의 사람들은 진나라 관리들에게 남은 재산을 털어 뇌물로 바치면서 가까운 곳으로 가게 해달라고 청탁했다. 그러나 탁씨는 먼 곳이라도 옮겨가겠다고 해서 촉 땅의 임공까지 갔다. 그는 철이 생산되는 산을 찾아들었다. 그리고 쇠를 녹여 그릇을 만들었다. 그는 그곳에 사는 사람들을 기술자로 이용하면서 주변 지역과 교역해 부자가 됐다."

"제나라 사람들은 노예를 업신여겼는데 조간은 이들을 사랑하고 귀하게 대했다. 사납고 교활해 사람들이 싫어하는 노예들을 발탁해 그는 생선과 소금 장사를 시켰다. 그는 노예들의 그런 능력을 빌어 결국 수천만금의 부를 쌓았다."

"선곡에 사는 임씨의 조상은 창고 관리였다. 진나라가 싸움에 졌을 때 호걸들은 모두 앞 다투어 금·은·옥을 차지했으나, 임씨만은 창고의 곡식을 굴 속에 감춰두었다. 그 뒤 항우의 초나라와 유방의 한나라가 형양에서 대치하자, 쌀 한 섬 값이 1만 전까지 뛰었다. 호걸들이 차지했던 금·은·옥은 모두 임씨의 것이 됐다."

"오초 7국의 난이 일어났을 때 장안에 있는 크고 작은 제후들은 토벌군에 가담하기 위해 이잣돈을 얻으려 했다. 돈놀이하는 사람들은 모두 '제후들이 이길지 어떨지 아직 모르겠다'며 기꺼이 빌려주려는 사람이 없었다. 오직 무염씨만은 천금을 풀어 빌려주었다. 그러면서 이자를 원금의 열 배로 했다. 석 달 만에 난이 평정되고 제후들은 승리했다. 무염씨는 겨우 한 해 만에 원금의 열 배를 이자로 받아 재산이 관중 전체의 부와 맞먹게 됐다."

"한나라가 흉노를 친 뒤 변경의 땅을 넓혔을 때, 교요라는 사람만이 말 1000마리, 소 2000마리, 곡식 수만 종을 얻었다."

사마천의 『사기』 중 「화식열전」에 나타난 주인공들의 재테크는 매우 흥미롭다. 2500여 년 전이라고 생각하기 어려울 정도다.

이 극 대 백 규

먼저 백규부터 보자. 이 사람의 방법론은 오늘날의 주식투자에 대입시켜도 들어맞을 정도로, 주식으로 돈을 벌었다는 사람들의 정통적인 방법론을 그대로 빼닮았다. 어느 의미에서는 전국시대의 워런 버핏 같은 인물이라고 할 수 있다. 「화식열전」에서 당시 그와 대치되는 재테크론자로 언급되는 사람은 위나라의 이극이다. "토지의 생산력을 발휘시키는 일에 힘을 기울였다"고 기록돼 있는 이극은 위나라 문후에게 중용돼 승상에까지 오른 부국강병론자다. 그는 평준법을 도입해 곡물 가격을 조절했다고 알려진다. 풍년 시기나 풍작 지대에서 곡물을 사들여, 흉년 시기나 흉작 지대에 파는 것이다. 원래 평준법의 개념을

말은 부자가 되는 주요한 수단 가운데 하나였다. 「화식열전」에 나오는 목축업자 나라든가 교요는 모두 말로 부자가 된 사람들이다. 그림은 흉노와 한나라군의 기마전.

처음으로 확립·시행한 사람은 춘추시대 월왕 구천(句踐)의 모사인 계연이다.

"쌀값이 비싸도 80전을 넘지 않게 하고, 싸도 30전 아래로 떨어지지 않게 하면 농민이나 상인이 다 함께 이롭다."

그러나 계연 이후 월나라에서 이것이 정착했는지 여부는 불투명하다. 일시적으로 적용했다가 사라진 것이 아닐까 하는 추정이 더 강력하다. 이에 반해 이극의 시대에 이르러선 위나라에서 평준법이 제도로 정착되고 다른 나라에도 전파되기에 이른다.

어쨌든 백규나 이극이 살던 무렵 중국 대륙은 통일되기 전이라 황하나 회하의 치수관리를 천하적 관점에서 실행하기는 어려웠을 것이다. 이런 천하적 규모의 치수정책은 사실상 한나라의 통일 이후 본격화되었다. 따라서 나라별 치수정책은 소규모이거나 제한적이었다고 할 수 있다. 그런 점에서 통일 이전 생산력의 증대는 제한된 각국 농경지의 생산력 최대화와 국내·외 상업 및 무역의 확대라는 두 가지에 집중될 수밖에 없었을 것으로 보인다. 그런데 백규는 이 가운데 각국간 경쟁과 견제 때문에 불안정하고 취약할 수밖에 없는 두 번째 방법론에 온몸을 던진 것이다. 농경지의 생산력 증대를 지향하는 이극의 방법론이 주류적 방법론이라면, 백규의 그것은 비주류적 방법론인 셈이다. 이극이 공익을 앞세운 국가의 운영에서 성공한 사람이라면, 백규는 영리를 우선시하는 가문의 운영에서 성공한 자라고 할 수 있다.

백규의 방법이 성공하는 요체는 바로 정확한 타이밍을 맞추는 데 있다. 백규는 이 문제를 당시의 천문학 및 순환론에 기대고 있었다는 약점을 보여주긴 한다. 그는 별자리를 이용해 풍년과 흉년, 가뭄과 홍수를 추산하고 그에 따라 전략물자의 매입·매각에 나섰다. 이 부분은 오늘날 우리 관점에서 보면 비합리적이라고 할 수 있지만 그 밖에 백규가 취한 방법을 보면 나름대로 큰 강점을 지녔으리라는 것을 짐작케 한다.

"돈을 불리려면 값싼 곡식을 사들이고, 수확을 늘리려면 좋은 종자를 썼다.", "거친 음식을 달게 먹고, 하고 싶은 것을 억눌렀으며…… 노복들과 고통과 즐거움을 함께했다.", "시기를 보아 나아가는 것은 마치 사나운 짐승이나 새처럼 빨랐다."

원가절감 원칙+품질제일주의+근검+ '종업원을 가족처럼' +의사 결정의 신속성과 정확성…… 이런 식으로 정리할 수 있을 듯하다. 백규는 그러면서 자신의 부자학에 대해 대단한 자신감을 가지고 있었다. 부를 일구는 것에 대해 국가 경영 또는 전쟁 수행에 버금갈 정도로 치열하게 생각하고 실천에 옮긴 것이다.

"나는 산업을 운영할 때 마치 이윤과 여상이 계책을 꾀하고, 손자와 오자가 군사를 쓰고, 상앙이 법을 쓰는 것과 같이 한다. 그런 까닭에 임기응변하는 지혜가 없거나 일을 결단하는 용기가 없거나 주고받는 어짊이 없거나 지킬 바를 끝까지 지킬 수 없는 사람이라면 내 방법을 배우고 싶어해도 끝까지 가르쳐주지 않겠다."

청이라는 사람은 「화식열전」을 빛내는 유일한 여성으로서 눈길을 끈다. 그녀는 거부를 약속하는 세습받은 광산을 훌륭히 지키고 발전시켰다. 창업을 하지는 않았지만, 수성을 잘해 대성공을 거둔 여걸인 셈이다. 「화식열전」만 보면 이 여성이 친가로부터 세습을 받았는지 시가로부터 받았는지는 정확히 알 수 없다. 어쨌든 그의 부는 단사(수은)라는 당시 각광받던 특수물질 때문에 가능했다. 단사는 바로 불로장생을 꿈꾸던 진시황이 자신의 지하 황릉에 집어넣었다는 그 물질이 아닌

진시황릉의 모습. 아직 발굴하지 않은 황릉 속에는 단사(수은)로 이뤄진 '대해'가 설치돼 있다고 전해진다. 청은 장묘용으로 쓰인 이런 단사를 통해 거부를 유지했다.

가? 진시황은 지하 황릉에 단사로 된 '대해'를 설치하는 컨셉트를 잡아놓고 있었다. 통일 뒤 바다에 깊이 심취한 진시황은 장묘문화에서 단사가 차지하는 성격을 높이 평가해 결국 자신만을 위한 단사의 대해를 지하에 만들게 한다. 봉래산에서 바라본 바다를 죽음 뒤에도 영원히 가슴에 안고 싶었던 것일까? 놀랍게도 단사는 고대 중국뿐만 아니라 고대 이집트에서도 분묘용으로 각광받았던 것으로 확인된다. 진시황의 결단은 나름대로 근거가 없지는 않았던 셈이다. 대단히 넓은 폭의 온도대에서 물질 본래의 상태를 유지하는 특성이 있는 단사. 그 물질의 불변성에서 인간들은 무엇인가 신비한 가능성을 찾고 싶었는지도 모른다.

어쨌든 중원에서 멀리 떨어진 오지의 이 황금알을 낳는 수은 광산을 노린 자가 한둘뿐이었겠는가? 도적은 도적대로, 탐관은 탐관대로, 토호는 토호대로 이 여성을 노리는 눈길과 손길, 음모와 기습은 꼬리에 꼬리를 물었을 법하다. 이 여성의 이야기는 사실 무협지나 무협영화의 소재로 삼아도 충분하지 않을까 싶다.

조간의 재테크도 혀를 내두르게 한다. 노예를 이용한 유통 프랜차이즈를 대대적으로 성공시켜 거부를 이룩했기 때문이다. 2500여 년 전에 등장한 노예들의 유통 프랜차이즈라니! 그것도 당시 제나라 풍속에서는 노예를 대단히 업신여겼다는데 말이다. 사마천조차 노예를 '사납다' 고 표현했는데 어떻게 그는 그들의 능력과 신용도를 그토록 철저히 믿고 승부할 수 있었을까? 사람들한테 버림받은 사람들을 긁어모아 신화에 도전한 '공포의 외인구단' 이었던 셈이다.

전쟁에서 승리할 제후 쪽에 배팅하라

무염씨의 이야기에 이르면 고개를 절레절레 흔들 지경이다. 어디선가 본 듯한, 그러면서도 경탄하지 않으려야 않을 수가 없기 때문이다. 이건 저 유명한 유럽의 유대계 재벌 로스차일드 가문이 나폴레옹 전쟁 때 워털루 전투의 승리 정보를 남들보다 일찍 알아내 세계적인 부의 토대를 쌓은 것과 매우 흡사하다. 당시 로스차일드 가문은 런던, 파리, 나폴리, 빈, 프랑크푸르트 등 유럽 5대 도시를 무대로 금융업을 하고 있었다. 주로 왕가에 전비를 대부해주고 거액의 이자를 받는 방식이었다. 로스차일드 가문은 나폴레옹의 프랑스군과 영국군을 중심으로 한 연합군의 전투에서 영국 쪽이 승리한 것을 독자적인 정보망을 통해 알아내고 막판에 영국의 전쟁채권을 무더기로 사들인 것이다. 무염씨는 내용면에선 로스차일드보다 훨씬 뛰어나다고 할 수 있다. 승부를 미리 알고 기민하게 움직인 것이 아니라 미리 정확하게 예측해낸 것이기 때문이다. 엄청난 동광산을 배경으로 거금을 주조해 경제력을 갖춘 오초

7국과, 황제의 정통성을 장악한 한나라 제후 사이의 전쟁에서 정확하게 제후 쪽의 승리를 맞춘 것이다.

진나라 때의 반량전. 반냥의 명목가치와 실질가치를 지녔던 진나라의 반량전은 한나라 들어 점차 얇아져 실질가치가 크게 떨어지게 된다.

아쉽게도 그 승패를 어떻게 맞췄는지에 대한 기록은 남아 있지 않다. 만일 그 기록이 남아 있다면 그것은 손무가 제나라에 처음 들어와 세 마리 말을 각각 경합시키는 단체전 경마의 필승법을 후세에 남긴 것 만큼이나 인구에 회자됐을 텐데……. 아까운 일이다. 기록이 남아 있진 않지만, 무염씨가 당시 천금의 거금을 투자할 때에는 나름대로 확신할 만한 정보와 판단 근거를 가지고 있었을 것이다. 만일 승패가 예측과 달리 정반대로 갔다면 그는 천금뿐만 아니라 목숨까지도 날릴 가능성이 높았기 때문이다. 오월 반란군이 승리해 오왕 유비가 집권해 즉위했다면 반대편에 그렇게 엄청난 거금을 지원한 무염씨를 그대로 놓아둘 리 없었을 것이다. 어쨌든 이 판단, 예측 하나로 그는 당시 관중의 부를 장악하고 있던 전씨 일족을 능가할 정도의 부를 긁어모은다. 거의 춘추전국시대 작은 나라에 버금가는 규모의 부라고 봐도 될 듯싶다. 그것도 1년이 지나기도 전에 벌어들인다. 자본회임 기간이 1년도 안 되는데 수익률 1000퍼센트라니!!!

사마천의 「화식열전」에 나오는 20여 명의 부자 가운데 정치에 직접적으로 깊이 관여한 인물이라든가 화식의 방법론이 자세하게 나와 있지 않은 사람들을 빼면 약 12명 정도로 압축할 수 있다. 백규로부터 교요에 이르는 이 12명을 분석하면 재미있는 사실을 발견하게 된다.

12명 가운데 3명만이 농업과 목축업에 종사했고 나머지 9명(75퍼센트)이 제조업과 유통업(상업)에 종사한 것으로 나타난다. 또한 12명 가운데 3명 정도가 독점적 성격의 사업을 한 것으로 집계된다. '청'이 단사라는 특수물질의 광산을 운영한 것, '나'가 융왕에게 비단 선물을 바쳐 다시 거대한 목축지와 많은 가축을 대가로 받아 목장과 사육 가축을 계속 선순환적으로 늘린 것, 그리고 '교요'가 흉노 땅 점령 뒤 말·소·양·곡식을 특혜로 받은 것 정도가 사실상 독점적 성격의 사업을 한 셈이다. 이 가운데서도 '나'의 경우는 그 방식을 다른 사람도 쓸 수 있었다는 점에서 사실상 중간 정도의 독점성이라고 할 수 있다.

또한 전쟁특수를 통해 치부를 한 사람도 3명 정도라고 할 수 있다. 한나라 경제시대에 일어난 오초 7국의 난 때 제후들에게 고리로 전비를 빌려줘 거부를 챙긴 무염씨와, 흉노 평정 뒤 특혜를 받은 교요, 그리고 진나라 패망 때 창고 곡식을 숨겼다가 초한대전 때 거금을 움켜쥔 임씨가 그렇다.

유통형 프랜차이즈를 해서 돈을 번 사람이 노예를 이용한 조간 말고도 또 한 사람 있다는 점도 재미있다. 사사라는 사람이 바로 장사꾼 기질이 풍부한 주나라의 가난한 사람들을 동원해 수레 이동형 유통 프랜차이즈를 성공시킨 것이다.

이와 함께 한 가지 기술이나 방식으로 부를 이룬 사람들이 점차 사업을 다각화해가는 사례도 눈에 띈다. 공씨의 경우 처음에는 탁씨나 정정처럼 제철을 통해 부를 이룩한 다음에는 큰 못을 만들어 양식업을 하고, 다시 제후들과 사귀며 거액 거래를 해서 이익을 얻는다. 병씨의 경우 대장장이로 성공한 뒤 그 물건을 내다파는 행상도 겸업한다. 나중에 그렇게 모은 돈으로 대부업에까지 진출한다. 제조업+유통업+금융업의 패턴을 보이는 것이다.

전국시대 말기와 초한대전 시기의 전쟁에 따라 격심한 신분 변화를 겪으면서도 고난을 이기고 성공한 사람들의 성공담도 주목할 만하다. 동시에 다른 한편에선 변경 개발 또는 낙후지역 개발 계획에 투입돼 큰 성과를 거둔 사람들이라고도 할 수 있다. 탁씨의 경우 부자였다가 강제이주하게 되었으나 다시 원래의 제철업에 성공해 부자가 된다. 정정의 경우 역시 포로 출신이었으나 제철로 일어선다. 공씨도 위나라가 멸망한 뒤 강제이주 당한 사람으로서 성공한 사례이다. 바로 이런 변경 개발에서의 공로를 황제에게 인정받고 역사에 기록됐다고 할 수 있다. 고난을 겪고 성공하는 사람의 이야기는 예나 지금이나 여전히 끊이지 않고 계속돼 사람들에게 잔잔한 감동을 안겨준다.

「화식열전」 주인공 분석

	주력업종	품목	특징	독점성	장점
백규	유통업	곡식 · 종자 · 실 · 옻	쌀 때 사서 비싸지면 판다	×	시세 변화 포착의 귀재
나	목축	말 · 소	재력으로 왕에게 선물 ⇒ 땅 · 가축 늘림	△	정경유착 부분 활용
청(여성)	광산업	단사(수은)	세습광산을 훌륭히 지키고 발전시킴	○	진시황으로부터 대우받음
탁씨	제철업	제철 · 철제 그릇	제철기술을 끝까지 지켜 성공 부자 ⇒ 강제이주 ⇒ 제철업 고집 ⇒ 성공	×	한 우물 파기
정정	제철업	제철	제철기술로 성공, 포로 출신 ⇒ 제철 ⇒ 성공	×	한 우물 파기
공씨	제철업	제철, 양식업, 유통업	제철로 성공한 뒤 제후들과 거액의 상거래	×	제철업에서 사업 다각화
병씨	대장장이	대장장이+행상+대부업	제조업으로 성공한 뒤 사업 다각화	×	사업 다각화+근검절약
조간	유통 '프랜차이즈업'	생선 · 소금 대리판매	노예들을 프랜차이즈식 판매조직으로 활용	×	노예라는 특수계층 이용해 대리경영 (공포의 외인구단)
사사	유통 '프랜차이즈업'	각종 생필품 대리판매	장사 수완 좋은 사람들을 장거리 이동형 판매조직으로 활용	×	특수계층 이용해 장거리 대리판매망 경영
임씨	농업	식량 · 가축	패망 때 곡식을 숨겨뒀다가 전쟁 때 팔아 거부가 됨	×	식량은 전쟁 때 거부로 만들어준다 전쟁 치부형
무염씨	대부업	이자놀이	전쟁 때 위험 안고 '10배 장사' 벌여 성공시킴	×	전쟁 치부형
교요	목축업	말 · 소 · 양 · 곡식	흉노 땅 점령 뒤 특혜받음	○	점령지 이권 독점형

*정치적 인물은 제외

고대 부자들의 영욕

고대의 부자들은 영욕을 먹고 살았다. 「화식열전」에 나오는 사람 가운데 융왕에게 특혜를 받아 목축으로 크게 일어선 '나'와, 단사 광산의 여주인공 청은 모두 진시황으로부터 융숭한 대접을 받았다. 진시황은 '나'를 군(君)으로 봉해진 자들과 똑같이 대우해 봄·가을 정해진 때마다 대신, 제후들과 함께 조회에 들게 했다. 일개 목축업자가 황제의 행사에 대신처럼 정기적으로 참례했던 것이다. 청도 진시황으로부터 '정조 있는 부인'으로 평가받아 빈객으로 대우받았다. 진시황은 나아가 그를 위해 여회청대(女懷淸臺)를 지었다. 청을 중심으로 여성들이 모여 담소하고 교류를 할 수 있는 누각을 지어준 것이다. 유교 문화권의 황제와는 다른 기개와 스케일을 느끼게 한다. 당시 오랑캐의 땅으로 평가받던 촉 땅의 한 광산주를 위해 황제가 엄청난 대접을 해준 것이다.

진시황의 병용. 시황제는 성년남자의 분가와 결혼을 촉진하는 등 경제우대정책을 썼으며, 경제인도 크게 우대했다.

진시황이 이처럼 경제인을 우대한 배경은 무엇일까?

무엇보다 진나라를 부국으로 이끈 경제주의와 밀접한 관계를 지닌다고 할 수 있다. 진나라는 이런 정책을 취하고 있었다.

첫째, 성년 남자가 한 집에 두 명 이상 있으면서 분가하지 않으면 세금을 배로 물리는 등 경제 단위의 증대에 힘썼으며, 둘째, 농업과 양잠에 노력해 곡식과 견사를 많이 생산하는 사람은 일생 동안 세금을 면제해주었으며, 셋째, 만일 농사일을 게을리해 가난한 자는 검거하고, 처자를 관의 노예로 만들었다.

이렇듯 진나라는 국력 증대를 위해 온갖 신상필벌 제도를 도입하고 있었다. 이런 전통을 진시황도 그대로 답습하고 있었다고 할 수 있다. 나아가 진시황은 통일 이후 변경 개발을 위해 목축업자 나라든가 광산업자 청과 같은 '변경 지역의 개발 영웅'이 필요했다.

부자들이 관직에 나서는 길은 오랫동안 막혀 있었다. 춘추전국시대는 물론 한나라 초기까지 이 전통은 유지됐다. 이에 따라 아무리 거금을 모아도 상업은 '말단의 생업'이라는 인식이 팽배했다. 상업을 억제하는 이런 정책은 한나라 때 농업정책의 실패, 흉노전쟁 등 대외전쟁의 확대, 세수 감소 등에 따라 크게 변화를 겪는다. 일종의 공개적인 매관매직 정책을 대대적으로 채택하면서 조정은 부자들과 새로운 관계를 정립하게 된다. 한나라 초기에 뤄양의 상인 상홍양, 난양의 제철업자 공근 그리고 제나라의 제염업자 동곽함양 등은 경제관료로 중용된 사람들이다. 어쨌든 상인들은 부의 증식을 위해, 신분 안정을 위해 제후들과 교제하거나 그 뒤를 지원하는 역할을 떠맡곤 했다. 그것이 생존의 한 방식이었던 셈이다.

돈과 권력을 모두 얻은 여불위와 범려

거부를 이룬 뒤 권력 추구에 성공한 여불위,
대정치가였다가 상인으로 변신한 범려

농업으로 얻을 수 있는 최대의 이익은 몇 배이겠는가? 아무리 많아도 10배 정도일 것이다. 보석으로 얻을 수 있는 최대의 이익은? 아무리 많다고 해도 100배를 넘지는 못할 것이다. 만일 왕을 세워서 이익을 얻는다면 과연 몇 배의 이익을 얻을 수 있을 것인가? ……그건 헤아릴 수 없다. 무한에 가깝다고 할 것이다.

인질로 온 '왕손'에게 접근한 여불위

기원전 260년 중국의 전국시대, 진나라와 조나라 사이에 벌어진 장평 싸움에서 패배한 조나라의 포로 40만 명이 생매장돼 떼죽음을 당했다. 그 다음해 조나라 수도 한단에는 앞으로 진나라의 역사, 아니 천하의 역사를 바꿔 쓸 세 인물이 모여들고 있었다. '상인'과 '왕손'과 '무희'…….

이 드라마의 주인공 가운데 상인의 이름은 여불위(呂不韋)다. 그는 한나라 양책 사람으로 사업차 조나라에 들어와 있었다. 그가 돈을 번 수법은 대단히 정통적이다. 『사기』에 따르면, "큰 상인으로 여러 곳을 오가면서 물건을 싸게 사들였다가 비싸게 되팔아 집안에 천금의 재산을 모았다"고 기록돼 있다. 이건 앞서 소개한 주나라의 백규가 쓰던 상

중국 고관들의 공적인 삶을 나타내는 고분벽화. 거부를 이룬 사람 가운데 일부는 권력까지 추구하곤 했다.

술과도 같다. '사람들이 버리고 돌아보지 않을 때 사들이고, 사람들이 사들일 때 팔아넘겼다'는 그것 말이다.

한단에서 사업거리를 찾던 그에게 '재미있는' 정보 하나가 들어온다. 진나라 '왕손' 한 명이 인질로 조나라에 와 있는데, 본국에서 돌보지 않는 데다가 조·진대전 때문에 사는 게 형편없다는 것이다. 전국시대의 제후국들은 수백 년 전란을 겪으며, 국가간의 평화를 보장하기 위해 인질을 적극적으로 활용하곤 했다. 서로 힘의 균형이 이뤄질 경우 대등한 지위의 인질을 교환하고, 힘의 균형이 어느 한쪽으로 쏠릴 경우 약자 쪽에서 일방적으로 인질을 보내야 했다. 인질제도가 수백 년 동안 계속됐기에 이 제도를 악용하는 사례도 빈번하게 나타났다. 라이벌이 될 사람을 인질로 내쫓은 뒤 방치하는 식으로 잊혀지게 만들거나 정치적으로 매장하는 일도 적지 않았다. 인질로 잡혀간 나라와 자신의 모국이 전쟁이라도 벌이면 인질은 목숨이 위채롭거나 박대받기 일쑤였다. 이 진나라의 왕손 인질도 조·진대전 때문에 죽을 뻔했으나 간신히 살아남아 형편없는 대접을 받는 상황에 놓여 있었다고 추정된다.

"이 진귀한 재물은 사둘 만하다!"

이게 여불위의 첫 반응이었다. 그의 비상한 두뇌 속에서 전국시대 말기 최대 강국 진나라의 권력구조, 각 정파의 역학관계, 진나라 실력가 그룹의 장단점 등을 담은 정보 파일이 전광석화처럼 돌아간 것이다. 바둑을 잘 두는 사람이 수십 수 앞을 내다본다는 말이 바로 이런 것을 일컫는 것이리라. 여불위는 인질로 와 있는 이인을 찾아갔다. (그의 성은 진나라 왕족의 성인 영이었을 것이다. 어쨌든 역사서에 그는 이인으로 기록돼 있다.) 여불위는 앞으로 자신의 재산으로 왕손의 가문을 크게 만들어주겠다고 설파한다. 간고한 처지에 있던 이 진나라 왕손은 가뭄 끝에 단비를 만난 것 같았으리라. 진나라의 왕손이라고 해봤자 그의 배경은 약하기 짝이 없었다. 그의 어머니는 집안 배경도 약하고, 남편인 태자 안국군의 사랑을 전혀 받지 못하고 있었다.

바로 그렇기에 자식인 이인이 볼모로 끌려갔다고 할 수 있다.

여불위는 평생 번 재산의 절반인 500금을 왕손 이인에게 주어 빈객을 사귀는 비용 등으로 쓰게 한다. 언젠가 대권을 장악했을 때를 대비해 이른바 '제왕수업' 을 시킨 셈이다. 그리고 자신은 나머지 재산인 500금을 들고 진나라 수도 셴양(咸陽)으로 들어간다. 여불위의 재산 '천금' 이라는 표현은 일반적으로 큰 돈을 지칭하는 표현으로 쓰이지만 정확하게 그가 전 재산을 '500금', '500금' 으로 나눠 사용했다는 기록을 보면 정확한 '1000금' 짜리 부자였다고 할 수 있다. 그 전 재산을 '올인' 한 것이다.

당시 진나라는 소왕이 무려 50여 년이나 왕의 자리를 지키고 있었다. 게다가 태자인 안국군 밑으로는 20여 명의 아들이 있었다. 도대체 차기 태자 이후의 왕권은 누구에게 갈 것인지 전혀 오리무중인 상태였다. 여불위는 가지고 간 자금을 동원해 안국군으로부터 가장 총애를 받는 화양 부인을 공략했다. 그녀는 자식이 없었다. 진기한 물건과 노리개가 그녀를 설득하는 도구로 동원됐다.

"아름다운 얼굴로써 남을 섬기는 사람은 아름다운 얼굴이 스러지면 사랑도 시든다고 합니다. 자식이 없는 지금 효성스러운 자를 양자로 들여 후사를 세워야 합니다. 그렇게 해야 남편이 살아 있을 때는 귀한 자리에 있고, 남편 사후에는 양자가 왕이 되므로 끝까지 권력을 잃지 않게 됩니다. 그 적격자가 바로 이인입니다."

여불위는 이 공작을 성공시키기 위해 이인의 이름을 자초(子楚)라고 바꾸기까지 한다. 화양 부인은 초나라 출신이었던 것이다. 여불위에게 설득당한 화양 부인은 자신과 거의 비슷한 또래인 왕손 이인을 양자로 맞이하도록 안국군을 조르고 조른다. 자고로 여인의 머리맡 송사에 초연할 남자가 그 얼마나 되던가? 마침내 안국군의 승낙이 떨어지고 조나라에서 냉대받던 '잊혀진 왕손'이 일약 대국 진나라의 '태자 계승자'로 업그레이드된다. 미래를 정확하게 내다보고 길목을 선점한 여불위의 큰 도박이 대성공을 거둔 셈이다. 여불위는 한발 더 나아가 당시 자신이 총애하던 '무희'를 왕손 이인의 간곡한 요청에 따라 양보하기까지 한다. 『사기』는 그 정황을 이렇게 기록하고 있다.

"여불위는 화가 치밀었지만, 이미 자기 집 재산을 다 기울여 이인을 위해 힘쓰고 있는 것이 진기한 재물을 낚으려는 것임을 떠올리고 마침내 여자를 바쳤다."

게다가 결정적으로 중요한 것은 무희인 조희가 당시 임신하고 있었다는 사실이다. 이 아이는 여불위의 자식이라고 할 수밖에 없었다. 조희는 이것을 속인 채 이인에게 가 마침내 아들 정을 낳고 정식 부인이 된다. 이 아들 정이 바로 훗날의 진시황이다. 이런 놀라운 공로로 이인이 양부 안국군(효문왕)의 뒤를 이어 왕(장양왕)에 오르자, 여불위는 그해에 바로 승상으로 임명되고, 장신후라는 후작까지 받는다. 그리고 허난 성 뤄양의 10만 호도 식읍으로 하사받는다.

여불위, 상인이기에 벼슬을 하기 어려웠던 그가 천하의 최대강국, 그것도 멀지 않아 천하통일을 이룩할 진나라의 승상이 된 것이다. 장양왕은 즉위한 지 3년 만에 죽고 정이 왕에 오른다. 여불위는 승상에서 한 단계 더 올라 상국으로 승진한다. 왕은 그를 '중부'(둘째 큰아버

여불위가 식객을 모아 편찬한 『여씨춘추』(왼쪽)와 여불위의 실제 자식으로 추정되는 진시황(오른쪽).

지)라고까지 불렀다. (사실은 아버지가 아닌가? 진시황은 이 사실을 알았을까?) 한때 여불위의 집 안에 있는 하인 수는 1만 명을 헤아렸으며, 식객도 3000명에 이르렀다는 기록까지 있다. 그가 아무리 상인으로 성공해 부를 긁어모은들 과연 이런 부와 영광을 누릴 수 있었겠는가?

이 모든 권세와 영광이 모두 1000금의 자금과 결단력, 절묘한 기획력, 정보력 등의 합작으로 이뤄진 것이다. 당시 상인들이 비록 거금을 보유할 수는 있어도 관직에 진출하는 길이 거의 막혀 있었다는 점까지 고려하면 여불위의 성공은 정말 대단한 것이다. 게다가 자기의 친자식이 통일 천하의 황제가 되는 거대한 꿈마저 실현된다면? ……여불위의 야심은 실로 크고도 컸다고 할 수 있다.

범려, 오나라를 멸망시키다

여불위가 거부를 먼저 이룬 뒤 권력까지 추구해 성공한 경우라면,

정반대의 길을 걸은 사람도 있다. 정치가였다가 상인으로 변신한 범려가 그렇다. 범려는 월왕 구천의 명참모였다. 춘추시대 후기 월나라가 오나라와 반세기에 걸쳐 싸울 때 최종 승리를 거둘 수 있었던 데에는 범려의 공이 거의 결정적이었다고 할 수 있다. 월왕 구천이 오왕 부차에게 패한 뒤 살아남기 위해 항복교섭을 담당한 것을 비롯해 월나라의 생존책, 부국강병책, 오나라의 교란책 등이 모두 그의 지모에서 나왔다고 해도 지나치지 않다. 월나라가 마침내 오나라를 멸망시키자, 범려는 이런 말을 남기고 월나라 왕성으로부터 표표히 사라진다.

"월왕(구천)은 목이 길고 입이 까마귀 부리처럼 뾰족하고 눈은 매처럼 매서우며 이리처럼 걷지 않는가. 이와 같은 인물과는 어려움을 함께할 수는 있지만, 평화를 함께 즐기기는 불가능한 법이다."

"스승 계연의 일곱 가지 계책 가운데 월나라는 다섯 가지를 써서 뜻

전 재산을 털어 진나라 왕손에게 투자해 성공한 거상 여불위(왼쪽)와 상신의 시초로 꼽히는 범려(오른쪽). 범려는 월왕 구천의 패업 달성 뒤 참모의 직책에서 재빨리 도망쳐 상인으로 변신해 대성공을 거둔다.

을 이루었다. 나라에서는 이미 써보았으니, 나는 이것을 집에서 써보겠다.”

그가 가족과 함께 월왕의 감시를 벗어나 이름마저 ‘치이자피’로 바꿨다. (원래 치이는 술을 넣는 말가죽 자루를 뜻한다. 범려의 라이벌인 오나라의 걸물 오자서가 죽은 뒤 치이에 넣어진 데서 이런 이름을 지었다는 설도 있다. 참모된 자의 성공 이후의 운명을 상징하는 표현인 셈이다. 자신도 그대로 살았으면 결국 오자서처럼 죽임을 당해 치이에 넣어질 운명이었다는 의미를 짙게 풍기는 것이다.) 처음 정착한 곳은 제나라 해안 지방이다. 제나라는 태공망 여상이 주나라 문왕과 무왕을 도와 대업을 이룬 뒤 영지로 받은 곳이다. 산둥 반도를 중심으로 바다를 접하고 있는 땅이어서 물산이 풍부했다. 긴 해안선을 따라 염전이 발달해 소금의 주요산지인 데다 수공업과 상업도 발달해 있었다. 춘추시대 당시에는 물이 부족한 땅으로 경지가 적고 삼림이 넓게 펼쳐져 있었다. 지금이야 모두 농토로 바뀌었지만, 당시만 해도 물 부족 때문에 개간할 엄두를 못 내고 있었다. 이에 따라 임산물도 풍부하고 모피, 동물의 뼈재료, 갑라 등이 생산됐다. 철광석 등 광물자원도 제법 많았던 것으로 보인다. 사마천은 『사기』에 이렇게 기록하고 있다.

“태공망은 부녀자들의 길쌈을 장려해 기술을 높이고, 또 각지로 생선과 소금을 유통시켰다. 그러자 사람과 물건이 돌아왔으며, 줄을 지어 잇달아 모여들었다. 그리하여 제나라는 천하에 관과 띠, 의복, 신을 공급했다.”

그처럼 제나라는 부를 일굴 만한 잠재성이 있는 땅이었다고 할 수 있다. 범려 일족은 이 제나라 해안 지방에서 농사를 지었다. 열심히 일한 결과 수십만 금의 재산가가 됐다. 제나라 사람들이 그의 현명함을 알고 재상이 돼달라고 부탁해오자 범려는 곧바로 결단을 내린다.

"집에 있으면서 천금의 부를 이루고 관에 나가서는 대신이 되는 것은 서민으로서는 정점에 달한 것이다. 존명(尊名)을 오래도록 향유하는 것은 상서롭지 못하다."

그는 애써 모은 재산을 모조리 친구나 향당에 나눠주고 값나가는 보물만을 가지고 그곳을 떠난다.

그가 두 번째 정착한 곳은 도(陶)라는 교통 요충지이다. 오늘날 산둥성과 허난 성의 경계에 가까운 정도 현 근방의 도시다. 춘추시대 당시 노(魯)나라, 송(宋)나라, 위(衛)나라, 조(曹)나라, 정(鄭)나라 등 여러 나라가 서로 복잡하게 국경을 접하고 있고, 제(齊)나라, 진(晋)나라, 초(楚)나라 같은 대국의 전진 거점에서도 그리 멀지 않은 곳이었다.

"도는 천하의 중심으로 사방의 여러 나라와 통하여 물자의 교역이 이뤄지는 곳이다."

이렇게 판단한 그는 이 교통 요충지에서 상업을 벌였다. 우연히 그곳으로 간 게 아니라 나름대로의 계산에 의해 움직인 것이다. 어느 의미에서는 농업에서 상업으로 비즈니스의 중심을 옮겨갔다고 할 수 있다. 그는 이때부터 이름도 '주공'(朱公)으로 바꿨다. 이 '도 땅의 주공'이 줄어서 '도주'(陶朱)가 되고, 이것이 나중에 중국 문화권에서 부호를 일컫는 대명사로 발전하게 된다. 범려가 부를 일군 방법은 기록을 통해 간접적으로나마 그 일부분이 전해지고 있다.

첫째는 노나라의 돈이라는 가난한 사람이 그에게 찾아와 부자가 되는 법을 묻자 가르쳐주었다는 것이다. 그 가르침대로 돈은 의씨라는 땅의 남쪽에서 소와 양을 사육한 지 10년 만에 재산이 왕과 공자에 버금가게 됐다고 한다.

두 번째는 장사를 하며 물자를 쌓아 두었다가 시세의 흐름을 보아 내다 팔아서 이익을 거두었는데, 사람의 노력에 기대지는 않았다는 것이다.

엇갈린 두 사람의 최후

결국 범려는 부국강병책, 농업으로 거부를 이룩하기, 목축업으로 왕공의 부를 만들기, 상업(유통업)으로 거부를 이룩하기 등 네 부문을 모두 직접 현실화시켜 성공한 만능의 정치인이자 경제인임을 증명한다. 『사기』는 구체적으로 그가 19년에 걸쳐 세 차례나 천금을 벌었으며, 두 차례에 걸쳐 가난한 사람들과 먼 형제들에게 나눠주었다고 전한다.

여기서 우리는 범려로부터 몇 가지 중요한 것을 또다시 배우게 된다. 하나는 재물 자체에 대한 집착을 버리는 철학이다. 범려에게 부는 끝까지 움켜쥐어야 할 대상이 결코 아니었다. 한 매듭이 지어지면 늘 던질 수 있는 가치였다. 그러나 동시에 그는 종잣돈(Seed Money)의 중요성도 제대로 알고 있던 경제인이었다. 그가 맨 처음 월나라의 권력 중심부에서 떠날 때(더 정확히 이야기하면 탈출할 때) 그는 '부피가 나가지 않는 보석이나 진주 등을 싣고' 일족과 함께 이동했다. 두 번째도 땅을 떠날 때도 '값나가는 보물만을 가지고' 움직였다. 전혀 기반도 없는 타관에서 생존하기 위해 종잣돈만큼은 챙기곤 했던 것이다. 더욱 중요한 것은 '나눔을 실천한 부자'라는 점일 것이다. 그는 종잣돈 이외의 부는 늘 나눠주고 있다. 이런 식으로 부를 나눌 줄 알았다는 점에서 '처음으로 나눔을 실천한 이'라고 불러도 손색이 없을 정도다. 그는 나중에 늙고 쇠약해지자 일을 자손에게 맡겼다. 자손들은 가업을 잘 운영해 재산을 늘려 거만금에 이르는 부자가 되었다고 한다.

적어도 자손들에게는 그 부를 일구는 방식을 제대로 전수했다고 할 수 있다.

여불위와 범려를 비교하면 재미있다. 국가에 기여한 공로를 보면 어느 정도 비슷하다. 범려의 경우 거의 패망 직전까지 간 나라를 구해내 화려하게 재기시켰다는 점에서 더 극적으로 보일지도 모른다. 하지만, 여불위의 통치로 진나라가 통일의 기틀을 확고하게 닦았다는 점을 과소평가할 수는 없다. 그들의 지모와 계략은 서로 특징이 확연하게 달랐다고 할 수 있다. 범려는 정통파적이고 충성을 바탕으로 하고 있다면, 여불위는 목적을 위해선 수단과 방법을 가리지 않는 야심가였다. 두 사람의 결말도 대립적일 정도로 다르다. 여불위의 경우 결국 실제 아들일 가능성이 높은 진시황으로부터 버림받는다.

"그대가 진나라에 무슨 공로가 있기에 그대를 허난에 봉했고, 10만 호의 식읍을 내렸소? 그대가 진나라와 무슨 친족관계가 있기에 중부라고 불리오?"

그는 이런 진시황의 편지를 받고 독주를 마시고 죽는다. 또한 진시황의 통일제국과 그 후손들도 오래지 않아 멸망하고 만다. 이와 달리 범려는 자손이 번창하고 가업이 번창해 '도주'라는 명예로운 호칭을 중국 문화권에 남기게 된다. 권력에 끝까지 집착한 사람과

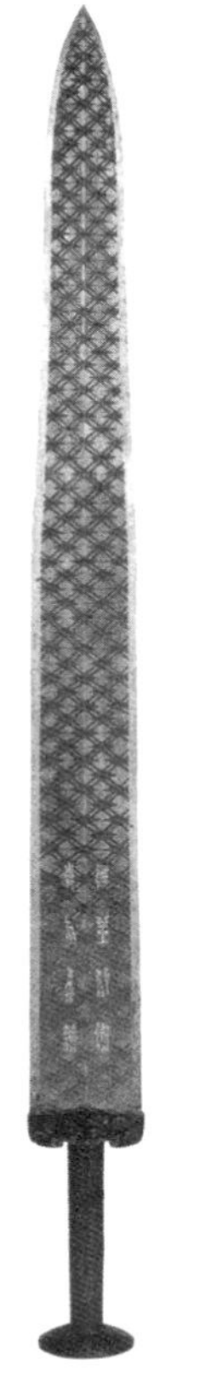

구천의 검. 범려가 그대로 남았다면 이런 검으로 자결하라는 명령을 받았을 것이다.

그렇지 않은 사람의 차이가 이렇게 컸다. 권력도 정욕처럼 '칼날에 묻은 꿀'이었던 것이다.

베를루스코니, 탁신, 정몽준……

부와 권력은 서로 분리된 채 견제하는 경향이 강했다. 과거 대다수 문명권에선 이런 불문율이 어느 정도 지켜져왔다. 그런 견제와 균형을 통해 사회가 유지되고 발전할 수 있다는 지혜에서다. 이런 흐름은 그러나 현대에 내려올수록 위협받고 있다. 미디어의 발달과 함께 부를 가진 사람이 미디어의 힘을 이용해 권력까지 거머쥐려는 욕구가 커져가기 때문이다. 부과 권력 그리고 명예에서 부익부 빈익빈이 심화되는 시대가 된 것이다.

부와 권력 그리고 명예를 동시에 추구한 대표적인 인물 가운데 하나가 이탈리아의 미디어 재벌에서 수상에 오른 실비오 베를루스코니다. 이탈리아의 경제 중심지 밀라노에서 부동산 개발로 떼돈을 번 그는 텔레비전의 미래를 일찍부터 내다보고 적극적으로 투자했다.

그 결과 '레이테4', '카날레5', '이탈리아1' 등 3개 민영방송국을 장악하고 종합출판, 영화, 인터넷 보험, 부동산 등에서 거부를 이룩하게 된다. 그는 유럽의 명문 축구클럽 인터밀란의 소유주이기도 하다. 이런 부를 바탕으로 그는 우파 정치인으로 정치에 도전해 1994년과 2001년 두 차례에 걸쳐 수상의 자리에 오르게 된다. 한때 부패혐의로 기소까지 된 그가 이렇게 서유럽 최대의 사회주의 정당국가 이탈리아에서 정치적 성공을 거둔 것은 현대정치의 아이러니로 꼽히기도 한다.

타이의 탁신 시나왓 총리도 비슷한 흐름의 대표주자로 꼽을 수 있다. 미국 유학파인 탁신 시나왓은 자신의 회사 어드밴스드 인포메이션 서비스(AIS)가 태국의 휴대전화 사업권을 따내 시장의 60퍼센트 이상을 점유하는 대성공에 힘입어 거부를 이룩했다. 이 성공을 바탕으로 위성통신 사업과 디지털 방송, 인터넷 등에 진출해 엄청난 영향력을 갖게 됐다. 그 뒤 정치에 뛰어들어 하원의원, 외상을 거쳐 애국당을 결성하고 마침내 총리에까지 오른 것이다.

© GAMMA

베를루스코니 이탈리아 총리. 부동산으로 시작해 미디어 재벌이 된 그는 두 차례 이탈리아 총리에 선출된다.

세계적인 부호가문 미국의 록펠러 가문도 전통적으로 '정치 진출은 피한다'는 가훈을 가지고 있었다. 그런데 록펠러 3세의 동생인 넬슨 록펠러가 1974년 당시 제널드 포드 대통령의 지명으로 부통령에 취임해서 이 가훈이 깨졌다. 록펠러 4세도 웨스트버지니아에서 주지사와 상원의원으로 당선됐다.

역시 세계적인 부호가문인 미국의 듀폰 가문도 '정치에는 개입하지 않는다'는 가문의 불문율이 있었지만, 4대째인 피에르 듀폰이 델라웨어 주 하원의원 주지사를 지냈다. 하버드 로스쿨 출신인 피에르 듀폰은 1988년 공화당 대통령 후보 지명전에 나섰다가 중도에 사퇴한 바 있다.

한국에서는 현대그룹의 정주영 명예회장이 지난 1992년 대통령 선거에 출마했다가 실패한 바 있다. 그의 아들인 현대중공업의 정몽준 회장도 2002년 대선에서 노무현 대통령과 후보 단일화를 결정짓는 단계까지 간 바 있다.

필리핀에서는 이런 경향이 특히 강하게 나타난다. 과거 마르코스

독재에 맞서 민주화운동을 벌이다 암살된 베니그노 아키노 상원의원과 그의 부인으로 나중에 대통령이 된 코라손 아키노 여사는 모두 부유한 가문 출신이다.

명가문의 조건

다섯 발의 화살, 유럽에 명중하다 **창업자 마이어 암셀로부터 8대째 내려오는 로스차일드 가문은 어떻게 부와 명성을 쌓았나**

엘리자베스, 비밀의 열쇠를 찾아라 **영국 왕가는 '군주들의 무덤'인 20세기에 어떻게 살아남았나**

영원에 도전한 '오씨' 가문 **왕조의 몰락과 참극 속에서도 살아남아 전 세계로 퍼져나간 영원한 가문**

백 리 안에 굶는 이가 없게 하라 **'조선의 노블레스 오블리주' 최 부잣집 300년의 비밀**

당신도 고구려인일 수 있다 **당나라 · 통일신라 · 일본 · 돌궐 등 각지로 흩어진 고구려인**

다섯 발의 화살, 유럽에 명중하다

창업자 마이어 암셸로부터 8대째 내려오는 로스차일드 가문은 어떻게 부와 명성을 쌓았나

자식은 여호와의 선물이요,
태 안에 들어 있는 열매는 주님이 주신 보상이다.
젊어서 낳은 자식은
용사의 손에 쥐어 있는 화살 같으니,
그런 화살이 화살통에 가득한 용사에게는 복이 있다.
그들은 성문에서 원수들과 담판할 때에
부끄러움을 당하지 아니할 것이다.

– 구약성서 시편 127장

로스차일드 가문은 역사적으로 매우 놀라운 가문이다. 18세기 말 마이어 암셀 로스차일드(1744~1812년)가 가문의 기초를 세운 뒤 그 다섯 아들이 유럽 5개국의 주요도시에 다섯 발의 화살처럼 뻗어나가 마침내 돈과 권력으로 유럽을 움직이는 엄청난 역사를 이룩했기 때문이다. 나아가 가문의 이름이 역사에 등장한 지 채 200년도 안 돼 유대민족 2000년의 꿈인 이스라엘의 건국에도 결정적인 토대를 구축해낸 가문이기도 하다. 서기 1세기 로마에 의한 유대인의 '디아스포라'(민족이 외부의 강제에 의해 뿔뿔이 흩어지는 대사건 또는 그렇게 흩어진 사람) 이후 20세기 후반에 이르는 장구한 세월 동안 유대인 가운데 그들보다 강력하거나 영향력이 큰 가문은 없었다. 돈으로 가문을 일으키고, 돈으로 유럽의 권력을 좌지우지하고, 돈으로 민족의 염원마저 풀어버린 이름, 그것이 로스차일드다.

로스차일드 가문의 기초를 세운 사람은 마이어 암셀이다. 독일 프랑크푸르트의 게토(유대인 집단거주 지역)에서 태어난 그는 유대교 랍비 양성학교에 다니다가 11세 때 소년 가장이 됐다. 가난한 고물상이던

로스차일드 가문 창업자의 다섯 아들. 왼쪽부터 장남 암셀, 차남 살로몬, 3남 네이선, 4남 칼, 5남 제임스.

부모가 천연두에 걸려 차례로 죽은 것이다.

당시 이들이 살던 프랑크푸르트 유대인 게토의 비참한 모습을 전기작가 데릭 윌슨은 이렇게 표현했다.

"유대인 인구는 자꾸만 늘어도 게토 밖으로 뻗어나가지 못했다. 게토 주민은 볼일이 있을 때 말고는 시내에 들어갈 수 없었다. 일요일에는 더더욱 철저히 금지됐다. 유대인 주부는 프랑크푸르트 상점에서 물건을 살 수 없고, 아이들은 길가에서 놀 수 없었다. 1750년에는 3000명의 유대인들이 짐승 우리에 갇히듯 게토의 200채 집에 처넣어졌다."

로스차일드 가문의 발상지인 창업자 마이어 암셀의 집(가운데 건물의 왼쪽 부분). 1869년에 촬영한 사진.

그런 비참한 곳에서 가난한 고물상 부모마저 잃은 마이어 암셀 로스차일드는 학교를 그만두고 돈을 벌어야 했다. 유대인 사설 금융업자의 도제로서 경험을 쌓은 그는 통일 이전 독일의 제후나 귀족, 부호들을 상대로 옛날 화폐와 골동품 등을 팔아 돈을 번다. 이와 함께 의도적으로 독일의 권세가들에게 접근해 결국 헤센카셀 공국의 지배자인 하나우공(公) 빌헬름의 신임을 얻어 궁정 어용상인이 된다. 로스차일드라는 이름은 붉은색〔rot〕과 방패〔schild〕의 합성어로, 마이어 암셀의 집에 붙은 붉은 방패에서 비롯됐다.

그 뒤 나폴레옹의 프랑스군이 유럽의 군주국가들과 전면적인 전쟁에 들어가 프랑크푸르트를 점령한다. 이때 마이어 암셀은 유럽 최대 갑부의 하나였던 빌헬름의 빼돌린 재산을 대신 관리하는 절호의 기회를 잡는다. 이미 영국에 진출해 있던 야심적이고 모험적인 셋째 아들 네이선(1777~1836년)이 이 비밀자금을 가지고 작업을 벌였다. 그러니까 그 돈을 정식으로 투자하기 전에 여러 나라의 국채를 사고 되팔아 엄청난 단기 차익을 거둬 자기네 이익으로 챙긴 것이다. 이 과정에서 그는 큰 돈을 버는 한편 사업적 명망까지 얻는 데 성공한다. 네이선은 이 자금으로 채권, 금, 주식, 밀무역 등에 투자한다. 그 뒤 마이어 암셀의 다른 네 아들도 각각 프랑크푸르트(첫째 아들 암셀), 빈(둘째 살로몬), 나폴리(넷째 칼), 파리(다섯째 제임스)로 진출한다. 화살 다섯 발이 날아가 유럽 최강의 금융기관으로 성장한 것이다.

다섯 형제는 혁명과 전쟁의 대변혁기에 주요 정보를 공유하면서 유럽 전역을 무대로 속도전을 방불케 하는 선진금융 기법을 펼쳐 막대한 부를 쌓는다. 고물상 집안이 일약 유럽 최강의 금융가문으로 성장하는 데 성공한 것이다. 이들 형제의 능력을 유감없이 보여준 유명한 사건이 바로 '워털루 전투 국채 투자건' 일 것이다. 당시 유럽 전역을 무대로 가장 빠른 정보입수·전달 체계를 구축하고 있던 로스차일드 상회는 워털루 전투의 결과를 자체 능력으로 런던 상회에서 약 24시간 정도 일찍 알 수 있었다. 이 정보력을 바탕으로 영국 정부의 국채에 투매해 엄청난 이익을 거둔 것이다. 이때 그는 당시로서는 상상도 못할 무시무시한 수법까지 동원해 투자 이익을 극대화한다. 먼저 그는 영국 국채를 투매하는 것처럼 해서 가격을 폭락시킨다. 충분히 가격이 떨어지고 투매 물량이 넘쳐난다고 판단됐을 때 그는 전광석화처럼 매입으로 돌아선다. 폭락한 국채 물량을 헐값에 무더기로 매집해댄 것이다.

워털루 전투 회화. 로스차일드 가문은 이 전투의 결과를 24시간 먼저 알아 채권에 투자해 엄청난 돈을 벌어들인다.

다른 투자자들의 허를 찌르는 이런 투매-가격폭락-대량매집 방식으로 그는 엄청난 거부를 벌어들인다. 일부 역사가들은 이때 벌어들인 이익이 무려 1억 3500만 프랑에 이른다고 추정하기도 한다.

한편 다섯 아들은 엄청난 재산을 바탕으로 모두 유럽의 중심국가 오스트리아 제국으로부터 남작 작위를 받는다. 작위를 받을 때 다섯 발의 화살을 쥔 손이 그려진 문장을 사용한 것을 계기로 그 뒤 형제에게는 '다섯 발의 화살' 이라는 별명이 붙는다.

나폴레옹 전쟁 뒤 로스차일드 가문은 사실상 '유럽의 숨은 지배자'가 된다. 전쟁 중에 로스차일드 가문은 영국의 전비를 조달하기 위한 국채를 대량으로 매입하는가 하면, 이베리아 반도에 진출한 영국군의 자금 조달에도 크게 기여했다. 나아가 네이선은 영국을 겨냥한 나폴레옹의 대륙봉쇄령을 뚫고 영국 상품의 비밀교역을 주도했다. 결국 세계 최강대국 영국의 재정을 비롯한 금융시장은 네이선이 사실상 좌지우지하게 됐다. 그뿐만이 아니다. 막내 제임스도 프랑스에서 국왕 루이 필립과의 친교를 바탕으로 엄청난 부와 영향력을 과시하는 지위에 올랐다. 그 결과 이런 이야기까지 떠돌았다.

"로스차일드의 지원이 없으면 유럽의 어느 왕도 전쟁을 일으킬 수 없다."

"고대 유대인은 한 왕에게 복종했다는데, 지금은 여러 왕들이 한 유대인에게 머리를 조아린다."

철저히 유대적인 성공 요인들

로스차일드 가문은 이후 막대한 자금력과 정보력 그리고 각국 정치 권력과의 밀접한 유대관계 등을 활용해 산업혁명에도 적극적으로 투자해 부를 더욱 늘렸다. 프랑스의 경우 프러시아 전쟁에서 패배한 뒤 1871년, 1872년 두 차례에 걸쳐 배상금을 조달하는 데 결정적인 기여를 한다. 또한 영국에서는 몇 시간 만에 400만 파운드를 영국 정부에 조달해 수에즈운하의 주식을 영국이 전격적으로 인수하는 것을 성공시킨다. 엄청난 부와 이런 뛰어난 공로를 바탕으로 로스차일드 가문은 유럽에서 가장 영향력 있는 가문이자 유럽을 상징하는 대표적인 재벌 가문으로 부상한다. 19세기 후반부터는 팔레스타인 지역에 이스라엘을 새로 건국하는 민족 프로젝트에도 깊숙이 관여해 엄청난 자금을 지원한다. 이런 로스차일드 자금이 바탕이 되어 결국 이스라엘이 건국된다. 1954년 이 자금 지원에서 가장 큰 공헌을 한 프랑스 로스차일드 가문의 에드몽과 그 아내 아델하이드의 시체가 프랑스에서 운반돼 이스라엘에 묻히자 이스라엘 사람들은 묘지명에 이렇게 기록한다.

“이 땅의 아버지 에드몽 드 로쉴드(로스차일드의 프랑스식 발음) 남작과 그의 부인, 하나님을 높이 받든 여인 아델하이드 남작 부인 여기 잠들다.”

부부의 묘지는 지금도 이스라엘 사람들의 순례지처럼 돼 있다.

로스차일드 가문이 유럽에서 얼마나 큰 영향력을 지녔는지는 다음과 같은 에피소드로도 충분히 짐작할 수 있다.

“1960년 프랑스의 로쉴드 남작이 페리에르 성에서 연 가면무도회 만찬에는 영화스타, 왕족, 예술가, 정치가 등 유명인사 800여 명이 초대됐다. 호화로우면서도 이국적인 이 무도회에 참석한 사람들은 세계 각국의 자가용 제트기족 같은 사람으로서 의상에만 수백 만, 수천 만 프랑을 쓸 수 있는 사람들이었다. ……또 다른 로스차일드 가문의 실력자 에드몽 아돌프 남작의 아내 나딘이 자기 부부들의 소유인 프레니 성에서 펼친 무도회의 손님들은 모두 19세기 말엽 의상을 입도록 정해졌다. 500여 명의 손님 중에는 율 브리너, 에스티 로더, 에드워드 케네디, 오드리 헵번, 지나 롤로브리지다, 글로리어 스완슨, 그레고리 펙 등이 있었다.”

현재 로스차일드 가문은 금융업을 기본으로 석유, 다이아몬드, 금, 우라늄, 레저산업, 백화점 등의 분야에서 여전히 위력을 발휘하고 있다. 런던의 로스차일드 은행은 잉글랜드 은행의 대리점으로서 국제 금 가격을 결정하는 역할까지 맡고 있다. 프랑스의 최고급 포도주 가운데 하나인 보르도의 샤토 무통, 샤토 라피트 등을 생산하는 포도원도 이 가문의 소유다. 현재 런던의 제이콥과 에벌린 그리고 파리의 다비드가 전 세계 로스차일드 가문의 총수격이다. 이들은 스위스에 로스차일드

콘티뉴에이션 홀딩스라는 지주회사를 가지고 공동으로 미국과 아시아의 기업에 투자하고 있다. 현재 표면적으로는 로스차일드 가문의 열명이 약 15억 달러의 자산을 소유한 것으로 나타난다. 실제 자산은 그보다 많을 것으로 추정된다. 가문의 국제적 명성과 신용도 여전히 엄청난 위력을 발휘하고 있다. 로스차일드 가문이 성공을 거둔 요인으로는 이런 것들을 꼽을 수 있다.

① 단결: 가문의 형제들이 하나의 화살 묶음처럼 뭉쳤다.

② 가문 승계 원칙의 확립: 가문 안에서 이른바 소유와 경영을 분리시키는 승계방식을 유지했다.

③ 국경을 뛰어넘는 네트워크 경영: 국경을 초월하는 네트워크를 통해 전체의 효율을 최대로 높이고, 동시에 위험도 분산시켰다.

④ 신용 경영: 좋은 제품을 싸게 공급해 신용을 쌓고 다음 단계에 더 큰 거래를 장악했다.

⑤ 정보 경영: 가장 정확한 정보로 가장 빠르게 사업 기회를 잡아나가는 선진 경영기법을 동원했다.

⑥ 정경유착을 활용: 정치의 중요성을 깨닫고 권력자와 인맥을 형성해 사업 기회를 잡는 데 능숙했다.

⑦ 2세 교육의 철저함: 자녀들에게 일찍부터 경제교육(상황에 따라선 실무교육까지)을 시켰다.

이런 요인들은 다른 한편으로 대단히 유대적인 성격이 짙다고 할 수 있다. 먼저 형제들이 뭉치는 것은 유대인들의 가족 경영 방식과 일치한다. 로스차일드 가문이 만든 회사 이름을 보면 '로스차일드 부자상회', '로스차일드 형제상회'로 돼 있다. 실제로 월가에서 활동하는 리먼 브라더스 은행도 이름 그대로다. 유대인들은 혈육끼리 사업을 벌여

성공하거나, 먼저 성공한 사람이 다른 형제를, 사촌을 차례로 끌어들이는 식으로 발전시키곤 한다.

가문 승계 원칙은 나름대로 매우 의미 있는 원칙이라고 할 수 있다. 가문은 아들만이 승계하고, 딸과 사위는 경영에 참여하지 못하게 했다. 가문 안에서 소유와 경영을 분리한 셈이다. 나아가 이런 원칙을 지키며 서로 협력토록 하고 그렇지 않을 경우 사업을 승계할 권리까지 박탈했다. 이런 원칙에 따라 불필요한 승계 다툼을 막을 수 있었을 뿐 아니라 부가 지나치게 흩어지는 것도 피할 수 있었다.

어려서부터 실전형 경제교육을 받다

국경을 초월하는 네트워크 경영은 당시 유대인이 처한 시대 상황과 밀접한 관련을 맺는다. 유럽 각국에서 박해받는 소수였던 유대인들은 국가간 이동을 자주 경험할 수밖에 없었다. 이런 이동과 이주에 따라

로스차일드 가문의 3대인 라이오넬 로스차일드가 1858년 영국 하원에 의원으로서 소개되고 있다.

각 도시마다 유대인 거주지역과 유대교 회당(시나고그)이 자연스럽게 형성돼 있었다. 바로 이 시나고그 등 유대인 공동체가 시대 변화에 따라 중요한 경영 거점이 된다. 자연발생적인 유대인의 상공회의소, 정보시장의 역할을 하게 된 것이다. 로스차일드 가문은 시대 변화에 따라 유대인의 존재방식이 실제로 새로운 경영에 대단히 유용하리라는 것을 일찍 깨닫고 대응한 것이다.

정보 경영은 역사를 통해 유대인들이 지적 자산을 축적하거나 계승시키고 공유해온 시스템과 밀접한 관련을 갖는다. 프랑스 혁명과 나폴레옹 전쟁은 한편으로는 유대인을 게토에서 해방시키고, 산업분야로의 본격 진출, 정치적 권리의 확대 등을 가능하게 했다. 유대인들은 역사상 처음으로 닥쳐온 이런 기회에 과감하게 대응했다. 자신들이 가지고 있던 지적 역량을 최대로 결합해 승부한 것이다. 그들은 전체의 대세를 정확히 읽고 거기서 벌어지는 개개사안의 주요 정보를 일찍 파악해 유럽의 전통적인 은행이나 자본보다 훨씬 과감하고 빠르게 투기에 나서 성공한 것이다.

2세들에 대한 경제교육은 대단히 주목할 만하다. 로스차일드의 경우 제2대 격인 '다섯 발의 화살' 형제들은 모두 어려서부터 실전형 경제교육을 충분히 받은 상태였다. 아들들은 모두 아버지 암셀의 사업을 실무적으로 뒷받침해줄 수 있는 가장 든든한 버팀목이 돼 있었다. 엄격한 유대교육과 함께 탁월한 상인교육도 받은 것이다. 한편 역사적으로도 유대인의 경제교육은 거의 원초적일 정도라고 할 수 있다. 유대인들이 성경으로 삼는 모세 5경 가운데 하나인 「민수기」를 보면 금방 이해할 만하다.

"이스라엘의 장자 르우벤의 아들들에게 난 자를…… 20세 이상으로 싸움에 나갈 만한 남자를 다 계수하니 4만 6500명이었다. ……시므온의 아들들에게 난 자를…… 계수하니 5만 9300명이었다. ……갓의 아들들에게 난 자를……계수하니 4만 5650명이었다."

지금으로부터 3000~4000년 전에 이런 숫자를 자녀들에게 익히도록 했다는 것이다. 이런 성경 구절을 어려서부터 읽고 암송해온 유대인에게 숫자는 인생의 기초이자 곧 돈벌이의 기초가 됐다고 할 수 있다.

현재 로스차일드 가문은 창업자 격인 마이어 암셀로부터 대략 8대째에 이르고 있다. 가문이 초기의 활력을 따라가지 못하는 이유로 세 가지 정도를 꼽을 수 있다. 첫째, 1800년대 후반 정세 판단을 잘못해 미국에 진출하지 않았다는 점이다. 역설적이게도 미국 진출에 대해선 다섯 발의 화살 형제 가운데 3남인 네이선 못지않게 사업을 잘한 것으로 평가받는 5남 제임스가 자신의 장남이 낸 미국 진출 의견을 받아들이지 않았기 때문으로 전해진다. 지나친 유럽중심주의에 사로잡혀 있었던 셈이다. 둘째로, 세대가 내려갈수록 선조들만큼 뛰어난 경영인이 나오지 않고 있다는 의견도 나온다. 이것이 가문 안에서 빈번하게 이뤄진 근친결혼과 상관이 있는지, 아니면 가문의 장기적인 번영에 따라 창조성과 도전 정신이 줄어든 때문인지는 불명확하다. 마지막으로 가문의 주력산업이 금융과 투자에 장기적으로 의존해온 측면도 빼놓을 수 없다. 가업의 피로 같은 것이 있는 셈이다.

세상을 뒤흔들던 막강한 가문도 한번 삐긋하면 곤두박질칠 수 있는 것이다. 나아가 아무리 노력을 해도 부가 영원하기는 불가능할 것이다. 신은 역시 모든 것을 다 주시지는 않는 법이다.

유대인, 지독한 부자들

로스차일드 이외에도 많은 유대인들이 세계경제에서 강력한 힘을 과시해왔다. 특히 20세기 초반 이후 세계경제의 중심이 미국으로 옮겨감에 따라 유대인 부호도 미국에서 많이 나오고 있다.

퀀텀펀드를 설립해 운용하는 헤지펀드의 귀재 조지 소로스도 유대인이다. 그는 국제통화기금(IMF) 사태와 관련이 있는 인물로 알려지고 있으며, 당시 한국을 방문해 김대중 대통령으로부터 최상급 대우를 받았다. 세계적인 소프트웨어 회사인 오라클의 창업자 겸 회장인 래리 앨리슨도 유태인이다. 그는 2000년 당시 자산 약 580억 달러를 보유해 미국 제2위의 부자로 집계된 바 있다. 마이크로소프트의 빌 게이츠로부터 CEO 자리를 물려받은 스티브 발머, 델컴퓨터의 창업주인 마이클 델, 복합 미디어 그룹인 비아컴의 회장인 섬너 레드스톤, 하이엇 호텔 체인 등 시카고의 부동산 재벌인 마몬그룹을 소유한 로버트 프리츠커와 토마스 프리츠커도 유대인이다. 블룸버그통신의 회장이었다가 지금은 뉴욕시장으로 선출돼 재임 중인 마이클 블룸버그, 세계적인 화장품 에스티로더의 회장인 레너드 로더, 유명한 영화감독 스티븐 스필버그도 역시 유대인이다.

세계경제를 흔든 유대인들. 왼쪽부터 마이클 델, 스티븐 스필버그, 조지 소로스.

미국의 저널리스트 로렌스 부시는 1998년 기준으로 유대인이 소유하거나 직접 경영하는 기업이 미국 국민총생산(GNP)의 8~10퍼센트에 이른다고 주장했다. 개인 소유 재산으로 본 '미국 자산가 상위 400명의 부호 서열'(경제잡지 『포브스』 2000년 10월 간행)을 분석하면 이 가운데 적어도 64명, 16퍼센트가 유대인인 것으로 집계됐다. 실제로 미국 전체 인구 중 유대인이 차지하는 비율이 전체의 2퍼센트를 조금 넘는 점을 감안하면 부호 집적도가 가장 높은 민족그룹에 들어간다.

미국의 우량 헤드헌팅 회사인 토마스 네프가 1999년 발표한 '미국기업 리더 베스트 50인' 가운데 유대인은 적어도 8명, 즉 16퍼센트였다. 이 조사에서 유대인인 사람은 다음과 같다(기업명: 경영자).

- 델컴퓨터: 마이클 델
- 월트 디즈니: 마이클 아이스너
- GAP(의류 소매): 도널드 피셔
- 베어스턴스(투자은행): 앨런 그린버그
- AIG(보험): 모리스 그린버그
- 인텔(반도체): 앤디 그로브
- 스타벅스: 하워드 슐츠
- 시티그룹(금융 증권): 샌포드 웨일

엘리자베스, 비밀의 열쇠를 찾아라

영국 왕가는 '군주들의 무덤'인 20세기에 어떻게 살아남았나

제국이 융성할 때 그 군주제는 '안전'하다. 비록 특수한 사정에 따라 군주가 바뀔 수는 있어도 군주제 자체는 제국의 융성이라는 현실의 반대급부로 자연스럽게 존속된다. 그러나 제국이 더 이상 융성하지 못하다면? 그렇다면 이야기는 달라질 수 있다. 더구나 공화제가 군주제를 압도하고, 첨단이 전통을 능가하며, 개인이 집단에 우선하는 21세기라면 더더욱 그럴 수밖에 없다.

유럽에서 가장 오래된 왕가

"엘리자베스 2세, 신의 은총에 의한 영국과 북아일랜드 연합왕국 및 기타 해외 영토의 여왕, 영연방의 원수 및 신념의 수호자……." 영국 여왕에게는 이렇게 긴 호칭이 따라다닌다. 한때 '해가 지지 않는 나라' 라는 별명을 자랑하던 대영제국을 다스린 가문답게 호칭에서조차 엄청난 역사와 전통이 그대로 묻어나는 듯하다. 유럽에서 이보다 역사가 더 오래된 왕가가 있을까? 별로 떠오르지 않는다. 로마 교황청의 교황을 제외하곤 유럽 어느 왕가도 영국 왕실보다 긴 역사를 지닌 데는 거의 없다. 아니, 전 세계 차원에서 보아도 사정은 그리 크게 달라지지 않는다.

스코틀랜드 근위대 사령관 복장 차림의 엘리자베스 2세.

현재 국왕인 엘리자베스 2세는 서기 827년부터 839년까지 잉글랜드를 통치한 잉글랜드 국왕 에그버트(Egbert, King of England)의 직계 후손이다. 그 가계를 더 거슬러 올라가면 서기 5세기 초엽 최초의 웨스트색슨왕 세드릭(Cedric, first King of West Saxons)에까지 이른다고 한다. 그러니까 약 1500년의 가문 역사를 가지고 있는 셈이다. 동시에 엘리자베스 여왕은 1066년 국왕으로 즉위한 노르망디 공 윌리엄으로부터 따지면 40번째 국왕이 된다. 영국 왕실이야말로 이 세상에서 손꼽히는 '명가문 가운데 명가문' 이라고 할 수 있는 것이다.

나아가 영국 왕실은 이 세상의 그 어느 가문보다도 더 화려한 삶과 호사스런 부, 그리고 21세기 현실을 초월한 듯한 특권을 누리고 있다. 몇 가지 에피소드를 보자.

"2002년 4월, 엘리자베스 영국 여왕 즉위 50주년(Golden Jubilee)을 기념해 런던 버킹엄 궁 정원에서 열린 야외 콘서트에는 비틀스의 폴 매카트니, 록그룹 퀸, 기타의 신화 에릭 클랩튼, 엘튼 존 등 슈퍼스타들이 총출동했다. 왕실 쪽은 콘서트 참석 신청서를 낸 200만 명을 대상으로 컴퓨터 추첨을 해 2만 4000여 명에게 초청장을 보냈다. 이 행사는 즉위 50주년을 맞아 영국을 비롯해 세계 곳곳에 펼쳐진 수천 개의 크고 작은 기념행사 가운데 하나다."

"영국 왕실의 재산은 최대로 60억 파운드(한화 약 12조 원)에 달하는 것으로 추정된다. 이 가운데 약 4분의 3이 여왕의 몫이다. 세계적인 경제전문잡지 『포브스』는 이런 추산을 토대로 영국 왕실을 세계 제5위권 부자로 꼽기도 했다. 이와 달리 엘리자베스 여왕은 공식적으로는 약 3억 파운드의 재산을 소유해 영국에서 약 100위권 부자인 것으로 집계된다. 이 경우는 버킹엄 궁과 왕관 그리고 왕실이 소장하고 있는 미술품 등을 여왕의 개인 재산에 포함시키지 않았기 때문이다. 그러니까 만일 여섯 개의 궁과 엄청난 회화 컬렉션 등 왕실 소장품을 포함시키면 세계 5위권, 빼면 영국 100위권이라는 것이다."

"영국에서는 25만 파운드가 넘는 유산에 대한 상속세율이 40퍼센트다. 하지만 국왕은 이 상속세를 물지 않는다. 1993년 엘리자베스 여왕과 존 메이저 보수당 정부가 '군주로부터 군주로의 상속에는 세금을 면제한다' 고 합의했기 때문이다. 이에 따라 2002년 여왕의 모후가 101살로 타계하면서 남긴 유산 7000만 파운드(약 1400억 원)에 대해서도 상속세는 물리지 않았다. "

"엘리자베스 2세 영국 여왕이 2001년 1년 동안 가든파티, 연회, 리셉션 등을 통해 7만여 명을 접대하는 등 각종 행사와 왕실 유지비용으로 쓴 돈은 3530만 파운드(약 706억 원)에 이른다. 여왕은 지난 1년 동안 공식행사에 2200회 참석하고, 22회의 수여식을 열어 2600여 명에게 서훈을 수여했다. 그리고 모두 2만 1000건의 기념식 메시지를 보냈다."

"1999년 6월 벌어진 20세기 영국 왕실의 마지막 결혼식인 엘리자베스 2세의 막내 아들 에드워드 왕자의 결혼식은 전 세계에 방영돼 약 2억 명의 시청자들이 지켜봤다."

"엘리자베스 여왕의 모후는 세상을 떠나며 현금과 보석, 미술품, 도자기 등 엄청난 유산을 남겼다. 여왕의 모후는 거처였던 클래런스 저택을 모네 등 유명 화가의 작품으로 장식했으며, 한때 저 유명한 마리 앙투아네트가 가졌던 다이아몬드 목걸이를 포함해 많은 보석도 소장했다."

이쯤 되면 웬만한 독자라면 금방 눈치챌 것이다. 어? 이거 봐라. 이

1985년 한자리에 모인 영국 왕실 멤버들. 맨 오른쪽에 다이애나빈도 보인다.

렇게 부자에다가 이렇게 폼나게 산단 말이지. 그럼, 세상에서 부와 권력과 명예를 동시에 움켜쥔 삶을 사는 건 바로 이 영국 왕실 같은 데 아닌가?

중국 전국시대 한나라의 거부였다가 막강한 진나라의 재상에까지 오른 여불위 같은 사람이 이른바 부와 권력을 동시에 누리는 데 성공한 '2관왕'이라면, 영국 왕실이야말로 거기서 한술 더 떠 명예까지 가진 이른바 '3관왕'이랄까, '트리플 더블'(triple double)에 해당하는 셈이다. 그뿐인가? 누구든 그런 자기 세대의 부나 권력이나 명예를 아들한테, 손주한테 물려주려 그리도 기를 쓰는 것이 아닌가? 그런데 이 왕실은 그것까지 자자손손 40대를 내려오고 있다니! 인간이 수천 년 동안 그리도 처절하게 추구하던 4대 욕망의 명제를 거의 완전하게 해결한 듯한 가문이 여기 있지 않은가!

영국 왕실은 지난 2000년까지는 10년마다 한 번씩 왕실의 '돈 씀씀

이' 를 공개해왔다. 그러다가 2001년부터 21세기에 맞게 역사상 처음으로 1년 단위로 비용을 공개했다. 이른바 아래에서의 압력 때문이다. 국민의 엄청난 세금이 왕실에 투입되는데 왜 10년 단위로 공개를 하느냐는 여론이 커진 것이다. 왕실은 각 언론사 왕실담당 기자들을 버킹엄 궁으로 불러 먼저 새로 단장한 지하실 등을 둘러보게 한 뒤 2000년 지출 규모를 공개했다. 그 액수는 무려 3500만 파운드. 왕실 스스로도 이 액수가 굉장히 부담스러웠던 모양이다. 이런 변명을 덧붙인다. "영국 런던도서관(8500만 파운드)이나 소립자 물리학연구 위원회(1억 9000만 파운드)보다 적다."

항목별로 그 내역을 보면 대략 이렇다.

"왕족들의 국내외 여행 540만 파운드, 왕궁 유지 보수 1520만 9000

찰스 왕세자의 부인 다이애나빈과 앤드루 왕자의 부인인 퍼거슨빈이 애스코트 경마 개장 첫날 화려하고 대담한 옷차림으로 입장하고 있다. 두 사람 모두 왕자들과 이혼했다.

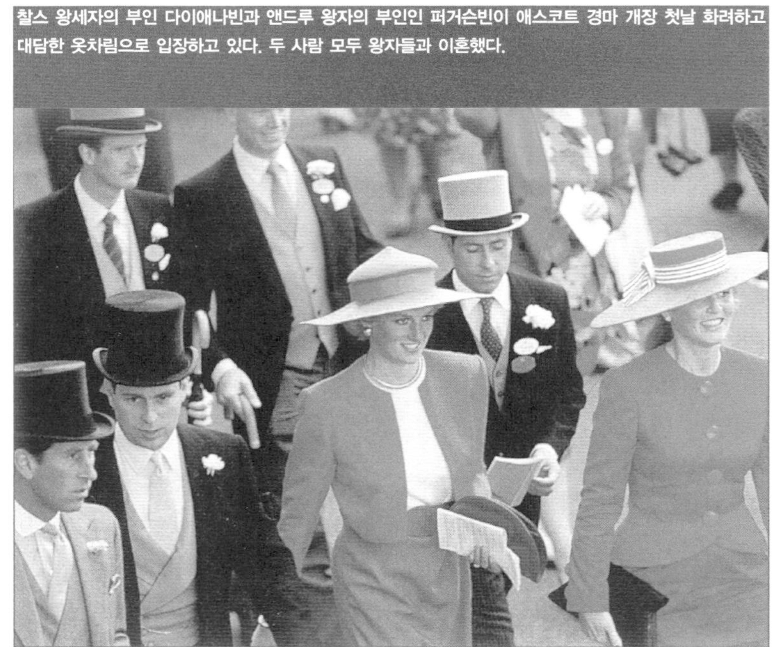

파운드, 왕실 경호원과 직원들의 보수 93만 파운드……”

그러니까 한 달 전화요금만 우리 돈으로 7500만 원, 전기료와 가스 요금을 합쳐 7800만 원을 쓰고 있는 것이다. 쓰기만 하는 것은 아니다. 수입도 엄청나다. 영지 수익금만 무려 1억 3300만 파운드(약 2394억 원)에 이르는 것으로 나타났다. 왕실은 이 수익금을 일단 전액 국고에 귀속시킨 뒤 정해진 예산에 따라 타다 쓴다고 한다. 어쨌든 보통 영국인의 1주일 평균 생활비가 ‘65만 원’ 수준인 상황에서 영국 여왕은 그 해 1월부터 6월까지 여행비로만 ‘65억 원’을 쓰고 있었던 것이다.

뉴스 메이커로서의 영국 왕실

이처럼 영국 왕실은 소비측면에서 세계적인 큰손 가문이라고 해도 지나치지 않다. 이를 반영해 영국 왕실과 거래하는 왕실 어용상점 및 왕실 품질인증 문장(Royal Warrant Holders)이라는 용어도 지금껏 엄청난 브랜드 파워를 자랑한다. 이 왕실 어용상점은 엘리자베스 2세 영국 여왕, 여왕의 부군 필립 공, 지금은 작고한 여왕의 모후, 그리고 찰스 왕세자가 각각 연속 5년 이상 거래한 상점만이 왕실 관청에 신청해 얻을 수 있다. 인증 문장은 구체적인 상품이나 서비스를 왕실에서 인증해주는 일종의 표지다. 이 인증을 받으면 그야말로 세계 최고급의 명품 브랜드로 자리매김하게 된다. 해마다 약 20여 개 정도의 상점 또는 서비스가 새로이 이 ‘왕실 어용상점’, ‘왕실 품질인증 문장’의 지위를 따기 위한 신청을 한다. 자연히 거의 같은 수만큼 자격을 상실하게 된다. 그래서 현재 약 800개 상점의 1100개 상품 또는 서비스가 이 지위를 유지하고 있는 것으로 집계된다. 예컨대 여왕과 그 부군, 모후, 다이애나 네 사람이 모두 애용한 상점이라면 인증마크 네 개가 붙었다.

그야말로 최고의 브랜드 지위를 자랑하는 것이다. 이 왕실 어용상점과 관련해 흥미로운 에피소드가 하나 있는데, 런던의 최고급 백화점으로 유명한 해러즈 백화점의 이야기이다. 이 백화점이 지난 2000년 거의 80년 동안 자랑해온 이 왕실 어용상점의 문장을 철거한 것이다. 왕실과의 거래관계를 스스로 종료한 셈이다. 그 이유는 이 백화점의 소유주가 바로 지난 97년 다이애나와 함께 교통사고로 죽은 이집트인 도디의 아버지이기 때문이다. 도디의 아버지로 재벌인 모하메드 알 파에드는 여왕의 부군인 필립 공이 다이애나와 도디의 데이트를 싫어해 자동차 사고를 조작했다고 주장한 바 있다.

영국 왕실은 화려한 무대에 서 있는 것만 같지만 다른 한편으로는 격심한 변화의 소용돌이를 경험하고 있다. 세상에 아무리 좋은 것이라도 영원할 수는 없는 법이기 때문이다.

첫째, 왕가에서는 지난 3세대 동안 매 세대마다 퇴위와 이혼 등 이전에는 상상하기 어려운 사태들이 잇따라 벌어지고 있다. 역사를 보자. 엘리자베스 여왕의 큰아버지인 에드워드 8세는 1936년 미국 출신의 이혼녀 심슨 부인과 결혼하기 위해 왕위에서 물러난다. 이른바 "사랑을 위해 왕관을 버렸다"는 저 유명한 전설을 낳은 것이다. [그러나 이 전설은 최근 미국 연방수사국(FBI)의 비밀문서를 근거로 심슨 부인이 실제로는 나치 독일의 열렬한 지지자로 독일 쪽에 비밀정보를 흘렸다는 주장이 나와 크게 손상받고 있다.] 거기서 그치지 않는다. 그 다음 세대인 마거릿 공주(엘리자베스 2세의 동생)도 이혼하고, 그 아랫세대인 찰스 왕세자 대에 이르면 아예 이혼이 정상인 것처럼 여겨진다. 찰스를 비롯해 앤 공주, 앤드루 왕자가 줄줄이 이혼한 것이다. 1936년 에드워드 8세의 퇴위를 앞두고 당시 스탠리 볼드윈 총리가 "이혼녀와의 결혼은 군주제의 고결함을 위험에 빠뜨린다"고 발언한 사실을 상기하면 있을 수 없고 있어서도 안 되는 일이 꼬리를 물고 있는 셈이다.

둘째, 매스컴의 발달과 대중 정치권력의 확산으로 왕실은 비밀주의 등 전통적인 보호막을 제거당한 채 사실상 위험에 쉽게 노출돼버렸다. 전통적인 왕실 기능의 중요성은 지속적으로 축소되거나 후퇴한 반면 오히려 왕실은 현대의 '인기인'으로 자리매김하는 경향이 두드러진다. 이에 따라 인기인의 인기순위처럼 왕실에 대한 국민의 지지도가 사소한 사건에 따라 춤을 추고, 군주제라는 시스템의 존립 여부가 크게 위협받는다. 2002년 영국의 여론조사기관 모리(MORI)가 실시한 여론조사에서는 응답자의 70퍼센트는 영국의 미래를 위해 군주제와 여왕을 지지한다고 대답했다. 그러나 다이애나 왕세자비와 찰스 왕세자의 이혼, 다이애나비의 죽음 등 충격적인 사건의 영향을 많이 받고 있던 시기인 2000년 6월의 여론조사에서는 왕실에 대한 지지도가 사상

다이애나의 장례식에 모인 왕실 남자들. 오른쪽부터 시아버지 필립공, 남동생 찰스 스펜서, 큰아들 윌리엄, 작은아들 해리 그리고 남편 찰스 왕세자.

최저인 44퍼센트까지 떨어진 적이 있다.

이런 상황에서도 영국 왕실은 한때 과거 대영제국의 영광을 지키는 상징으로서 굳건히 헤쳐나가고 있다. 바로 그런 점 때문에 국민들이 기꺼이 왕실의 가치를 인정하고 받아들인다고 할 수 있다. 나아가 유럽에 있는 다른 10개 입헌군주국가의 문화적 구심점으로서, 전 세계에 존속하는 28개 군주국가의 대표주자로서 뉴스 메이커의 지위를 놓치지 않는다.

타협과 조화, 노블레스 오블리주

20세기는 어느 의미에서는 군주들의 무덤과도 같았다. 엘리자베스 2세의 큰아버지 조지 5세의 재위기간인 1910년부터 1936년까지만 해도 13명의 국왕이 사라지고 18개의 왕조가 붕괴됐다. 거대 제국 러시아의 짜르가 볼셰비키에게 총살되고, 도처에서 왕들은 망명해야 했다. 영국 왕실이 유럽을 휩쓸던 프랑스혁명과 산업혁명 그리고 두 차례의 세계대전과 제국주의의 전면 후퇴, 공산당 집권이라는 대격변기를 거치면서도 살아남아 세계에서 가장 오랜 왕가의 하나로 성공할 수 있었던 배경은 무엇일까? 대략 다음과 같은 요인들을 꼽을 수 있겠다.

① 타협: 역사 발전에 따라 밑으로부터 거세게 솟아오르는 대중의 힘과 일찍 적절하게 타협했다. '군림하되 통치하지 않는다'는 원칙에 충실한 것이다. 절대왕정을 끝까지 고집한 프랑스와 러시아의 왕실이 몰락한 것과 달리 그들은 살아남았다.

② 유능한 지도세력: 영국 왕정의 타협은 영국의 유능한 지도세력이 주도한 것이다. 귀족을 중심으로 한 이 지도세력은 국내 안정을 바탕으로 기득권의 벽 안에 교착된 구대륙 대신 바다로, 신세계로 진출했

다. 왕실은 이 대세에 적절하게 타협하거나 이것을 이용할 줄 알았다.

③ 노블레스 오블리주: 특권 계급의 도덕적 의무를 실천하는 데 영국 왕실은 어느 왕실보다 모범적이었다. 그런 실천을 바탕으로 국가적 위기 때 국민적 구심점의 역할을 잘 소화해냈다. 엘리자베스 여왕의 삼촌인 켄트 공은 2차대전 때 군부대를 시찰하고 돌아오다가 사망했고, 여왕의 아들 앤드루 왕자도 1980년대 아르헨티나와 포클랜드 전쟁 때 헬기조종사로 참전했다. 여왕 자신도 1940년 2차대전 때 14세 나이로 직접 'BBC방송'의 위문방송 프로그램에 참여하고, 1945년 봄에는 직접 여성 봉사부대에 들어가 소위로 복무하기도 했다.

④ 전통과 현대의 조화 노력: 영국 왕실은 가장 전통적이면서도 필요하다고 판단되면 시대 변화를 수용했다. 엘리자베스 여왕의 큰아버지 조지 5세는 노동당 정부의 등장을, 엘리자베스 여왕은 여성 수상의 등장을 처음으로 받아들였다. 여왕은 또 텔레비전의 위력을 일찍 깨닫고 적극적으로 활용했다. 1953년 자신의 대관식 때 'BBC방송'의 중계 제의를 왕실이 반대했음을 알고 여왕은 즉각 허용하는 것으로 바꿨다.

텔레비전을 통해 연례연설을 한다는 아이디어를 낸 사람도 여왕 자신이다. 여왕은 최근 개설한 영국 왕실의 공식 인터넷 홈페이지(http//:www.royal.gov.uk)에 들어가 이곳저곳을 누비는가 하면, 세계 각 나라의 왕족이나 국가지도자들에게 이메일을 보낸다.

영국 왕실의 미래는 앞으로 어떨까? 냉정하게 보면 반드시 밝다고만 하기는 어렵다. 현재 군주제 자체는 엘리자베스 2세의 카리스마와 영국의 과거 영광에 대한 국민적인 향수 등에 힘입어 그 순기능을 좀 더 인정받고 있는 편이다. 그러나 왕실 유지비용과 격식의 축소 등을 둘러싼 논란은 계속된다. 과연 21세기 이 격변의 시대에 군주제도는 과연 존속할 수 있을 것인지를 증명하는 책무가 영국 왕실에 지워져 있다고 해도 지나치지 않다.

윌리엄 왕세손(찰스-다이애나의 큰아들)이 엘리자베스 여왕의 하노버 왕조에서 가장 머리가 좋은 수재이자 만능 스포츠맨으로 영국 국민들에게 광범한 인기를 누리고 있다는 점이 왕실의 큰 위안이라면 위안일 것이다. 세상 그 어디에도 완벽한 행복은 없는 법이다.

왕족은 비즈니스맨?

유럽에서 가장 부유한 가문 가운데 하나인 영국 왕실은 국민들의 왕실 개혁 요구에 부닥쳐 운신의 폭이 점차 좁아지고 있다. 이런 도전 앞에서 비즈니스에 대한 왕족의 관심도 자연스럽게 높아지고 있다.

특히 영국 왕실은 벤처를 매우 지향하는 편이다. 선두주자라 할 수 있는 찰스 왕세자는 유기농 사업가로 성공해가는 모습을 보인다. 그는 1996년 다이애나 세자빈에게 위자료로 약 300억 원을 지불해 거의 빈털터리가 됐다고 한다. 그런 그가 유기농 식품업체인 '더치 오리지널스' 의 성공으로 경제적으로 재기하는 데 성공할 것으로 보인다. 창업한 지 14년 되는 더치 오리지널스는 웰빙 바람에 힘입어 탄탄대로를 달리고 있다. 찰스 소유의 왕실 영지인 '더치 오브 콘월' 에서 생산되는 100퍼센트 유기농 재료로 전통 비스켓과 쿠키, 저장식품을 만드는 이 식품회사는 2003년 매출 5천 200만 유로(한화 약 730억 원)에 150만 유로의 순익을 내 영국 유기농 기업에서 선두로 자리잡았다. 사업 확장에 따라 초콜릿, 크리스마스 푸딩 등도 생산하고, 자연 상태에서 키운 쇠고기와 돼지고기, 햄, 소시지도 취급하기 시작했다고 한다. 찰스는 이 회사 제품의 라벨에 자신이 직접 그린 수채화를 사용하고 있기도 하다. 이런 사업적 배경 때문인지 찰스는 지난 1999년 유전자 변형 곡물의 수입을 반대하는 운동을 벌이며 정부에 공개질의서를 보내기도 했다.

엘리자베스 2세도 지도서비스를 하는 겟매핑닷컴(getmapping.com)에 투자해 한때 주식가치가 열배로 뛰어 60만 파운드에 달한 적도 있다. 그러나 여왕의 투자는 투자 목적이라기보다 영국의 지도를 디지털로 제작해 온라인으로 서비스하는 회사의 성격을 평가해 이뤄진 것으로 보인다.

유기농 사업가로 성공한 찰스 왕세자(가운데)와 그룹 스파이스 걸스.

여왕의 막내 아들 에드워드 왕자도 아던트 프로덕션이라는 영화사 겸 텔레비전 프로덕션을 세워 사업을 벌였다. 세계적인 부호로 알려진 브루나이 국왕이 이 회사에 20만 파운드를 투자하기도 했다. 에드워드 왕자는 말레이시아와 브루나이 왕실을 등장시키는 '로얄가든' 이라는 텔레비전 연속극을 기획하다가, 브루나이 방문 중 공무 대신 영화사 일을 했다는 비난이 일자 결국 그 사업에서 손을 뗐다. 에드워드 왕자의 부인 소피 공작 부인도 홍보사 일에서 손을 뗐다. 이렇게 아들 부부가 이런 일에서 손을 떼고 왕실 일에 전념토록 하기 위해 여왕은 해마다 25만 파운드(5억 원)를 지급하기로 했다고 한다.

영원에 도전한 '오씨' 가문

왕조의 몰락과 참극 속에서도 살아남아 전 세계로 퍼져나간 영원한 가문

삼국지 영걸 가운데 한 명으로 유명한 오(吳)나라의 손권은 서기 230년 장군 위온(衛溫)과 제갈직(諸葛直)을 시켜 갑사 1만 명을 데리고 바다 건너 이주와 단주로 가게 한다. 목적은 하나, 바로 '사람사냥' 이었다. 인구가 모자라 천하통일에 결정적으로 어려움이 있다는 것을 깨닫고 그런 식으로 사람을 강제로 끌고 와서라도 인구를 늘리려 한 것이다. 지금의 타이완인 이주까지 원정을 나서는 이런 처절한 노력까지 기울여 보지만, 결국 오나라는 그 50년 뒤인 280년 압도적인 인구와 물자를 갖춘 진나라에게 멸망하고 만다.

2500년 전의 오나라가 부활하다

오나라는 그로부터 620여 년 뒤인 중국 5대10국시대에 다시 부활한다. 당나라 말기 회남절도사였던 양행밀(楊行密)이 서기 902년 양저우를 수도로 삼아 역사상 세 번째 오나라를 세운 것이다. (한나라 초기 '오초7국의 난' 으로 반란국가로 등장한 오나라까지 치면 역사상 네 번째임.) 서기 10세기에 등장한 이 오나라는 35년이라는 짧은 기간만 존속하다가 사라졌다. 그러나 이 사건은 중국 역사상 끊임없이 소멸을 반복하는 '오나라' 라는 존재의 무거움을 새롭게 느끼게 하기에 충분하다.

왜 양쯔 강 이남의 강남에서는 2500년 전 사라진 춘추시대의 오나라가 지속적으로 민중의 마음을 뒤흔들며 되살아나곤 했던 것일까? 무엇이 유독 오나라라는 왕조의 처절한 부활을 반복적으로 가능하게 했던 것일까?

바로 이런 오래고도 뿌리 깊은 염원을 반영한 듯한 사건이 역사 속에서 벌어진다. 오나라의 국명을 모태로 하는 '오씨'라는 가문이 전 세계에 퍼져나가 오나라의 정체성을 지금까지 이어가고 있는 것이다. 기원전 473년 최초의 오나라가 멸망한 뒤로부터 거의 2500년, 왕조는 갔어도 가문은 살아남았다.

오나라는 오태백이 처음으로 지금의 장쑤 성 쑤저우 지방에 봉해진 이후 25대 왕 부차(夫差) 때까지 이어지다가 멸망했다. 이 25대를 내려오는 동안 언제 정확히 오씨라는 성이 정립됐는지에 대해선 여러 가지 설이 있다. 후대에 내려오면서 주류에서 벗어난 왕족들은 망명이나 투항 등으로 다른 성씨를 갖게 되기도 했다. 그런데 결정적으로 오나라가 월나라에 멸망당한 이후 왕족의 여러 지파를 중심으로 자신들을 오씨라는 정체성으로 일체화한 집단이 폭발적으로 많아진다. 왕조가 존속할 때는 오히려 희미하던 정체성을 멸망 뒤의 고난 속에

오씨의 존속에 크게 기여한 사실상의 시조격인 계찰. 왕위를 양위하는 등 그의 높은 인격과 도덕성을 기려 공자는 직접 비문을 쓰기도 했다.

서 더욱 명확하게 인식하고 강화하는 양상을 보인다. 역사서인 『중화성씨통사-오성』을 살펴 보자.

오나라 19대 왕 수몽에게는 네 아들이 있었다. 맏아들은 제번, 둘째는 여제, 셋째는 여말, 넷째는 계찰이었다. 계찰이 현명하고 재능이 있어서 수몽은 그에게 왕위를 물려주려 했다. 그러나 그는 사양했다. 할 수 없이 큰아들을 옹립하면서 형제순으로 차례로 즉위토록 유언을 남겼다. 결국에는 계찰이 왕위에 오르도록 배려한 것이다. 유언에 따라 왕위는 이어졌지만, 다시 계찰 차례에 이르자 이번에도 그는 오나라 사람들의 간곡한 뜻을 받아들이지 않고 가족을 떠나 밭을 갈며 거절의 뜻을 분명히 했다. 할 수 없이 왕위는 셋째 여말에 이어 그 아들 요(僚)에게 돌아갔다. 이것이 오나라의 운명에 결정적인 전기가 된다. 맏아들 제번의 아들 공자 광이 자신에게 올 왕위가 요에게 잘못 갔다면서 요를 암살하는 쿠데타를 일으킨다. 암살자 전제가 생선요리 속에 비수를 숨기고 들어가 왕을 찔러 죽인 것이다. 이 쿠데타가 성공해 공자 광이 오왕에 등극하는데 그가 바로 합려(闔閭)다. 이 전격 쿠데타 당시 요의 아들인 공자 촉용과 개여는 전쟁에 나가 초나라군에 포위돼 있었다. 쿠데타가 일어나 아버지가 죽었다는 소식을 듣고 형제는 초나라에 항복한다. 형제는 초나라 서 땅에 봉해져 각각 촉용씨와 개여씨의 시조가 된다. 오로부터 분리된 성씨가 나오기 시작한 것이다. 그 뒤에는 다시 합려의 동생 부개가 반란을 일으킨 뒤 역시 초나라로 항복해 당계씨의 시조가 된다.

어쨌든 오나라는 합려가 왕에 오른 뒤 크게 번성한다. 손자와 오자서(伍子胥)의 보좌로 합려는 초나라 수도를 함락시키는 등 큰 전과를 올린다. 그러다가 배후에서 갑자기 습격해온 월나라 군사와 싸우던 중

합려의 명으로 오자서가 쌓았다는 쑤저우 성. 쑤저우는 오나라가 망한 뒤 월나라에 의해 크게 파괴됐다가 후대에 복원됐다.

부상을 입고 그 후유증으로 사망한다. 저 유명한 오월대전이 시작된 것이다. 오월대전에서 초기 대승을 거둔 오왕 부차는 교만함과 간신들의 아첨에 빠져 나라를 멸망으로 몰고 간다. 오자서와 공손경 같은 충신들을 죽인 그는 결국 월나라에 패하고 스스로 목을 찔러 자결한다.

월나라의 파괴, 오나라의 멸망

오나라의 멸망은 '오'라는 정체성을 가지고 있던 국가·지역·핏줄의 세 가지 가운데 두 가지의 단절을 가져왔다. 나라는 망해 월나라의 식민지가 됐다. 양쯔 강의 뱃길을 중심으로 무역국가로서 번영을 구가하던 수도 오(오늘날의 쑤저우)도 파괴됐다. 역사는 이렇게 표현하고 있다. "월나라 사람들은 오나라에 대한 복수심으로 오나라의 건축물을 철저히 파괴했다. 부차가 세운 고서대도 부서지고, 수도 오도 파괴를 면할 길이 없었다." 사마천은 이 파괴 이후의 양상을 '오나라의 폐허'〔吳墟〕라고 표현하기도 했다. "무너진 성벽은 과연 여기가 한때 번화하던 오나라 수도였는지 도저히 믿을 수 없게 했다. 석양은 핏빛으로 물들었다"라고 표현한 이도 있다.

이 참극에서도 세 가지 가운데 하나는 확실하게 살아남았다. 핏줄, 바로 오씨라는 성이다. 그러나 오씨라는 성이 살아남기 위해 치러야 했던 고통은 매우 컸다. 다시 『중화성씨통사-오성』을 보자.

> 왕족 가운데 많은 이들이 전쟁에서 죽거나 포로가 되고 유랑민이 됐다. 부차의 아들인 태자 우(友)와 그 아들도 패망 몇 해 전 포로로 붙잡혀 월나라로 끌려갔다. 새로 세워진 태자 고멸과 또 다른 왕자 한 명도 월나라에 포로로 잡혀갔다. 새로 세운 태자였던 홍(鴻)은 장시〔江西〕 성으로 달아났다. 그 밖에 많은 왕족들이 월나라의 박해와 노예가 되는 길을 피해 달아나야 했다. …… 오씨 대부분은 집을 떠나 월나라의 노예가 되거나 월나라 사람 밑의 예속민이 돼야 했다. 월나라 벽지로 강제이주돼 노역을 해야 했던 사람도 많다.

아이러니컬하게도 오나라 멸망 뒤 오씨가 살아남게 하는 데 결정적인 기여를 한 것은 왕권을 둘러싸고 내부 싸움을 벌였던 왕들과 그 후손이 아니라 양위파다. 19대 왕 수몽의 네 아들 가운데 끝까지 왕위를 사양했던 넷째 아들 계찰과 그 후손이다.

> 왕위를 사양하고 달아난 계찰이 원래 살던 곳은 연능이다. 오나라가 망할 때 계찰의 장손 오복번은 노모와 처 그리고 식솔을 이끌고 도망쳐 둥팅 호〔洞庭湖〕 부근으로 갔다. (역사서를 보면 계찰은 이전까지는 성이 없이 계찰로 불

리다가 오나라 멸망 뒤부터 '오계찰'로 표기되는 변화가 일어난다.) 지금 호산(虎山)으로 불리는 무봉산 남쪽에까지 간 그는 월나라 사람들의 박해를 피하기 위해 성과 이름을 감춘다. 자신의 가운데 이름을 따서 '복씨'라고 성을 바꾼 것이다. 그리고 세세손손 그곳에 은거한 채 살았다. 바깥 세상과도 절연한 채 집안 사람들은 물고기를 잡고 농사를 지어 생계를 이어갔다. 맨 처음 남매끼리 결혼을 하는 것으로 시작해 문중결혼으로 가계를 이어가던 그들은 그러나 자신들의 조상을 잊지 않았다. ……그 가문은 1500여 년이나 지난 남송 때 다시 '오씨'라는 성을 되찾는다.

계찰의 둘째 아들 오정생 일파는 가문이 가장 융성해진 경우다. 제나라로 피난한 그는 제나라 공주와 결혼해 아들을 낳은 뒤 '나라를 되찾는다'는 결의를 담아 아들 이름을 '후번'(后蕃)이라고 짓기도 한다. 오후번은 나중에 노나라의 상국이 되고, 그 아들 오번은 공자의 제자 안고(顔高)의 제자가 된다.

-『중화성씨통사-오성』중에서

계찰은 이처럼 오씨의 중흥 시조라 할 만하다. 그는 씨족의 존속과 번영에 결정적으로 공헌했을 뿐만 아니라 역사적으로도 매우 높이 평가받는 인물이다. 그가 21대 오왕인 여제 즉위 4년, 노나라에 사신으로 갔을 때 춘추시대 각국의 음악을 하나하나 정통하게 감식하고 평가한 기록이 남아 있다. "왕풍을 노래하자 그는 '아름답다. 근심 속에서도 두려움이 없으니 이는 아마도 주 왕실이 동쪽으로 천도한 이후의 악곡일 것이다'라고 말했다." 그가 다시 제나라로 사신을 갔을 때 안평중을 만나자 이렇게 권고했다고 한다. "당신은 빨리 봉읍과 정권을 돌려주시오. 봉읍과 정권이 없어야만 비로소 재난을 피할 수 있을 것이오. 제나라의 정권은 장차 귀속될 곳이 있을 것이니 귀속되지 않으면 재난이 그치지 않을 것이오." 안평중은 정권과 봉읍을 돌려줌으로써 그 뒤 난씨와 고씨가 일으킨 재난을 피할 수 있었다. 그가 진나라에 갔을 때 손문자라는 사람이 마련해준 성에서 종소리를 듣고 이렇게 말했다. "이상하다. 내가 듣기로 말재주가 있으나 덕행이 없으면 반드시 살육을 당한다고 했다. 그런데 당신은 왕에게 죄를 짓고도 아직 이곳에 머물러 있고, 두려워해도 부족한데 아직도 향락을 누리고 있는가? 당신이 이곳에 있는 것은 제비가 장막 위에 둥지를 튼 것과 같다. 왕의 관을 아직 안장도 하지 않았는데 어찌 즐길 수 있는가?" 이 말을 하고 계찰이 떠나가자 손문자는 그 뒤 평생 동안 음악을 듣지 않았다고 한다. 계찰은 그 뒤 자신에게 왕위의 차례가 오자 사양하고 도망친다. 사마천은 그를 이렇게 평가했다. "연릉계자(계찰)의 인덕지심(仁德之心)과 도의의 끝없는 경지를 앙모한다. 조그마한 흔적을 보면 곧 사물의 청백함과 혼탁함을 알 수 있는 것이다. 어찌 그를 견문이 넓고 학식이 풍부한 군자가 아니라고 하겠는가!"

이러한 계찰의 다섯 아들이 오늘날까지 이어지는 오씨 가운데 대종을 이루게 된다. 왕권 다툼의 소용돌이에 휘말린 왕들과 그 후손들이 투항 등으로 다른 성씨로 정착하는 등의 많은 변화를 겪은 데 반해 그와 그의 자손은 오씨의 정통으로서 가문을 가장 활발하게 흥성시킨 셈이다. 이런 역사를 가진 오씨는 그 뒤 한국, 타이완, 일본을 거쳐 전 세계로 퍼져나가고 있다.

진(秦)씨의 연원에 대한 세 가지 설

왕조가 사라진 이후에도 성씨로 남아 존속하는 사례 가운데 하나로 진(秦)나라의 진씨도 주목할 만하다. 중국을 최초로 통일한 왕조 진나라가 비교적 단명했기에 그 연속성에 대한 관심도 크다고 할 수 있기 때문이다. 진씨의 연원에 대해 정확하게 단정하기는 쉽지 않다. 대략 세 가지 정도로 추정하고 있다.

① 영(嬴)성 연원설

② 희(姬)성 연원설

③ 로마 연원설

영성 연원설은 진시황 진왕조와의 관련성을 가장 강력하게 뒷받침하는 경우다. 영은 원래 진시황의 성이다. 진시황의 이름이 정이었으므로 성함이 영정(嬴政)이다. 이 설은 사마천의 『사기』 중 「진본기」(秦本記)의 기술을 근거로 하고 있다.

"주나라 효왕 때 산시 성에 살던 목축업자 비자가 말이나 가축 따위

진시황릉의 동마차. 진씨는 진시황의 후예라는 영성 연원설 등 세 가지 연원설이 있다.

를 좋아해서 잘 기르고 번식시켰다. 효왕이 그에게 견수와 위수 사이의 땅에서 말을 주관하게 했는데 크게 번식했다. 그래서 옛날 그의 조상인 백예가 순 임금을 위해 목축을 주관해 공을 세운 것을 빗대어 봉읍을 주었다. 이와 함께 그에게 선조인 영씨의 제사를 계승해서 받들게 하고 이름을 진영(秦嬴)이라 했다."

이 진영의 후손이 나중에 진왕이 된다. 그러니까 원래는 영이라는 성이 있었는데 그 맥이 끊어져 있던 것을 주나라 효왕이 그 후손 가운데 비자라는 사람에게 영씨 성을 되찾게 했다는 것이다. 이 사람이 진영이라는 이름을 쓰다가 '진'이 성으로 굳어졌다는 논지다. 결국 진나라 멸망 뒤 진나라 왕족의 성씨를 가지고 있던 집단이 진씨라는 성씨로 정체성을 이어갔다는 셈이 된다. 이 주장은 후대의 이 집단이 진시황의 혈족임을 정확하게 보여준다. 하지만 동시에 그 시조 쪽으로 거슬러 올라가면 중원의 한족보다는 주변민족일 가능성이 높다는 것을 시사한다. 실제로 진나라 왕가는 초기에 서융(徐戎)의 오랑캐와 빈번하게 통혼하는 등 피를 섞고 있었다.

오나라의 초석을 닦은 손책. 손씨 가문은 춘추시대에 망한 오나라를 다시 부활시켜 천하통일을 노린다.

희성 연원설은 진씨가 주공 단의 후예로 희씨 성으로부터 유래했다는 주장이다. 주공(周公) 단(旦)은 주나라 무왕의 동생으로 조카인 성왕이 어려서 즉위하자 그를 성심껏 보좌한 인물이다. 능력 있는 삼촌이 어린 조카를 보좌하기는 커녕 반란을 일으켜 왕위를 빼앗는 것이 비일비재한 데 반해 이런 덕을 실천했기에 유교권의 이상으로 존경받는다. 특히 공자가 그 열렬한 팬으로 격찬을 아끼지 않은 것으로 유명하다. 이 주공의 큰아들이 백리인데 나중에 노나라 노씨의 시조가 된다. 백금의 지차 자식 가운데 진읍에 봉해진 사람이 있고, 다시 그 후손 중에서 진씨의 시조가 나왔다는 것이 희성 연원설이다. 이런 희성을 딴 나라들이 곽(霍)나라, 위(魏)나라, 경(耿)나라 등의 소국인데, 모두 춘추시대 초기의 강대국인 진(晉)나라에게 멸망됐다. 이 위나라는 초기의 소국으로 나중에 전국시대의 7패 가운데 하나로 성장한 위나라와는 다른 나라다.

로마 연원설은 매우 독특하다. 한나라 초기 반초의 서역 경략 뒤 로마에서 사신과 사람이 지속적으로 오가는 등 교류가 활성화됐으며, 서기 4세기 이후 본격적으로 중국에 들어와 살기 시작한 로마인들이 진씨 성을 갖게 됐다는 주장을 편다. 바로 이런 배경에서 서역을 비롯해 유럽 쪽에서 중국을 '지나' (차이나, 진)로 부르게 됐다는 것이다.

진씨도 물론 오씨처럼 여러 갈래의 다른 성씨 분파가 있다. 영(嬴)이라는 성으로부터 출발한 후손 가운데 상당수가 각지에 분봉돼 봉국의 이름으로 성을 삼았기 때문이다. 진(秦)씨도 큰 틀에서는 이런 맥락에 속한다. 그 밖에 서(徐)씨, 종서(終黎)씨, 운엄(運奄)씨, 황(黃)씨, 강(江)씨, 수어(修魚)씨, 백명(白冥)씨, 비렴(蜚廉)씨 등이 그렇다.

이런 세 가지 연원설을 가진 진씨는 한나라 이후 부침을 겪으며 존속 발전해 점차 관중 지방과 중원에서 확장돼 강남, 서천, 요녕 등지로 무대를 넓혀갔다고 한다. 그 뒤 서역적 기풍과 세계주의적 분위기가 강하던 당나라 때 비약적으로 발전했다고 평가받는다. 특히 안녹산의 난 이후 진씨 등 진나라 후손들은 본격적으로 강남으로 진출해 두각을 나타낸다. 그 시기는 사실상 중국 역사상 대표적인 민족대이동 시기이기도 했던 것이다.

그 옛날 진나라는 조나라와 전쟁을 벌여 이긴 뒤 포로 40만 명을 죽인 적이 있다. 원래 이런 대규모 포로 학살은 조나라가 진나라 포로 5만 명을 먼저 죽이면서 시작됐다. 40만 명 학살은 그 보복이었던 것이다. 그 뒤 이번에는 다시 초나라 항우(項羽)의 군대에게 사로잡힌 진나라 병사 20만 명이 초나라 멸망의 보복으로 모조리 생매장당한다. 이런 피로 피를 씻는 전쟁으로는 어느 왕조도 영원히 자신을 지킬 수 없었다. 그랬기 때문일까? 인간이 영원히 지킬 수 없는 국가(왕조) 대신 가문으로 영원에 도전하기 시작했던 것은…….

춘추전국시대, 지금도 살아 있다

성씨는 역사 발전에 따라 점차 늘어났다. 오씨의 예에서 보듯 역사의 진전에 따라 새로이 지파가 생겨나고 새로운 창성이 이뤄져 늘어나는 것은 자연스러운 일이다. 물론 사라지는 성씨도 있지만 그보다는 새로 생겨나는 성씨가 훨씬 많을 수밖에 없다.

중국의 예를 보자. 1100년대 무렵 북송시대에 편찬한 『백가성』(百家姓)에는 438개 성이 수록돼 있다. 그러다가 명나라 때에 이르러 『천가성』(千家姓)에서는 총 1968개 성이 실린다. 그 뒤 현대에 이르러 편찬된 『중화성씨대사전』은 중국의 56개 민족의 성이 총 1만 1969개에 이른다고 주장하기에 이른다. 또 다른 성씨 관련 서적인 『중화고금성씨대사전』은 과거로부터 현재에 이르기까지 존재했거나 존재하고 있는 성씨가 총 1만 2000개라고 추산한다.

왕조와 밀접한 연관을 가지고 부침과 흥망을 같이 해온 성씨는 오씨나 진씨 이외에도 많다. 일단 춘추전국시대의 나라 이름은 거의 모두 성씨로 진화해 생존했다고 해도 지나치지 않다. 춘추전국시대의 주(周)나라, 진(晉)나라, 제(齊)나라, 위(魏)나라, 한(韓)나라, 노(魯)나라, 정(鄭)나라, 채(蔡)나라, 송(宋)나라, 당(唐)나라 등은 다 성씨로 살아남았다.

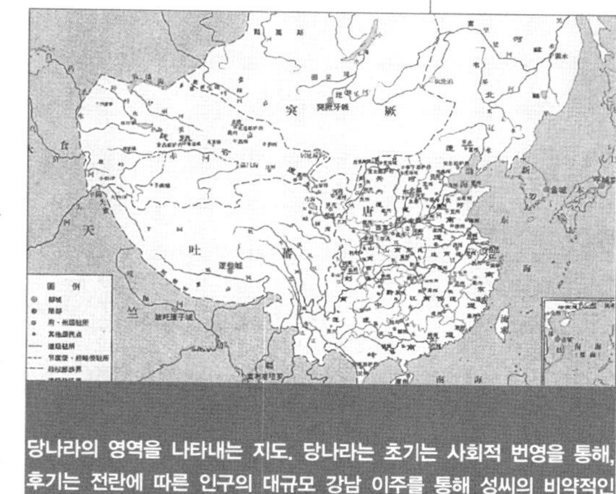

당나라의 영역을 나타내는 지도. 당나라는 초기는 사회적 번영을 통해, 후기는 전란에 따른 인구의 대규모 강남 이주를 통해 성씨의 비약적인 발전이 가능했다.

물론 멸망한 뒤 다시 세워져 마침내 천하통일을 이룬 나라도 있다. 삼국지 시대를 통일한 사마의 가문의 진나라, 춘추시대 때 사라졌다가 이연 부자에 의해 건국돼 통일을 이룩한 대제국 당나라, 역시 춘추시대 때 사라졌다가 조광윤에 의해 건국돼 당나라 이후의 통일천하를 이룬 송나라 등이 그렇다. 이와 달리 이민족이 세운 나라의 이름은 아무리 통일을 이루는 성과를 올렸어도 성씨로 이어지지 않는 경향을 보인다. 몽골족이 세운 원(元)나라, 만주족이 세운 청(淸)나라 등이 그렇다. 또한 중국 이외의 나라에서도 이런 경향이 대단히 드물어 눈길을 끈다. 우리나라의 경우도 고씨 가운데 한 분파의 고(高)씨가 고구려를 계승했다는 설이 있다. 횡성 고씨는 자신들이 고구려의 왕손임을 밝히는 족보를 가지고 있다. 하지만 우리나라에서는 고구려 아닌 남방 토착 출신이라고 밝히는 고씨가 대부분이다.

백 리 안에 굶는 이가 없게 하라

'조선의 노블레스 오블리주' 최 부잣집 300년의 비밀

경주 최 부잣집을 생각하면 두 가지 감동적인 장면이 떠오른다.

서기 1671년 현종 신해년, 삼남에 큰 흉년이 들었을 때 경주 최 부자 최국선의 집 바깥마당에는 큰 솥이 내걸렸다. 주인의 명으로 그 집의 곳간이 헐린 것이다. '모든 사람들이 장차 굶어 죽을 형편인데 나 혼자 재물을 가지고 있어 무엇하겠느냐. 모든 굶는 이들에게 죽을 끓여 먹이도록 하라. 그리고 헐벗은 이에게는 옷을 지어 입혀주도록 하라.' 큰 솥에는 매일같이 죽을 끓였고, 인근은 물론 멀리서도 굶어 죽을 지경이 된 어려운 이들이 소문을 듣고 서로를 부축하며 최 부잣집을 찾아 몰려들었다. 죽으로 생기를 찾은 이들은 이어서 쌀 등 먹을거리도 얻었다. ……흉년이 들면 한 해 수천, 수만이 죽어나가는 참화 속에서도 경주 인근에선 주린 자를 먹여 살리는 한 부잣집을 찾아가면 살 길이 있었다. ……그해 이후 이 집에는 가훈 한 가지가 덧붙여진다. '사방 백 리 안에 굶어 죽는 사람이 없게 하라.'

– 『경주 최 부잣집 300년 부의 비밀』 중에서

흉년 때 곡식 창고를 개방하다

흉년은 없는 자에게는 죽음과 절망이었지만, 가진 자에게는 부를 엄청나게 증식할 수 있는 절호의 기회였다. 아니, 이것은 과거의 일만이 아니다. 국제통화기금의 구제금융사태(IMF) 이후 한국에서 벌어진 일을 보면 금방 알 수 있다. 오죽하면 가진 자 사이에서는 "IMF 이대로!"라는 건배 구호까지 등장했다는 확인되지 않은 소문이 떠돌았을까. 그러나 최 부잣집은 그런 부자들과는 정 반대의 길을 갔다. 곳간을 헌 최국선은 아들에게 서궤 서랍에 있는 담보서약 문서를 모두 가지고 오게 한다.

"돈을 갚을 사람이면 이러한 담보가 없더라도 갚을 것이요, 못 갚을

마지막 최 부자로 불리는 최준씨(오른쪽) 형제. 왼쪽의 동생 최윤은 형을 위해 대신 일본참의가 되는 오명을 뒤집어써 해방 뒤 반민특위에 끌려가기도 했다.

사람이면 이러한 담보가 있어도 여전히 못 갚을 것이다. 돈을 못 갚을 형편인데 땅문서까지 빼앗아버리면 어떻게 돈을 갚겠느냐. 이런 담보로 얼마나 많은 사람들이 고통을 당하겠느냐. 땅이나 집문서들은 모두 주인에게 돌려주고 나머지는 모두 불태우거라."

집 바깥마당에선 아들이 아버지의 명대로 문서들을 활활 태워버리고 있었다. 최 부잣집은 당시 성경이나 기독교를 전혀 몰랐겠지만, 이 장면은 성경의 한 구절을 떠올리게 하기에 충분하다.

> 나의 기뻐하는 금식은 흉악의 결박을 풀어주며 멍에의 줄을 끌러주며 압제 당하는 자를 자유케 하며 모든 멍에를 꺾어주는 것이 아니겠느냐.
>
> – 구약성서 「이사야서」 58장 6절

『경주 최 부잣집 300년 부의 비밀』을 쓴 경제학자 전진문 박사는 최 부잣집이 흉년 때 대략적으로 경상북도 인구의 약 1할 정도에 이르는 사람들에게 구휼의 혜택을 베풀었다고 추산했다. 보통 춘궁기나 보릿고개 때인 3, 4월에는 한 달에 약 100석의 쌀을 나눠줬으므로 약 1만 명 정도가 쌀을 얻어갔다고 가정한다. 이런 가정은 그의 집안에 전해 내려오는 나그네 접대용 쌀통을 보면 이해할 수 있다. 한 사람이 한 손으로 퍼낼 수 있는 쌀의 양을 기본으로 했던 것이다. 그런데 어떤 때는 약 800석이 들어가는 큰 창고가 거의 바닥이 나다시피 했다고 한다. 그러니까 총인원 8만 명 정도 이상이 거기서 양식을 얻었다고 볼 수 있다. 1900년대 초 경상북도의 인구를 100만 명 정도로 추산할 수 있으니 거의 1할에 육박했다는 계산이 나온다.

신라의 수도였던 경주는 그렇게 1천 년의 저력에 어울리는 한 부자

최 부잣집 창고. 흉년이 들면 굶주리는 이들을 구휼하기 위해 800석이 들어간다는 경주 교리의 이 창고 문이 열렸다.

가문을 냈다. '경주 최 부잣집'이라는 별칭으로 불리는 이 가문은 무슨 왕조의 후손이나 개국공신으로 국가로부터 엄청난 토지를 하사받은 것이 아니다. 조선조 중엽 임진왜란·병자호란의 양대 전란이 휩쓸고 간 참화 위에서 창조적이고 진취적인 기상으로 농지를 개간해 만석꾼의 지위을 이룩한 뒤 10여 대 300년 동안 이 부를 현명하게 지켜내고 선하게 활용해 역사에 이름을 남긴 집안이다. (최 부잣집의 부가 과연 몇 대나 계속된 것인가 하는 점에 대해선 9대 만석꾼설, 10대 만석꾼설, 12대 만석꾼설 등 대략 세 가지가 있다.) 이 집안은 다른 나라의 거대 부호 가문처럼 부의 규모가 아주 엄청나게 크지는 않았다. 나아가 부를 바탕으로 다른 명예와 권세를 추구해 성공한 것도 아니다. 그러나 이 가문은 몇 가지 점에서 평가받을 자격을 충분히 갖추고 있다.

① 모두를 살리는 부: 부의 생성과 축적 그리고 활용에서 누구를 해치지 않고 각 주체들을 가능하면 모두 살리는 부를 구현했다. 이를 바탕으로 '조선적 노블레스 오블리주'(Noblesse Oblige: 특권계층의 책임)

를 구현한 가문으로 평가하기에 손색이 없다.

② 경제 외적 노하우(know-how): 부를 지켜내는 동력으로서 경제 외적 노하우를 대단히 중요하게 평가했다. 당대만의 성공이 아니라 긴 성공을 위해선 자기와 가문을 제대로 다스리는 게 중요하다는 것을 통찰하고 대비했다.

③ 가문의 장기 생존과 발전: 가문의 동질성과 순정성을 10여 대에 걸쳐 300년 동안 유지하는 것은 대단히 어렵다. 오죽하면 부불삼대(富不三代: 부자가 삼대를 넘기기 어렵다는 뜻)라는 표현까지 나왔을까. 더구나 전란과 민란, 외침, 식민통치, 체제대립 등으로 점철된 역사의 소용돌이 속에서 만석꾼이라는 경제적 부와, 선행을 계속하는 명가문의 전통을 이어간다는 것은 보통 어려운 일이 아니다. 거의 기적이라고 할 만하다.

④ 후손 교육의 성공과 그 비결로서의 기록: 최 부잣집은 가문의 도덕률, 체세술, 경영관 등 노하우를 기록으로 남겨 후손을 교육시키는 데 성공했다. 이것은 두 가지 효과를 가져왔다. 하나는 노하우 자체의 후대 전승이다. 다른 하나는 이 기록이 그 가문의 후손을 제대로 교육시키는 데 결정적인 공헌을 했다는 것이다. 만일 이런 기록이 없었다면 최 부잣집 300년 성공의 결정적인 비밀인 교육은 성공하지 못하거나 덜 성공적이었을 가능성이 높다.

⑤ 민족의 역사와 함께 한 마지막 승부: 이민족의 탄압과 전쟁의 무서움 앞에 두렵지 않은 사람이 얼마나 있겠는가. 그러나 최씨네 사람들은 이때 민족을 배신한 채 도망치지 않았다. 일제와 해방 이후 격동기에 가문은 역사를 마주 보고 그대로 끌어안았다. 재산을 독립운동 자금과 대학 설립 자금으로 모두 돌린 것이다. 300년 부를 마지막 단

계에서 자신과 가문이 아닌 민족을 위해 던진 뒤 깨끗하게 부자 가문에서 내려온다.

전 재산을 털어 대학 세워

경주 최 부잣집은 어떻게 이런 성공을 거둘 수 있었을까? 전진문 박사의 『경주 최 부잣집 300년 부의 비밀』을 중심으로 가문의 역사를 재구성해보자.

최 부잣집은 경주 최씨 사성공파의 한 갈래인 가암파에 속한다. 가암파의 시조인 최진립은 임진왜란 때 25살 나이로 의병으로 일본 침략군과 싸운 사람이다. 나중에 무과에 급제한 뒤 부장 벼슬을 받았으나 몇 차례 일본군과 싸우고 부상을 입어 사직했다. 그 뒤 정유재란 때 다시 참전했다. 마량첨사, 가덕첨사를 거쳐 경흥부사 통정대부가 됐다.

경주 최씨 사성공파 가문파 11대 최현식의 회갑연 모습.

병자호란 때에도 참전해 적군과 싸우다 순국했다. 그의 셋째 아들 최동량이 집안을 경제적으로 일으킨다. 그 방식은 형산강 상류의 개울이 합쳐지는 개울가에 뚝을 쌓아 대대적으로 조성한 농토라든가 새로 개간해 얻은 밭에 소작인과 소출을 반반씩 나누는 병작제를 적용하는 것이었다. 당시 소작인들이 선호하는 선진적인 이 병작제의 적용으로 그는 큰 성공을 거둔다. 마을 사람들이나 노비들이 적극적으로 최씨네 땅 개간에 협력해 농토가 엄청나게 늘어난 것이다. 나아가 최씨네 집안 사람들은 스스로 농사일에 앞장서는가 하면 사람의 똥이나 오줌을 이용한 비료법도 적극적으로 활용해 소출을 높였다. 이와 함께 이앙법

부산에 있던 백산상회 모습. 마지막 최 부자인 최준이 사장을 맡은 백산상회는 상해임시정부로 독립자금을 보내는 통로 가운데 하나였다.

을 도입해 적은 인원으로 넓은 논을 경작하도록 했다. 그 결과 가암파 3대인 최국선 대에 이르면 가문은 경상도에서 손꼽히는 대지주 가문으로 성장한다.

부를 일군 뒤에도 집안은 대대로 근검절약을 근본으로 삼되 가난한 이와 손님들을 후대했다. 나아가 과도하게 재산을 늘리지 않았다. 집안의 전통으로 실행하는 선행으로 가문은 동학혁명이나 다른 민란 때에도 화를 당하지 않을 수 있었다. 일제에게 나라를 빼앗긴 뒤 최진립의 11대손인 최준은 독립운동 단체에 참가하는 한편 백산 안희제를 통해 상해임시정부에 독립자금을 지속적으로 보냈다. 이런 과정에서 일본 헌병에게 끌려가 모진 고문을 당하기도 했으나 독립군 자금에 대해서 비밀을 지켰다고 한다. 해방 뒤 최준은 해방된 나라에 대학을 설립해 국가를 이끌고 갈 인재를 양성한다는 인생의 목표를 위해 대구대학을 세운다. 그 뒤 그는 다시 남은 재산을 털어 계림대학도 세운다. 나중에 대구대학, 계림대학의 두 대학이 합해져 영남대학이 된다. 경주 최 부잣집 300년의 부는 이렇게 해서 사실상 모두 교육사업으로 승화돼 돌아간다.

최 부잣집의 가훈

경주 최 부잣집은 그 역사적 전통만큼이나 가훈으로도 유명하다. 오래전부터 그 집이 독특하고 나름대로 훌륭한 가훈을 가지고 있다는 사실은 조선 천지에 널리 알려져 있었다. 그 가훈은 그저 한 뛰어난 조상이 이룩한 작품이 아니다. 특정 조상 때 한꺼번에 만든 것이 아니라 구체적인 역사적 맥락에서 생성된 가훈들이 모아지고 전승된 종합작품의 성격을 띤다. 이 때문에 가훈 하나하나의 의미는 그만큼 절절했을 뿐만 아니라 현실적 효과와 교육적 효과도 높았다. 6개조로 이뤄진 가훈을 한번 살펴보자.

첫째, 과거를 보되, 진사 이상은 하지 마라: 이 가훈은 가암파의 시조인 정무공 최진립의 유훈에서 비롯됐다. 최진립은 임진왜란, 정유재란, 병자호란의 외침 때마다 조국을 구하기 위해 참전해 나름대로 많은 전공을 세우고 끝내 전사했다. 그랬던 그는 병자호란 때 억울하게 귀양을 간 적이 있다. 당시 동맹국인 명나라 군대와 합동작전을 벌일 때 후금(나중의 청나라)의 공격에 대해 일찍 반격하지 않았다는 말도 안 되는 책임을 물어 심문하고 귀양 보낸다. 그때 최진립의 군대에 대한 지휘권을 명군 지휘관이 가지고 있는데도 그런 죄를 씌운 것이다. 이때의 뼈저린 경험을 바탕으로 그는 자식들에게 이렇게 당부한다. "사람이 왕후장상의 아들로 태어나지 않은 이상 권세와 부귀를 모두 가질 수는 없다. 권세의 자리에 있음은 칼날 위에 서 있는 것과 같아 언제 자신의 칼에 베일지 모르니……. 과거를 보되 진사 이상의 벼슬은 하지 마라." 상민으로선 부나 가문을 일구기 어렵다고 보고 진사까지만 하도록 한 것이다. 교육을 받지 않으면 부나 가문을 지키기 어렵다는 생각도 동시에 하고 있었던 것이다.

둘째, 재산은 만석 이상을 지니지 마라: 이 가르침은 부의 상한선을 설정했다는 것을 넘어 좀더 깊은 의미를 함축하고 있다. 이 상한선을 지키기 위해 후손들은 욕망을 절제하는 법을 배워야 했다. 정신수양에 더욱 신경을 쓰게 된 것이다. 나아가 이 상한선을 지키기 위해 소작률을 낮추게 됐고 결과적으로 가문의 부가 저절로 가문 밖으로 퍼져나가 널리 인심을 얻는 효과를 거둔다. 가훈을 지키는 과정에서 자연스럽게 선한 행위를 하고 그 덕이 쌓이고 쌓여 가문의 방파제가 되도록 한 것이다.

셋째, 과객을 후하게 대접하라: 이 가훈은 외형상으로는 인심을 얻고 선행을 널리 베풀라는 원칙을 보여준다고 할 수 있다. 그러나 내용상으로는 더 적극적인 나눔의 실천을 증명하고 있다. 이런 식으로 대접을 엄청나게 많이 했을 뿐 아니라 그런 식으로 재산을 쓴 규모도 엄청났기 때문이다. 과객은 식사와 잠자리를 제공받았으며, 떠날 때에도 양식과 약간의 노자를 받는 전통이 있었다고 한다. 집안에 내려오는 이야기로는 해마다 약 1천 석을 이런 식의 과객 대접에 사용했다고 한다. 이것은 매년 수입의 약 4분의 1에 이르는 규모로 추산된다.

넷째, 흉년기에는 땅을 사지 마라: 이 가훈은 단순하게 선행이나 인심얻기의 하나였다는 소극적 의미를 지닌 것이 아니다. 오히려 부를 쌓는 과정에서 남의 불행을 악용하지 않는다는 근본주의적 원칙을 보

최 부잣집 경주 고택의 안채 모습.

여줘 주목된다. 이런 원칙은 이웃과 함께 가지 않는 삶은 오래지 않고 무너진다는 철학에서나 가능하다. 그런 경험적인 깨달음을 가훈으로 구체화하고 강제화한 것이라고 볼 수 있다.

다섯째, 며느리들은 시집온 뒤 3년 동안 무명옷을 입어라: 근검절약이 만사의 기본이라는 철학을 이보다 구체적인 표현으로 전승시키기는 어렵다. 이렇게 교육받은 살림의 주체들이 쉽사리 낭비를 할 수 있겠는가? 나아가 그런 며느리는 실패도 좀더 적게 할 가능성이 높다. 그런 환경이라야 제대로 된 후손들의 경제교육·인간교육이 나올 수 있을 것이다. 어느 의미에선 이 가르침이야말로 300년 부의 기초였다고 해도 지나치지 않다. 조선의 제대로 된 가문은 그리 만만한 게 아니었던 것이다. 그 며느리들부터가 보통사람이 아니었던 것이다.

여섯째, 사방 백 리 안에 굶어 죽는 사람이 없게 하라: 인심을 잃으면 부자 가문은 죽는다. 아니, 사람이 없으면 부가 생성될 수조차 없다. 단순히 난세에 살아남는 문제뿐만 아니라 가문의 생존 조건으로서 다른 사람의 선의가 결정적으로 필요하다는 것을 이 집안 사람들은 꿰뚫어보고 있었다. 사성파 2대조 최동량부터가 마을 사람과 이웃 동네 사람들, 노비들이라는 노동력이 없었다면 최 부잣집 300년 부의 토대인 그 넓은 농토를 개간하지 못했을 것이다. 나아가 인심을 잃었다면 그 숱한 변란의 세월, 가문은 심각한 타격을 입거나 비참하게 무너지고 말았을 것이다. 실제로 11대조 최현식 때에 가문은 활빈당의 무장 공격을 받았지만, 누대에 걸친 선행 덕에 무사할 수 있었다.

마지막으로 다음과 같은 두 가지 질문을 던져보자.

첫째, 역사상 존재했던 세계 부자들을 되살려서 앞으로 100년 동안 경쟁을 시켜보자. 과연 누가 가장 성공적일까? 제1차 세계대전 직전까지 유럽 최고의 부자였다는 유대인 재벌 로스차일드일까? 아니면 대영제국의 수백 년 보물을 바탕으로 아직도 엄청난 부를 가지고 있다고 평가받는 영국의 엘리자베스 여왕 가문일까? 혹시, 석유 트러스트로 엄청난 부를 긁어모아 세계 최대의 재벌이라는 소리를 들었던 미국의 록펠러일까? 아니면 마이크로소프트로 거의 10년째 세계 최고의 부자 자리를 내놓지 않고 있는 빌 게이츠일까? 가능성 있는 후보는 꼬리에 꼬리를 물 법하다.

둘째, 그 부자들을 되살려서 앞으로 100년 아닌 500년 동안 가문끼리 경쟁을 시킨다면? 과연 어느 가문이 가장 성공적일까? 첫 번째 물음에선 답이 여럿으로 갈릴 것 같다. 그러나 이 두번째 물음에선 당연히 경주 최 부잣집이 금메달 후보로 강력하게 떠오르지 않을까?

존경받는 부를 찾아보기 어려운 요즘, 경주 최 부잣집은 많은 것을 우리에게 일러준다. 또한 우리에게도 이렇게 자랑스런 부자가 있구나 하는, 작지만 소중한 자부심도 안겨준다. 최 부잣집, 그들은 이 절망스런 난세에 제대로 된 부자의 길을 환하게 밝히는 희망의 빛으로 우리 곁에 돌아와 있다.

조선의 명문가는 어디일까

최 부잣집 이외에도 한국에는 명문으로 평가할 만한 가문들이 적지 않다. 베스트셀러 『500년 내력의 명문가 이야기』를 쓴 조용헌 교수는 나름대로의 기준으로 15가문 정도를 꼽았다. (기본적으로 그는 고택이 유지된 가문을 선정 대상으로 삼고 있다.)

- 경북 영양 출신 시인 조지훈의 종택

서울 안국동에 있는 윤보선 전 대통령 고택의 산정채.

- 경주 최 부잣집
- 전남 광주 기세훈 고택
- 경남 거창 동계 고택
- 서울 안국동 윤보선 고택
- 죽산 박씨의 남원 몽실재
- 대구의 남평 문씨 세거지
- 전남 해남의 윤선도 고택
- 충남 아산 외암마을의 예안 이씨 종가
- 전남 진도의 양천 허씨 운림산방
- 안동의 의성 김씨 내앞종택
- 충남 예산의 추사 김정희 고택
- 전북 익산의 표옹 송영구 고택
- 경북 안동의 학봉종택
- 강릉 선교장

명문가는 선정하는 사람에 따라 달라진다. 그러나 어떤 가문을 선정하든 선정된 가문들은 대략적으로 몇 가지 공통점을 가지고 있다고 할 수 있다.

첫째는 나름대로 가문의 철학과 처세술, 가치관을 반영한 가훈 같은 가르침이 전승·유지되고 있다는 것이다. 어느 가문이든 확실한 가문의 정체성을 유지해왔고 지금도 유지하고 있다.

둘째는 이런 가문들은 모두 어느 정도 경제력을 갖추고 있다는 것이다. 가옥을 기준으로 한 고택 명문가의 경우, 경제력과 시간적 여유가 있지 않으면 그런 조건을 유지해나가기 어렵다. 나아가 가문의 정체성을 음으로 양으로 가능하게 하는 메커니즘으로서 경제력의 존재를 무시하기도 어렵다.

셋째는 역사 인식이다. 아무리 경제력이 뒷받침된다 해도 제대로 역사를 인식하고 살지 않는다면 가문은 언제든지 단절될 수 있다. 가치종합체로서의 가문은 좀더 적극적인 정신활동까지 요구하는 것이다.

마지막으로 자녀교육을 빼놓을 수 없다. 가문의 가치에 공감하는 후세가 계속 충원되지 않으면 안 된다. 나아가 후손들의 교육이 이뤄졌다 할지라도 적절한 인재가 적절하게 가문에 등장하는 행운도 뒤따라야 할 것이다.

당신도 고구려인일 수 있다

당나라·통일신라·일본·돌궐 등 각지로 흩어진 고구려인

700여 년 동안 동아시아에 군림하던 고구려가 망한 뒤 그 주역이던 고구려인들은 다 어디로 갔을까? 중국의 오(吳)나라나 진(秦)나라처럼 고구려도 성씨나 아니면 어떤 또 다른 형태로 자신의 생명을 오늘날까지 이어오고 있는 것은 아닐까?

고선지 장군, 서역 정벌로 이름 남겨

고구려는 멸망한 뒤에도 거듭 처절한 진통을 겪었다. 평양성 함락 뒤 많은 사람들이 포로로 붙잡혀 중국의 오지로 끌려갔는가 하면 당나라에 대해 무장투쟁을 벌이다 남쪽의 통일신라에 몸을 맡겨야 했다. 트로이 멸망 뒤의 유민처럼 바다 건너 일본으로 신천지를 찾아 나선 이도 있다. 역사를 종합하면 고구려 후손들은 대략 다음과 같이 흩어졌다고 할 수 있다.

① 마지막 임금 보장왕과 함께 약 19~27만 명이 당나라로 끌려갔다.

② 고구려 옛땅에 그대로 남아 살았다.

③ 신라와 함께 당나라 축출 투쟁을 벌인 뒤 통일신라로 흡수됐다.

④ 말갈족과 함께 발해를 세웠다.

⑤ 일본이나 돌궐 등 주변 국가로 망명·귀화했다.

그들의 운명은 어떠했는지 하나하나 역사를 추적해보자. 『삼국사기』와 중국 역사서를 종합하면 대략 이렇다. 맨 먼저 당나라로 끌려간 사람들을 보자.

고구려인의 얼굴. 안악 3호분에 나타난 귀족 부부의 얼굴은 가장 고구려적인 얼굴로 꼽힌다. 남편은 정면을 바라본 채 양쪽 사람으로부터 보고를 받고 있다. 부인은 남편을 향해 비스듬히 앉았다. 머리에는 장식이 여럿 꽂혔다.

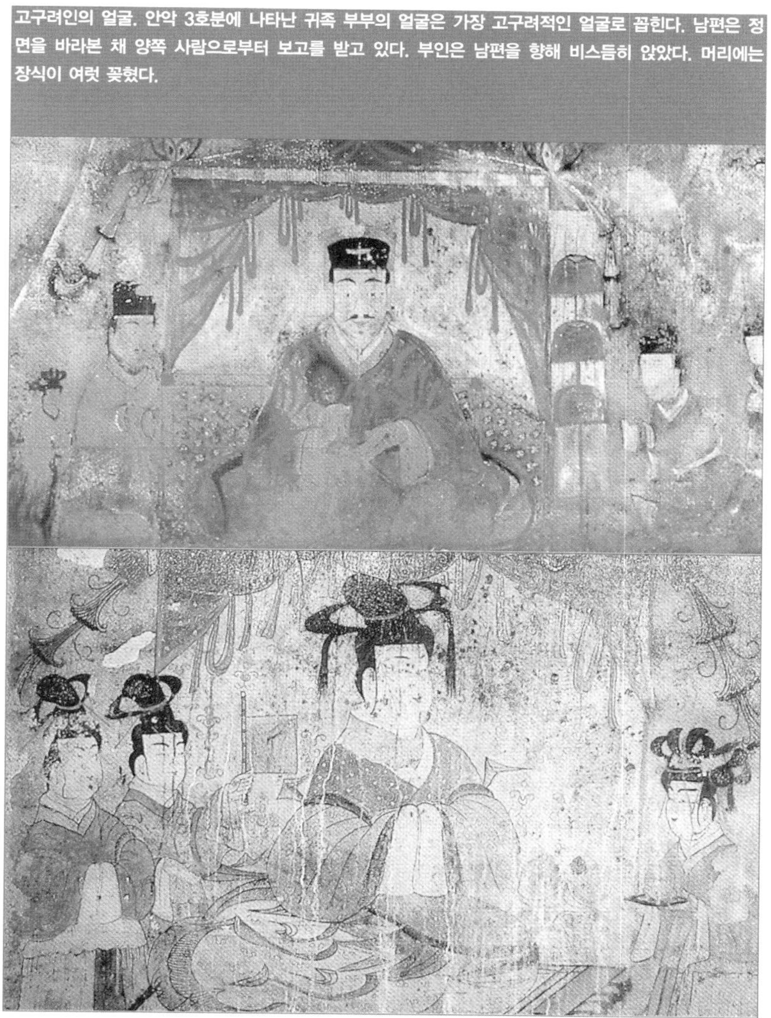

> 서기 668년 9월 말 고구려가 멸망한 뒤 유민들은 사방으로 흩어졌다. ……당나라 총사령관 이세적은 당나라로 개선하면서 보장왕 등 수많은 고구려 사람들을 포로로 끌고 갔다. ……고구려 멸망 6개월 뒤 고구려 포로 3만 8300호(약 19만 명)는 회수의 남쪽과 양쯔 강의 남쪽(오늘날의 장쑤 성, 저장 성 일대) 그리고 산남 경서의 여러 주(오늘날의 간쑤 성 일대) 허허벌판으로 끌려갔다.

중국의 역대 왕조는 진나라의 천하통일 이후 적대적인 국가를 멸망시킨 뒤 그 주민들을 전혀 연고가 없는 지역으로 대대적으로 이주시키는 정책을 취해왔다. 고구려에 대해서도 당나라는 두 가지 방향으로 지배정책을 실시했다. 하나는 사민책(徙民策)으로 왕을 비롯한 상층 귀족과 호강자(豪强者) 등을 대거 당나라 내지로 끌고 가 부(府)나 주(州)의 행정 단위에 편제하는 것이고, 다른 하나는 고구려 고토를 기미주(羈縻州)로 편제한 다음 남아 있는 사람들을 예속시켜 집단적으로 통치하는 것이었다. 그러나 고구려에 대한 당나라의 점령정책은 상대적으로 강제이주의 규모가 훨씬 크고 가혹했다. 백제의 경우 패망 뒤 의자왕과 태자 왕자 및 대신 88명, 백성 1만 2807명을 당나라로 잡아갔다. 패망 당시 고구려의 인구는 69만 호 약 350만 명 정도였다. (남한쪽에서는 당시 고구려의 호당 인구를 약 다섯 명으로, 북한에서는 일곱 명으로 잡는다. 북한식에 따르면 당시 인구는 490만 명, 멸망 뒤 포로로 잡혀간 사람은 약 27만 명 정도가 된다.) 백제가 망할 때 76만 호보다 인구가 적다. 장기간에 걸친 수나라, 당나라의 거듭된 침략과 기근 등으로 고구려의 국력이 지속적으로 약화된 결과다.

살수대첩과 안시성대첩에 이어 당 고종 때에 이르러서만 당나라의 고구려 침략은 655년, 658년, 659년, 660년, 661~662년, 666년, 667년, 668년 등 무려 여덟 차례에 이른다. 당나라로 끌려간 사람들은 일부 탈출자나 망명자를 제외하고는 사실상 고구려의 중추 세력이었다. 19만에서 최대 27만을 헤아리는 고구려인들은 차거, 우마, 낙타 등과 함께 이송됐으며, 이탈이나 반란 등을 막기 위해 공한지에 강제수용됐다. 이처럼 끌려간 이들은 중국의 남방과 서역의 오지와 미개척 황무지에서 살아남기 위해 척박한 지역을 개간하거나, 부병제에 편입돼 지방 군인으로 근무해야 했다. 당나라로 끌려간 고구려 유민들은 그 어려운 상황에서도 발군의 능력을 발휘하곤 했다. 가장 유명한 사람이 서역 정벌로 세계사에 이름을 남긴 고선지 장군이다.

안악 3호분에 그려진 활을 멘 병사들. 가장 많은 고구려인의 얼굴이 그려진 회화 가운데 하나다.

고구려 유민의 후손인 고선지는 공을 세워 장교가 됐으며, 20대의 젊은 나이에 유격장군으로 승진해 아버지 고사계와 같은 반열이 됐다. 그는 빼어난 용모에다 활을 잘 쏘고 말을 잘 탔다. 유능하고 용맹스러운 장군이었다. 개원 말년에 안서부도호 4진도지병마사로 원정군을 이끌고 파미르 고원의 빙하 언덕을 넘어 토번(티베트)과 혼인동맹을 맺고 아랍의 우마이야 왕조와 연합해 당나라의 서진을 막던 소발률국을 정벌하는 등 72개국을 항복시켰다. 이어 제2차 원정 때는 갈사국(사마르칸트)와 석국(타슈켄트) 등도 정벌했다.

이 원정은 전술사적 측면에서 대단히 기록될 만한 전격전의 사례로 꼽힌다. 이어 그는 탈라스 전투에서 압바스 왕조의 정예군과 서역 국가의 연합군에 맞서 싸우다가 패배한다. 고구려 멸망 80년 뒤의 일이다. 탈라스 전투는 당나라 세력의 이슬람권 서역으로의 진출을 막는 결과를 가져왔는데, 다른 한편으로는 이슬람권의 동방 진출도 이 지역에서 저지하는 효과를 가져온 것으로 평가받는다. 또한 이 전투는 중국 쪽 제지술이 서방으로 전파되는 결정적인 계기가 됐다는 문명사적 의미를 지니기도 한다. 탈라스 전투 뒤 그는 우림군대장군으로 승진한다. (바로 이 때문에 탈라스 전투의 성격에 대해 지금껏 많은 논란이 계속되고 있다. 수만 명을 잃는 '패전' 을 했는데도 그는 승진했고, 패전했다고는 하지만 조금도 영토를 잃은 것도 아니며, 고선지 자신도 이 전투 뒤 바로 반격해 승리할 수 있었다고 확신했다는 것 등 때문에 사실상 패전이 아니라는 견해가 나오고 있다.)

고선지는 그 뒤 안녹산의 난 때 정토군 부원수로서 반란군을 막다 모함을 받아 황제의 칙명으로 참수된다. 이때 병사들이 보는 앞에서 참수되기 직전 고선지는 말한다. "퇴각한 것은 죄이기에 죽음을 마다하지 않겠다. 하지만 군량을 훔치고 관고 안의 물자를 사사로이 썼다는 것은 모략에 지나지 않는다. 하늘을 우러르고 땅을 굽어보아 부끄러운 것이 없다. ……제군들이여, 내가 죄가 없다면 그렇게 외쳐라!" 그러자 모든 병사들이 외쳤다. "죄가 없습니다!" 『신당서』는 "그 소리가 크고 우렁차 땅을 진동시켰다"고 전하고 있다. 그의 용기에 대해 두보는 이렇게 노래했다.

안서도호 선지장군 호청마 잡아타고
선풍같이 동방에서 날아오네.
싸움터 다다르면 당할 자 없고
사람들과 한마음 되어 큰 공 세웠네.

중국으로 끌려간 고구려 유민들 가운데 3분의 2 가량은 나중에 고구려 부흥운동을 무마하기 위해 다시 고구려 지역으로 환원 조치됐다. 검모잠과 안승 등의 부흥운동으로 당나라는 평양에 설치했던 안동도호부를 요동 지역으로 옮겨가야 했다. 당나라 세력이 밀리게 되자 당나라 지도부는 공부상서로 앉혀서 예우하던 고구려의 마지막 임금 보장왕 고장(高藏)을 '요동주도독 겸 조선왕' 으로 임명해 요동으로 보냈다. 그와 함께 중국으로 끌고 간 고구려 유민 가운데 2만 8000호(약 14

고구려의 대당전쟁. 서울 용산 전쟁기념관에 그려진 기록화 앞에서 방문객이 기념사진을 찍고 있다.

ⓒ 뉴시스

만 명)를 다시 요동 지역으로 돌아오도록 했다. 고구려에 대한 향수와 보장왕에 대한 충성을 통해 옛 고구려 지역의 부흥운동을 잠재우려는 의도에서다. 그러나 비밀리에 말갈족과 연합해 반란을 일으키려는 기도가 발각되어 보장왕은 다시 당나라로 소환돼 공주로 유배를 갔다. 당은 보장왕을 지원하기 위해 고구려 지역으로 소환했던 이 유민들을 다시 중국으로 끌고 가 허난과 실크로드 일대로 보내버렸다. 나라가 망한 뒤 수십만 명이 무더기로 당나라 오지에까지 끌려갔다가 다시 끌려오고 또다시 끌려가는 일대 수난을 겪어야 했던 것이다. 한편 멸망 당시 당나라로 투항한 일부 상층부 귀족들은 특권을 누리고 여생을 살아가면서도 자신들이 고구려 후손이라는 사실을 밝히는 묘지명과 사료를 남겨 눈길을 끈다. 나라는 망하고 스스로는 조국을 배신한 셈이지만, 고구려의 정체성만큼은 상당 기간 유지해간 셈이다.

두 번째, 고구려 땅에 남겨진 사람들은 비록 '약하고 가난한 사람들' 이 대다수였지만 고구려 부흥운동의 중추적 역할을 수행했다. 옛 고구려 지역에서 불길처럼 번진 당나라에 대한 저항과 고구려 부흥운동 때문에 당나라의 고구려 지역 통치는 크게 곤란을 겪었다. 평양을 중심으로 한 지역에선 당의 기민통치가 처음부터 흔들렸다. 결국 이 지역 유민들에게 영향력이 있는 보장왕의 후손들을 잇따라 '조선군왕', '좌응양위대장군 충성국왕', '안동도독' 등으로 임명한다. 고구려 왕의 후손들을 실질적인 최고 통치자로 만들어 반란과 부흥운동의 흐름을 막으려 한 것이다. 이런 상황에서 오랜 역사가 지나며 많은 사람들은 한족으로 동화돼갔다. 그러나 일부 왕족의 후손들은 주몽(고주몽)과 장수왕(고련)의 성인 '고씨' 로 자기 자신들의 정체성을 일체화시키며 1300여 년 동안 존속해오고 있는 것으로 확인된다.

세 번째, 주요 세력의 하나는 통일신라로 흡수됐다. 대표적인 것이 보장왕의 서자 또는 외손자로 알려지고 있는 안승이다. 그는 4000여 호의 고구려 유민을 이끌고 신라 땅으로 들어갔다. 그에 앞서 고구려 대신 출신인 연정토도 12개 성읍 763호 3543명을 거느리고 신라로 갔다. 안승의 경우 신라의 협조로 황해도의 사야도에 근거지를 마련한 뒤 고구려의 대형을 지낸 장군 검모잠에 의해 고구려국의 왕으로 추대됐다. 안승과 검모잠은 신라의 '번방'이 되는 것을 조건으로 지원을 요청해 신라 문무왕의 동의를 얻는다. 안승 세력은 구월산의 장수산성 등을 근거지로 삼아 옛 고구려 각지에서 일어나고 있는 부흥운동과 연계해 당군에 대한 공격을 벌여 큰 성과를 거뒀다. 그러나 내분을 일으켰다가 결국 당나라의 토벌군에게 패해 신라로 달아난다. 이와 별도로 고구려가 망할 때 신라군에게 포로로 잡혀 신라에 들어간 사람들도 7000여 명에 이른다. 이런 식으로 고구려 멸망으로부터 당나라 세력의 축출 때까지 신라에 복속해 들어간 고구려 유민은 약 10만여 명에 이르는 것으로 추산된다.

네 번째, 고구려 지역 곳곳에서 펼쳐진 부흥운동과 신라의 삼국통일 완성의 결과 당나라 세력은 요동 이서로 급격히 영향력이 후퇴해갔다. 이처럼 고양된 부흥운동을 바탕으로 고구려 지역의 유민들은 자신들에 동조하는 말갈족의 한 갈래와 연합해 대조영을 수장으로 한 발해를 세운다. 고구려의 정통 후계 국가가 등장한 것이다. 특히 대조영이 세운 발해는 첫 도읍지로 고구려 시조 주몽의 출신 세력으로 간주되는 계루부의 옛 땅(오늘날의 청산쯔산청)을 그 지역으로 삼고 있어 눈길을 끈다. 자신들이 고구려의 후손, 주몽의 후손임을 더욱 명확하게 하려는 의지를 읽을 수 있다.

마지막으로 일부 유민들은 일본과 돌궐 등으로 이동했다. 현재 일본에 있는 고구려 후손으로는 고려신사(高麗神祀: 일본명=고마진자)가 가장 유명하다. (역사상 고구려는 중국과 일본에서 '고려'로 알려지거나 사용된 예가 적지 않다.) 고구려 멸망 직전 일본에 사신으로 간 고구려 고관의 후손으로 알려진 이들은 1300여 년이 지난 지금도 자신들을 고구려의 후손으로 인식하고 있다. 당연히 현재 중국의 동북공정에서 주장하고 있는 바와 같은 '고구려=중국계'라는 등식에 대해선 말도 되지 않는 논리라고 비판한다. 한편 민속학적으로 이 고려신사의 장승은 한국의 경기도와 강원도의 특징을 공유한 북방계형 얼굴을 하고 있는 것으로 평가되고 있다. 조용진 교수는 남방계형 얼굴을 하고 있는 경남이나 전남보다 더 남쪽인 일본에 한국의 장승이 있고, 이 장승이 경기도와 강원도형인 북방계형의 얼굴을 하고 있다는 사실 등으로 볼 때 장승을 가져간 사람이 북방계 사람일 것이라고 추정한다.

700년 대제국이 무너진 뒤 유민들은 각처로 흩어졌다. 그 뒤 1300여 년이 지난 지금, 한국·중국·일본 등 곳곳에서 고구려의 후손임을 확인하는 족보 등이 공개되고 있다. 횡성 고씨는 '고구려 보장왕의 둘째 아들 인승(仁勝)의 20세손인 고휴(高休)가 시조로 되어 있는' 족보를 가지고 있으며, 중국 랴오양〔遼陽〕의 고씨 집성지에 살고 있는 사람들은 자신들이 고구려 20대 왕 장수왕의 후손이라고 밝히는 '고씨가보'〔遼陽高氏家譜〕를 공개하고 있다. 또한 일본 고려신사의 당주도 고구려 후손을 나타내는 족보가 전승돼오고 있다고 확인한다. 고구려는 죽지 않았다.

고구려인은 한민족

고구려 사람들은 과연 우리의 조상인가? 중국 '동북공정'에 참여하고 있는 중국 학자들은 고구려 멸망 당시 총 70만 명 정도의 고구려인 가운데 30만 명이 중원 각지로 유입됐다면서 사실상 고구려의 주류가 중국화됐다고 주장한다. (이들은 기본적으로 역사서에 나온 당시의 '호'를 '명'과 동일시하고 있다. 고구려 멸망 당시 69만 호는 곧 69만 명이라는 것이다.) 신라로 귀의한 사람은 약 10만 명 정도라는 것이다. (이것을 우리식으로 계산하면 거꾸로 50만 명이 신라로 들어왔다는 것이 된다.)

고구려인과 오늘날 한민족의 혈통적 연관성과 관련해 서울교육대 미술교육과의 조용진 교수는 대단히 흥미로운 논지를 펴고 있다.

© 전호태

고구려는 한민족과 어떤 혈통적 연관성을 갖고 있을까. 무장한 고구려 기마병의 모습.

조용진 교수는 장수왕의 59대손이라는 고지겸(高之謙), 60대손이라는 고흥(高興) 부자와 오늘날 우리 민족의 체질인류학적 특질을 비교한 연구 결과를 발표했다. 조 교수에 따르면 고씨 부자의 경우 지금까지 대대로 고구려족과만 결혼해오고 있고, 성페르몬에 의해 촉발되는 근거리간 결혼의 특징(농경사회 이전 채취시대부터 일반적으로 4킬로미터 반경 안에서 배우자를 구하는 특징)을 유지하는 등 유의미한 샘플의 성격을 띠고 있다. 조 교수는 그런 식으로 혈통이 오래 이어졌다면 쉽사리 변화하지 않는 정형을 이룰 수 있었다고 주장한다. 연구 결과 고씨 부자의 특징은 고구려 벽화 가운데 안악 3호분에 나타난 남성상과 가장 비슷한 것으로 나타난다. 고씨 부자의 특징과 일반적인 남한 사람들의 특징과는 다른 점이 상당히 눈에 띤다. 평균적인 한민족보다 두 부자의 얼굴이 더 넓적하고 양미간도 더 넓다. 코의 폭도 더 크다. 이런 정황을 종합한 결과 고씨 부자는 ① 안악 3

호분 남자 주인공과 흡사하고 ② 중국의 산둥 지방인에 가깝고 ③ 한반도에서는 강원도형에 가깝고 ④ 일본인 얼굴의 형태소 배합과 유사하며 ⑤ 만주족인 석백족과는 다르다고 정리하고 있다.

조 교수는 이런 특징으로 보아 고씨 부자가 고구려인의 후예라면 남방계와 북방계형의 중간형이라고 분석한다. 나아가 그는 이런 점 등을 토대로 고구려인의 경우 이미 국가 형성 당시인 기원전 37년경에 이미 당시 만주 지역에 살던 남방계 원주민과 북방계 이주민이 거의 같은 비율로 섞여서 균질의 유전자형으로 고정된 유전자풀 상태였다고 볼 수 있다는 논지까지 편다. 이 논법을 실제로 고구려 건국설화에 대입하면 놀랍게도 그럴듯하게 들어맞는다. 고구려는 이미 만주 지역에 살고 있던 남방계적 특질을 지닌 하백족(주몽의 어머니 유화 부인으로 대표되는 농경 세력)과 북방에서 내려온 부여족(주몽의 아버지 해모수 세력)이 합쳐져 건국된 것이다! 이렇게 본다면 남방계 설화라고 할 수 있는 난생설화를 고구려 건국 지역은 물론 더 북쪽인 부여에서까지 발견할 수 있는 것이 우연의 일치는 아니다. 나아가 신라 시조 박혁거세의 부인 알영의 설화에 나타나고 있는 것과 같은 '뾰족한 입'의 조류숭배 사상이 주몽의 어머니 유화 부인의 '석 자나 되는 입술'에서 발견되는 것도 남방계의 만주 지역 정착을 뒷받침한다고 할 수 있다.

조 교수는 결론적으로 광개토대왕의 얼굴도 ① 장수왕 후손 고씨 3대 ② 고구려 마지막 왕 보장왕의 후손으로 알려지는 횡성 고씨 ③ 보장왕의 4남인 안승이 이주했다는 전북 익산의 지역인 안악 3호분 벽화의 주인공 ④ 일본으로 건너간 고구려인 후손이라는 고려신사(고마진자)의 사람 등과 서로 통할 것이라고 분석하고 있다.

한편 조 교수의 논리 전개에서 이처럼 중요한 의미를 지니는 안악 3호분 인물은 그 인물대로 중대한 논쟁에 휘말려 있다. 지금까지 안악 3호분의 주인공은 이 고분의 묵서명을 근거로 서기 336년 전

연에서 망명해 고구려의 태수를 지낸 요동 출신의 중국인 동수라는 인물로 추정돼왔다. 이 추정이 사실이라면 조용진 교수의 논지는 뿌리부터 흔들리게 된다. 그런데 북한 쪽에서 새로운 주장이 나왔다. 두 차례의 추가조사 결과 '동수'를 표현하는 68자의 묵서명이 적힌 곳의 맞은편에 있는 인물 위에서도 20여 자의 글자가 확인됐다는 것이다. 두 묵서명은 이 고분의 주인공이 아니라 벽화의 그 자리에 배치된 '장하독'(帳下督)이라는 직책의 관리를 각각 표현한 것으로 봐야 한다는 논리다. 북한 학자들은 고분 벽화의 대행렬도에 묘사된 고취악대의 규모나 행렬 깃발 가운데 하나에 왕만이 쓸 수 있는 '성상번'(聖上幡)이라는 글자가 있는 점 등을 들어 고분의 주인공이 고구려의 왕이라고 주장하고 있다. 나아가 북한 학자들은 여러 가지 정황적 증거를 들어 고분의 주인공이 고국원왕일 것이라고 추정한다.

화폐여성인물의 후보

난세를 치유한 한민족 최초의 여왕 **화폐인물 여성 후보 1위 선덕여왕, 삼국통일의 기초를 닦다**

그를 '현모양처'에 가두지 말라 **화폐인물 여성 후보 2위 신사임당, 남성중심주의 공박한 조선시대의 대표적 예술가**

한민족의 영원한 잔 다르크 **화폐인물 여성 후보 3위 유관순, 어떤 남성 위인에도 뒤지지 않는 용기**

난세를 치유한 한민족 최초의 여왕

화폐인물 여성 후보 1위 선덕여왕, 삼국통일의 기초를 닦다

21세기, 우리 민족의 미래에 영향을 미칠 변수들은 참으로 많다. 전쟁인가 평화인가? 1인당 국민소득 2만 달러는 가능한가? 선진국 진입 가능성은? 통일은 과연 이루어질 것인가? 이루어진다면 그 시나리오는 어떻게 되는 것일까? 한민족의 장기적인 생존은 가능한가?

세상이 어떤 식으로 변하건 앞으로 '여성'이라는 변수는 그 중요성에서 결코 앞자리를 빼앗기지 않을 것으로 보인다. 이 땅에 여성의 시대가 새로이 열리고 있기 때문이다. 여성의 시대를 알리는 신호는 충분히 많다. 앞으로 여성이 정치권력의 정점인 대통령직에 도전하는 사건은 시간 문제일 뿐이라고 내다보는 의견이 적지 않다. 역사의 진전에 따라 그동안 여성이 결코 진출하지 못했던 또 하나의 영역이 여성에게 열릴 가능성도 크다. 바로 화폐의 세계다. 현재 세종대왕(1만 원권), 율곡 이이(5000원권), 퇴계 이황(1000원권), 충무공 이순신(100원 주화) 등 남성이 100퍼센트 점령하고 있는 화폐인물의 세계에 여성이 진출할 가능성은 100퍼센트라고 할 수 있다.

앞으로 한민족이 매일 만나게 될 첫 여성은 누구일까? 경제생활의 중심부에 군림하면서 우리 민족에게 새로운 부와 풍요를 가져다줄 첫 여성 화폐인물은 과연 누가 될 것인가?

그 첫 번째 후보는 역시 선덕여왕이라고 할 수 있다.

선덕여왕은 신라 제27대 왕이다. (원래는 선덕왕이 맞지만, 우리에게 익숙한 선덕여왕으로 표현하는 걸 이해하길 바란다.) 그에게는 대략 다음과 같은 두 가지 평가가 따라다닌다. '한민족 최초의 여왕' 이라는 것과, '삼국통일의 기초를 닦은 왕' 이라는 것이다. 최초의 여왕이라는 것은 누구나 알 만한 상식이다. 그러나 삼국통일의 기초를 닦았다는 평가에는 누구나 100퍼센트 찬성할 것이라고 하기 어렵다. 반대 의견도 있을 수 있다는 얘기다. 솔직히 여왕의 존재를 받아들이기 싫어하는 세력이 그 당시 신라에 존재했을 뿐만 아니라 현재도 그 비슷한 기류가 없지 않기 때문이다. 실제로 그런 흐름은 신라 당시는 물론 신라의 이야기를 역사에 기록한 고려시대, 심지어 현재까지도 이어지고 있다. 선덕여왕에 대한 고려시대의 기록이라고 할 수 있는 『삼국사기』부터 살펴보자.

왕의 이름은 덕만(德曼)으로 진평왕의 장녀다. 성품이 어질며 사리에 밝고 민

첩했다. 진평왕이 아들이 없이 돌아가자 사람들이 임금으로 세웠다. 진평왕 때에 당나라로부터 얻어온 모란꽃 그림과 그 꽃의 종자를 보고 '이 꽃은 비록 아름다우나 반드시 향기가 없겠나이다' 라고 왕에게 말했다. 그 이유를 묻자 '꽃 그림에 벌과 나비가 없나이다' 라고 할 정도로 명석했다.

임금으로 오른 첫해(632년) 겨울에 홀아비, 홀어미, 고아, 자식 없는 노인과 스스로 생활할 수 없는 사람들을 구제해 민심을 안정시켰다. 12월에는 당나라에 사신을 파견해 조공을 바쳤다. 이듬해에는 죄수들에게 대사면을 내리고 모든 주군에 1년 동안 세금을 면제해주었다. 그해 8월에 백제가 서쪽 변경을 침범했다. 재위 4년째에 당나라로부터 주국낙랑공 신라왕(柱國樂浪公 新羅王)에 책봉됐다. 재위 5년째 5월에 청개구리가 떼를 지어 궁성 서쪽에 있는 옥문지라는 연못에 모여든 것을 보고 "서남쪽 변경 옥문곡이라는 곳에 백제군이 침입해 매복하고 있는 것 같다"고 예측해 실제로 백제군 500명을 찾아내 섬멸한 적이 있다.

재위 7년 11월에 고구려 군사가 북쪽 변경 칠중성에 쳐들어온 것을 물리쳤고, 재위 9년 당나라에 청원해 왕족과 귀족의 자제들을 국학(당나라의 최고 학부)에 입학시켰다. 재위 11년에는 백제 의자왕이 크게 군사를 일으켜 쳐들어와 서쪽 지방 40여 성을 빼앗겼다. 다시 백제가 고구려와 연합해 신라가 당나라와 통하는 길을 끊으려 하므로 사신을 당 태종에게 보내 위급한 사실을 알렸다. 그해 8월에 백제 장군 윤충의 공격으로 접경지대의 요충인 대야성이 함락되고 김춘추의 사위로 성주인 김품석 등이 전사했다. 이에 김춘추를 고구려로 보내 백제에 대한 원한을 갚으려 했으나 이뤄지지 않았다. 이에 따라 이듬해 다시 당나라에 사신을 보내 "백제-고구려 연합에 대항할 대국의 군사를 청원한다"며 구원병을 청했다. 이를 받아 당 태종은 이듬해 사신을 고구려에 보내 "백제와 함께 신라를 공격하는 것을 그만두지 않으면 내년에는 반드시 군사를 내어 고구려를 칠 것"이라고 협박했다. 그러나 고구려의 연개소문은 듣지 않았다. 그해 9월 선덕여왕은 김유신을 대장군으로 삼아 백제 정벌에 나서 일곱 개 성을 점령했다. 재위 14년 정월에 김유신이 백제 정벌에서 돌아오자마자 백제군이 다시 쳐들어오는 등 잇따라 세 번씩이나 백제의 침략을 받았으나 격퇴했다. 그해 3월에 황룡사탑을 건립했다. 5월에 당 태종이 직접 군사를 거느리고 고구려를 치자 선덕여왕은 군사 3만 명을 내어 당나라를 원조했다. 이 기회를 타서 백제가 군사를 일으켜 서쪽의 변방 7성을 공격해 빼앗아갔다. 재위 16년째인 서기 647년 정월에 비담 염종 등이 "여왕이 정사를 잘 다스리지 못한다"며 반란을 일으켰으나 진압했다. 그 달 8일 왕이 돌아가시므로 시호를 선덕이라 했다.

여성 군주의 빛나는 통일 위업

역사적으로 선덕여왕의 재위 기간은 신라 진흥왕의 한강 유역 점령에 따라 고구려-백제의 '여제동맹'이 강화되던 시기다. 따라서 고구려와 백제의 침입이 그 어느 때보다 많았다. 신라는 당나라와 동맹을 맺는 '나당동맹'으로 여기 맞섰다. 한반도를 무대로 한 다국간 무력전과 외교전이 한층 더 치열해지고 있던 격동의 시기였다. 특이하게도 선덕여왕은 이 전쟁의 소용돌이에 휘말린 국가를 통치하면서도 통도사, 월정사, 분황사, 오세암, 보문사 등 오늘날 이름만 들어도 알 수 있는 크나큰 불사를 잇따라 일으켰다. 이렇게 많은 불사를 일으킨 데 대해선 여러 가지 해석이 나오고 있다. 하나는 불교를 통해 국가의 통합을 이룩하고 외부 침략에 대응하려 했다는 정통적인 해석이다. 덕만이라는 이름이 바로 석가모니 시절 불교를 깊이 믿었던 석가모니 가족 중 한 공주의 이름이라는 점도 이런 측면에서 강조된다. 두 번째는 대규모 사찰이란 단순한 종교의 목적만을 위해서가 아니라 사실상 국경 방어를 위한 주둔군의 기지로서 작용했을지 모른다는 추정이다. '여제동맹'에 따라 외침이 빈번해지는 위기상황에서 신라는 그 실질적인 대응책으로서 '사찰기지'를 모색했으며, 그 결과 많은 대형 사찰을 이 시기 집중적으로 건립했다는 것이다. 특히 여왕의 재위 기간 중 짓기 시작한 것으로 추정되는 사찰 가운데 내소사(전북 부안군), 오세암(강원도 인제군), 마곡사(충남 공주시), 망월사(경기도 의정부시), 보문사(인천시 강화군), 용화사(충남 공주시), 정수사(인천시 화도면) 등이 모두 변경 지방에 자리잡고 있는 것은 이런 추정을 뒷받침하고 있다.

실제로 한민족 역사상 처음으로 등장한 선덕여왕이 맞닥뜨려야 했던 외부의 도전은 대단히 크고 엄혹했다. 우선 여왕은 재위 15년 동안 모두 열한 차례나 크고 작은 전쟁을 치러야 했다. (재위 16년에 일어난

분황사 석탑. 선덕여왕은 재위 기간에 크나큰 불사를 잇따라 일으키는 등 종교를 국가의 이데올로기로 정립했다.

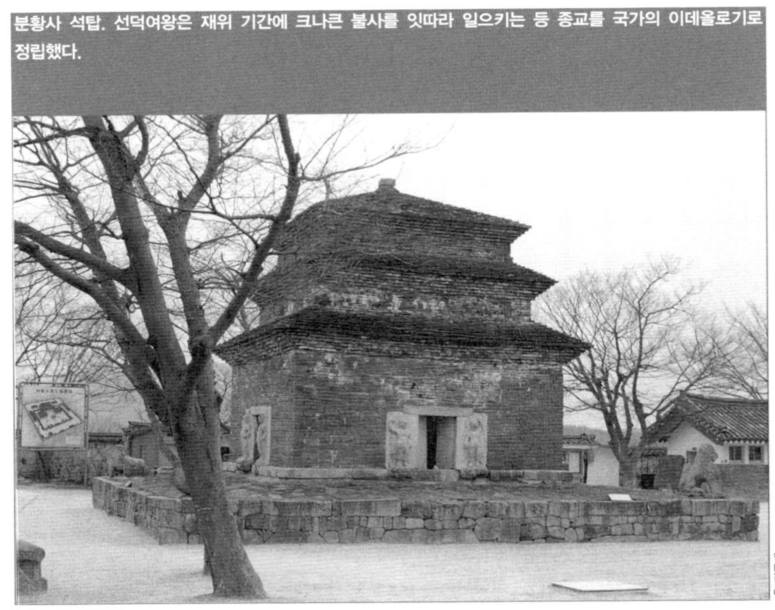

© 김종태

비담 등의 반란까지 치면 열두 차례이다.) 총 11차례의 전쟁 가운데 신라가 먼저 공격한 것은 재위 13년 김유신을 시켜 백제를 쳐 일곱 개 성을 빼앗은 것과 재위 14년 당 태종의 고구려 침공 때 당나라 쪽에 군사 3만을 원병으로 보낸 것 두 차례뿐이다. 재위 11년과 14년에는 각각 백제로부터 세 차례나 공격받고 있다.

이런 상황에서 당 태종은 공개적인 언사에서도 여성 군주인 선덕여왕을 깎아내리기를 서슴지 않았다. 재위 12년인 서기 643년 당에 간 신라 사신에게 이렇게 말하고 있는 것이다. "그대 나라는 여자를 임금으로 삼아서 이웃 나라의 업신여김을 받는 터이므로…… 해마다 편안한 날이 없을 것인즉, 나의 친척 한 사람을 보내어 그대 나라의 임금으로 삼되, 자연 홀로 갈 수 없으므로 마땅히 군사를 파견해 그를 호위하게 하고 그대 나라가 안정되는 것을 기다리자."

나아가 『삼국사기』의 김부식은 '신라본기 선덕왕' 조에서 이런 평까지 하고 있다. "하늘로써 말한다면 양은 강하고 음은 유약하고, 사람으로써 말한다면 남자는 높고 여자는 낮다. (이 원문이 그 유명한 '남존여비' 다.) 하물며 어찌 늙은 할머니를 규방에서 나와 국가의 정사를 다스리게 하는가? 신라가 여자를 왕위에 있게 한 것은 진실로 난세의 일이며, 이러고도 나라가 망하지 않은 것이 다행이다."

당 태종의 망발스런 여성 비하 발언은 그의 후궁이었다가 아들인 고종의 황후가 된 측천무후의 '일격' 앞에 그대로 무너진다. 무후는 고종에 이어 아들을 차례로 황제에 앉혔다가 서기 690년에는 아예 스스로 황제에 오른다. 그리고 나라 이름까지 주나라로 바꾼다. 당 태종이 그런 망언을 한 지 정확히 47년 뒤에 벌어진 일이다. 이웃 나라에 여왕이 선 것보다 훨씬 심각한 사태가 바로 그의 아들-손자 대에 잇따라 벌어지고 있는 것이다. 하물며 그 주역이 바로 자신의 후궁이었던 여성이라는 점에 이르면…… 태종은 입이 열이라도 할 말이 없다.

또 김부식의 평가는 논리적으로 얼마나 모순인가. 하나하나 따져보자. 확실히 선덕여왕을 왕위에 오르게 한 것은 '난세'와 관련이 있다. 그러나 김부식의 말처럼 여왕을 뽑아서 난세가 온 것이 아니라 '세상이 어지럽기에 영명한 군주가 필요하다'는 의미에서 그녀를 선택했다고 봐야 할 것이다. 더군다나 그 결과마저 좋은 식으로 귀결됐다는 점을 생각한다면 말이다. 물론 신라가 이룩한 삼국통일의 성격에 대해선 여러 가지 비판적인 견해가 가능하기는 하다. 그러나 신라로서야 어느 의미에선 최상의 선택을 했다고도 할 수 있지 않은가? 패자의 장렬한 남성우월주의보다야 여성 군주의 통일 위업이 훨씬 빛나기 때문이다. 어쨌든 김부식 스스로도 비껴가려고 애써보기는 하지만, "사리에 밝고 민첩했다"는 표현이라든가 모란꽃의 에피소드 등으로 여왕의 영민함을 기본적으로 인정하고 있다.

탁월한 외교전과 인재의 등용

선덕여왕은 이런 경쟁력을 지니고 있었다고 할 수 있다.

첫째, 탁월한 외교전략: 진흥왕 때 이룩한 신라의 비약적인 발전은 불가피하게 고구려와 백제의 반격을 불러올 수밖에 없었다. 강력한 이 반격을 선덕여왕은 탁월한 외교전으로 맞서 이겨냈다. 삼국의 균형을 깨는 '여제동맹'이라는 일대 도전을 맞아 그는 당나라라는 변수를 동원해내 위기를 돌파한다. 결과적으로 '나당동맹'이 '여제동맹'보다 상대적으로 우위에 있었기에 신라의 삼국통일도 가능했다고 할 수도 있다.

둘째, 인재 등용을 통한 위기 돌파: 여왕은 김춘추, 김유신 같은 유능한 인재를 중용해 국력의 내실을 채우는 데 성공한다. 두 인재와 연합전선을 구축함으로써 대내적으로도 여왕 반대파를 효율적으로 견제하면서 국정을 주도해나갈 수 있었다. 더욱 놀라운 것은 이런 연합의 필요성을 일찍부터 내다보고 이를 주선했다는 점이다. 김유신의 여동생과 김춘추의 결혼을 다룬 설화에서 둘을 결합시키는 데 마지막 중재 역할을 하는 사람이 바로 선덕여왕이었던 것이다. 자신의 정치적 토대를 강화하기 위해 일찍부터 이런 식의 혼맥을 모색했던 것은 아닐까.

© 김종태

첨성대. 선덕여왕은 과학기술 발전에도 크게 공헌했다.

셋째, 국제주의적 감각과 실천: 여왕은 이 땅의 어떤 인물보다도 더 국제주의에 적극적이었다는 강점도 가지고 있다. 당나라와 동맹관계를 구축한 것을 비롯해 유학생들을 적극적으로 당나라에 파견한 것 등은 이런 철학과 맥을 같이 하고 있다.

넷째, 교육의 중요성 인식: 이 시기 고구려·백제·신라의 삼국은 저마다 중국 유학을 적극 장려한다. 그러나 신라의 유학생 파견 규모가 가장 크고, 그 성과도 가장 뛰어났다고 평가된다. 특히 여왕은 왕족과 귀족의 자제들을 적극적으로 당나라의 국학에 보내고 있다. 왕족이 앞장서서 선진된 외국 문물을 받아들이도록 한 것이다.

다섯째, 국민통합을 위해 종교를 적극 활용: 여왕은 강력한 종교적 열정을 국가 발전의 원동력으로 삼았다. 그 결과 강력한 국민통합을 이뤄냈을 뿐만 아니라, 국방의 관점에서도 효율적으로 기능하는 대형 사찰을 무더기로 탄생시킨다.

여섯째, 가난한 사람과 어려운 사람에 대한 깊은 관심: 여왕은 이런 방식을 통해 민심을 안정시키고 전란기 신라의 내부 결속을 좀더 확실하게 다진다. 잠재적으로 국가 안전에 위협이 될 수도 있는 불만 세력을 무마시킬 뿐만 아니라 오히려 전란 국가에서 국가와 왕조에 충성하고 헌신하는 국민층을 더욱 넓고 튼튼하게 형성할 수 있었다.

일곱째, 첨성대 건립에서 볼 수 있는 과학에 대한 관심: 합리성을 지향하는 이런 통치철학은 결국 신라라는 시스템의 효율을 더 강화시키게 된다. 이런 논리의 연장선상에서 이른바 명분보다 실리를 중요시하는 신라형 외교 전략도 가능했다고 할 수 있다.

선덕여왕은 역시 여성 화폐인물 첫 번째 후보로 손색이 없는 인물이다.

선덕여왕의 경쟁력

① 탁월한 외교전략으로 고구려-백제 동맹에 맞섬
② 김춘추, 김유신 같은 인재 중용을 통한 위기 돌파 및 국력 강화
③ 국제주의적 감각과 실천
④ 교육의 중요성을 인식해 대대적인 해외유학 추진
⑤ 국민통합을 위해 종교 적극 활용
⑥ 가난한 사람과 어려운 사람에 대한 깊은 관심
⑦ 첨성대 건립에서 보이는 과학에 대한 관심

선덕여왕의 단점

① 사대주의적인 통일 방식
② 결과적으로 한민족의 활동권을 축소시킴
③ 국내 반여왕파를 통합시키는 데 실패함

세계의 화폐를 지배하는 여성들

현재 전 세계적으로 화폐에 가장 많이 등장하는 여성은 단연 영국의 엘리자베스 2세 여왕이다. 영국령을 포함해 전 세계 15개 나라, 32종류의 지폐에 그 초상을 새겨놓고 있다. 여성은 물론 그 어떤 남성도 상대가 되지 않는다. 여왕 중의 여왕, 왕중의 왕인 셈이다. 종류도 다양하다. 젊었을 때 모습부터 할머니인 현재의 모습까지, 왕관을 쓴 모습에서 그냥 맨머리 모습까지 각양각색이다. 한편으로는 아직도 대영제국의 영광이 남아 있다는 반증이기도 하다. 그러나 앞으로 그가 죽으면 그의 모습은 급속히 화폐 세계에서 사라질 것이라고 보는 견해가 많다. 영국에는 그와 함께 19세기의 사회개혁가인 엘리자베스 프라이가 교도소에서 수감자에게 책을 읽어주는 모습이 화폐 앞면이 아닌 뒷면에 들어가 있기도 하다.

군주 다음으로 화폐에 많이 등장하는 직책은 과학자, 예술가, 노벨상 수상자, 교육가, 사회사업가 등이다.

칠레 5000페소짜리에는 라틴아메리카에서 가장 먼저 노벨문학상을 받은 가브리엘 미스트랄이 등장한다. 인도네시아 화폐에는 튜트 낙 디엔 같은 과거 네덜란드를 상대로 독립투쟁을 벌인 여걸이 들어가 있으며, 그리스 화폐에는 아테나 같은 여신도 출연하고 있다. 일본에는 과거 메이지 시대에 여성이 딱 한 번 화폐에 등장한 뒤 끊겨 있다가 2004년 새로 등장했다. 19세기 후반기에 활동하다가 단 25세로 요절한 여류작가 히구치 이치요를 집어넣은 5000엔짜리 지폐가 발행됐다.

이와 함께 유로화가 통용되기 이전 유럽연합 12개국에서 사용되던 옛 화폐에는 다양한 여성들이 등장해 활약했다. 옛날 프랑스 최고액 화폐였던 500프랑 화폐에는 노벨물리학상을 받은 마리 퀴리와 피에르 퀴리 부부의 정면 사진이 나란히 실려 있었다. 마리 퀴리는 1902년에 라듐 분리에 따른 공적으로 남편과 함께 노벨물리학상을 받았다. 남편이 마차 사고로 죽자 마리는 혼자 자녀를 키우며 연구를 계속한다. 마침내 순수 금속 상태의 라듐을 분리하는 데 성공해 1911년 다시 두 번째 노벨물리학상을 받는다. 그녀가 혼자 키운 딸 이레네는 1935년 인공방사능을 발견해 남편과 함께 노벨화학상을 받았다. 모녀 2대가 노벨상을 받은 것이다.

독일에는 곤충학 등에 사실적 화법으로 곤충 등의 일생을 한눈에 이해할 수 있게 하는 진기한 공헌을 한 18세기 초의 과학화가 마리아 지빌라 메리안이 500마르크 화폐를 장식했었다. 100마르크짜리에는 유명한 피아니스트 클라라 슈만이 들어가 있었다. 오스

각국 화폐에 등장한 세계의 여성들. 위부터 영국, 노르웨이, 체코, 일본 화폐의 모습.

트레일리아 100달러짜리에는 20세기 초의 프리마돈나로 활약한 넬리 멜바가 등장했었고, 이탈리아 1000리라짜리에는 아동교육가 몬테소리가 활약했었다. 지금은 사용되지 않지만, 각 나라별로 화폐인물에 대한 각각의 철학을 짐작할 수 있게 한다.

세계 화폐인물, 남성 382명 여성 39명

세계 화폐에 여성은 얼마나 등장하고 있을까? 일본의 저술가이자 문학자인 나카노 교코는 2001년을 기준으로 세계에서 통용되고 있는 약 1000종류의 지폐를 분석했다. (이 때문에 유럽연합 12개국이 현재 공통적으로 사용하고 있는 유로화가 아니라 각 나라별로 통용됐던 옛 화폐를 기준으로 집계돼 있는 맹점이 있기는 하다. 어쨌든 각 나라별 인식과 가치관을 이해할 수 있다는 점에서 참고로 들여다보자.) 그 결과 저명 인물은 모두 421명이 등장하고 있으며, 이 가운데 남성은 382명, 여성은 39명으로 집계됐다. 남성이 거의 90퍼센트를 차지하고 있는 것이다. 나머지 약 600종류의 화폐는 저명 인물이 아니라 동물이나 식물, 가상적인 존재, 동상, 건조물, 풍경, 민족의상, 그리고 누구인지 알 수 없는 다중집단 등으로 장식되어 있다.

저명한 여성이 등장하는 비율은 대륙별로 큰 차이가 나타난다. 유럽 24명, 아메리카 7명, 아시아 6명 그리고 아프리카 0명이다. 남성 대 여성의 비율은 독일이 4 대 4, 오스트레일리아가 4 대 4, 덴마크 3 대 3, 스웨덴 3 대 2, 뉴질랜드 3 대 2, 노르웨이 4 대 1, 아이슬랜드 5 대 1 등이다. 의식적으로 남녀 비율을 같게 하는 나라는 세계적으로 독일, 오스트레일리아, 덴마크 세 나라인 것으로 보인다. 상대적으로 여성 국회의원 비율이 높으면 여성 화폐인물 비율도 높아지는 경향을 보인다. 그러나 아프리카의 남아프리카공화국이나 모잠비크, 그리고 유럽의 핀란드처럼 여성 국회의원 비율은 모두 29퍼센트를 넘어 세계 10위 안에 들면서도 여성 화폐 인물이 하나도 없는 나라도 있다.

미국의 경우 모두 역대 대통령이나 초대 재무장관 등 정치인만을 화폐에 등장시키고 있고, 여성은 한 명도 없다. 중국은 5위안에서 100위안까지 5종류의 지폐를 모두 남성인 마오쩌둥 전 국가 주석의 초상 하나로 통일하고 있다. 인도 역시 5루피에서 1000루피까지 일곱 종류의 화폐에 모두 국부로 일컬어지는 마하트마 간디의 초상을 넣고 있다.

그를 '현모양처'에 가두지 말라

화폐인물 여성 후보 2위 신사임당, 남성중심주의 공박한 조선시대의 대표적 예술가

일본 코에이에서 나온 컴퓨터게임 〈삼국지 5〉에서 서기 198년 10월 무렵의 각 인물들의 능력치는 대략 다음과 같다.

조조: 무력 94, 지력 96, 정치 97, 매력 98

유비: 무력 87, 지력 77, 정치 80, 매력 99

원소: 무력 81, 지력 77, 정치 49, 매력 92

여포: 무력 110, 지력 31, 정치 9, 매력 67

여기서 조조처럼 모든 면에서 뛰어난 인물을 '만능인'이라고 부른다. 일본 사람들이 조조를 상대적으로 높게 평가하는 경향을 보이기는 하지만, 이 정도 평점은 나름대로 근거를 가지고 있다고 눈감아줘야 할지 모른다. 게임을 잘 모르는 사람도 누가 얼마나 뛰어난지, 그 가운데서도 조조 같은 만능인이 얼마나 유리할 것인지 한눈에 알 수 있다.

'충무공 이순신 장군 기념사업회장', '안중근 의사 숭모회장' 등 외형상 매우 남성주의적인 직책을 많이 맡았던 시조시인 노산 이은상이 한 여성에 대해 이런 글을 남겼다.

어진 어머니로는 신라 김유신의 어머니 만명 부인을 비롯해 정몽주의 어머니, 이준경의 어머니 신씨, 이항복의 어머니 최씨, 홍서봉의 어머니 류씨 같은 많은 분을 헤아릴 수 있을 것이다. 어버이에 효도한 여성을 든다면 신라의 지은을 비롯해 선산의 송씨, 문화의 류씨, 홍원의 현씨 등 고을마다 적지 않다. 학문에 조예가 깊고 시문에 능했던 여성으로는 고구려의 여옥, 신라의 설요, 류희춘의 부인 송씨, 광해군의 장모 봉원부부인 정씨, 난설헌 허씨, 영향당 한씨, 품일당 전씨, 정일당 강씨, 윤지당 임씨 같은 이름난 부인들을 헤아릴 수 있을 것이다. 또한 이옥봉, 박죽서, 김금원, 김운초 같은 소실과 기생에 이르기까지 수백 명을 헤아릴 수 있다. 글씨 잘 쓰는 부인으로는 이제현의 손녀 이씨와 강희안의 딸 강씨, 특히 초서를 잘 쓰던 장홍효의 딸 장씨 같은 이들이, 그림 잘 그리던 화가로는 육오당 정경흠의 누이 정씨와 강희맹의 10대 손자며느리 되는 월성 김씨 같은 이로부터 진홍, 소미, 죽향, 경혜 같은 기생에 이르기까지 많은 여성을 헤아릴 수 있을 것이다.…… 그러나 그 모든 여성들은 한두 가지에만 능해 이름을 떨쳤을 뿐이다. 오직 한 사람 그야말로 뛰어난 인격자이면서 덕이 높고, 어진 어머니면서 어버이에게 지극히 효도하고, 학문이 깊고, 시문에 능하면서 글씨 잘 쓰고, 그림을 잘 그리고, 그리고 자수에까지 능했던 그야말로 교육가이자 인격자이면서 효녀, 현부인, 학문가, 시인, 서예가, 화가 등을 한 몸에 지닌 종합적

ⓒ 장광석

신사임당 상상도.

인 모범 부인이 바로 사임당 신씨인 것이다.

—『한국의 인간상』 5권 중에서

뛰어난 인격자, 어진 어머니

사임당은 1504년(연산 10) 외가인 강릉 오죽헌에서 태어났다. 아버지는 신명화라는 이름의 선비였고, 어머니는 용인 이씨 집안의 선비인 이사온의 딸이었다. 아버지는 외유내강한 사람이었다. 연산군의 폭정과 거듭되는 사화 등으로 세상이 어지러운 것을 개탄해 벼슬길을 단념하고 과거를 보지 않다가 중종반정 뒤에야 진사시에 합격했다. 그러나 3년 뒤 기묘사화가 일어나자 벼슬을 포기하고 아예 처가인 강릉으로 낙향했다. 사임당은 참판을 지낸 외할아버지와 어머니 이씨에게 엄한 교육을 받으며 자라났고 효성이 지극했다. 어려서부터 재주가 빼어나 글공부를 좋아했다. 사임당의 셋째 아들 율곡 이이의 『선비행장』에는 어머니에 대해 이렇게 기록돼 있다.

"어렸을 때 경전을 통달하고 글을 잘 지었으며, 글씨와 그림에 뛰어났고, 또 바느질에 능해서 수놓는 것까지 정묘하지 않은 것이 없었다.…… 평소에 그림 솜씨가 비범하여 일곱 살 때부터 안견의 그림을 모방해 드디어 산수화를 그리고 또 포도를 그렸으니, 모두 세상에 견줄 이가 없었다. 그분이 그린 병풍과 족자가 세상에 많이 전해졌다."

사임당은 19세 때인 1522년 세 살 위인 덕수 이씨 원수와 결혼해 모두 4남 3녀를 두었다. 신사임당은 48년이라는 길지 않은 생애를 살며 조선시대의 대표적인 여성예술가이자 이른바 '현모양처'의 대명사로 후세에 이름을 남겼다. 특히 그림에 뛰어나 채색화, 수묵화 등 약 40점 정도의 작품이 전해져온다. 그의 그림이 얼마나 뛰어났는지는 숙종대왕, 소세양, 송시열, 권상하, 오세창, 이석 등 많은 시인과 학자들이 다투어 발문을 쓴 것만 보아도 짐작할 수 있다. 숙종 때의 문신 송상기는 발문에 이렇게 적었다.

"내게 일가 한 분이 있어 일찍이 이런 말을 했다. '집에 사임당의 풀벌레 그림 한 폭이 있는데, 여름에 마당 가운데로 내다가 볕을 쬐는데 닭이 와서 쪼아 종이가 뚫어질 뻔했다' 는 것이다."

사임당은 글씨 역시 뛰어나 '고상한 정신과 기백을 나타내고 있다' 고 평가받는다. 시와 문장에도 탁월한 능력을 발휘하고 있다. 그 가운데 하나인 '사친' (어머니 그리워)이라는 시를 보자.

思親(사친)

千里家山萬里峰 歸心長在夢魂中 (천리가산만리봉 귀심장재몽혼중)

寒松亭畔孤輪月 鏡浦臺前一陣風 (한송정반고륜월 경포대전일진풍)

沙上白鷗恒聚散 海門漁艇任西東 (사상백구항취산 해문어정임서동)

何時重踏臨瀛路 更着斑衣膝下縫 (하시중답임영로 갱착반의슬하봉)

어머니 그리워

산첩첩 내 고향 천리연마는
자나깨나 꿈속에도 돌아가고파
한송정 가에는 외로이 뜬 달
경포대 앞에는 한 줄기 바람
갈매기는 모래톱에 헤락모이락
고깃배들 바다 위로 오고 가리니
언제나 강릉길 다시 밟아가

색동옷 입고 앉아 바느질할꼬.

남성중심주의를 깨부수다

이처럼 사임당은 여러 방면에서 당대 최고 수준의 능력을 발휘했다. 그러나 다른 한편으로 후세 사람들이 가장 많이 왜곡하고 부당하게 평가한 인물 가운데 한 사람이 바로 신사임당이기도 하다. 가장 큰 편견은 그를 전통적인 가치관에 딱 들어맞는 모범적인 여성으로나 보는 시각이라고 할 수 있다. 일종의 '현모+양처+효녀' 콤플렉스다. 그러나 여러 기록 등을 종합하면 신사임당은 기본적으로 예술가였다는 점이 더욱 확실하게 드러난다. 현재까지 전하는 시 세 편은 모두 어머니에 대한 그리움을 표현하고 있다. 그러나 이 시들은 사실 정통적인 유교 가치관에선 빗겨난 것이다. 결혼한 딸은 친정과 거리를 둬야 한다는 이른바 '출가외인'의 도덕률과 분명히 거리가 있다. 율곡이 『선비행장』에 남긴 글을 보면 좀더 확실한 그림이 떠오른다. "어머니께서는 평소에 늘 강릉 친정을 그리며 깊은 밤 사람들이 조용해지면 반드시 눈물을 지으며 우시는 것이었고, 그래서 어느 때는 밤을 꼬박 새우시기도 했다." 자기억제를 강요받는 양반집 부인이 아니라 오히려 예술가적 감수성에 충실한 한 인간의 모습이 자연스럽게 떠오르지 않는가. 더구나 강릉 친정은 그를 예술가로 교육하고 그의 예술활동을 물질적으로, 정신적으로 후원하는 '예술적 고향'이었던 것이다. 신사임당 집안의 여인 3대는 이 강릉집을 생명의 근원처럼 사랑했으며 그렇게 '예술가'가 되어갔다.

예술에서뿐이랴. 사임당은 학문적으로도 조선의 남성중심주의를 해박하고 탁월한 논법을 동원해 깨부수고 있다. 『동계만록』(東溪漫錄)

을 통해 전해져오는 신사임당과 그 남편의 대화 한 토막을 보자.

"내가 죽은 뒤에 당신은 다시 장가들지 마시오. 우리가 7남매나 두었으니까 더 구할 것이 없지 않소. 그러니 『예기』의 교훈을 어기지 마시오."

"공자가 아내를 내보낸 것은 무슨 예법이오?"

신사임당이 그린 〈화훼초충도〉. 그는 현모양처와 효녀이기 이전에 기본적으로 뛰어난 예술가였다.

"공자가 노나라 소공 때에 난리를 만나 제나라 이계라는 곳으로 피난을 갔는데 그 부인이 따라가지 않고 바로 송나라로 갔기 때문이오. 그러나 공자가 그 부인과 동거하지 않았다 뿐이지 아주 나타나게 내쫓았다는 기록은 없소."

"증자가 부인을 내쫓은 것은 무슨 까닭이오?"

"증자의 부친이 찐 배를 좋아했는데, 그 부인이 배를 잘못 쪄서 부모 공양하는 도리에 어김이 있었기 때문에 어쩔 수 없이 내보낸 것이오. 그러나 증자도 한번 혼인한 예의를 존중해서 다시 새장가를 들지는 않았다고 합니다."

"주자의 집안 예법에는 이같은 일이 없소?"

"주자가 47세 때에 부인 유씨가 죽고, 맏아들 숙은 아직 장가들지 않아 살림을 할 사람이 없었건마는 주자는 다시 장가들지 않았소."

외람된 표현이지만, 이쯤 되면 누가 고수인지, 누가 선생인지 초등학생이라도 한눈에 알 수 있을 것만 같다. (이런 대화에도 불구하고 남편은 끝내 첩살림을 차리기도 했다. 이런 가정불화에 따른 긴장과 갈등 때문에 사임당은 잠시 금강산에 들어가 불법을 닦으며 마음을 달랬으며, 금강산에서 돌아온 뒤에야 풀어졌다고 한다.)

이런 일도 있다. 일찍이 남편이 영의정 이기의 문하에 가서 노는 것을 보고 사임당은 이렇게 권한다.

"저 영의정이 어진 선비를 모해하고 권세를 탐하니 어찌 오래갈 수가 있겠소. 그가 비록 같은 덕수 이씨 문중이요, 당신에게는 오촌 아저씨가 되지만 옳지 못한 분이니 그 집에 발을 들여놓지 마시오."

남편이 이 말대로 그 집과 발걸음을 끊은 결과 나중에 정말 아무 화도 입지 않았다. 이기는 사화를 입는 바람에 죽어서 역적으로 몰리고, 그의 문하에 다니던 많은 선비들도 죽거나 귀양가는 사태가 벌어졌던 것이다.

또한 공부하러 서울로 길을 떠났다가 세 번이나 되돌아오는 우유부단한 성격의 남편을 독려해 결국 학문에 매진토록 만든 이도 바로 신사임당이다.

조선을 깜짝 놀라게 한 '자아실현형 교육'

이런 예술적·학문적 능력으로 사임당은 이미 살아 있을 때부터 남성중심주의의 조선사회에서도 특출한 인재로 평가받았다. 어느 면에서는 당시 남성들에게 그녀는 그 발군의 재능과 실력으로 대단히 외경스런 인물로 간주됐다고 할 수 있다. 일종의 존경심이랄까 두려움마저 주는 존재였다고 보는 게 더 정확할지도 모른다.

'사임당 신화' 가운데 하나인 자녀교육도 다른 각도에서 해석할 필요가 있다. 무엇보다 그는 자신을 모두 희생하면서 자녀를 100퍼센트 지원하는 '자아상실형 교육'을 하지 않았다. 오히려 스스로 최선을 다해 최고의 결과를 내는 모습을 자녀들에게 보여줘 그대로 따르도록 이끄는 '자아실현형 교육' 을 했다고 할 수 있다. 이런 어머니상보다 더 좋은 '살아 있는 교육' 은 상상하기 어렵다. 그 결과 셋째 아들 이이는 성리학의 대가로서, 사상가로서, 정치가로서 성장한다. 나아가 일본 등 외부의 침략을 대비하는 '10만 양병론' 을 주장하는가 하면, 서자 차별을 철폐하는 제도를 도입해 국가 재정을 안정시키고 국가의 잠재 역량을 극대화하자는 탁월한 개혁론도 발의한다. 또한 사임당의 맏딸 매창과 넷째 아들 우가 어머니처럼 예술가로 성장한 것도 주목할 필요가 있다. 우는 거문고·글씨·시·그림에 뛰어나 '사절'(四絕)이라고 불렸고, 매창은 시문과 그림에서 빼어난 재주를 보여 '작은 사임당', '여중군자'(女中君子)로 불렸다. 꿈도 재능도 많았던 신사임당은 그렇게 모든 일마다 최선을 다하며 자아를 실현해나갔다고 할 수 있다. 그런 혼신의 정열을 쏟은 결과 큰 성과를 거뒀지만, 기력을 다한 그는 48세의 젊은 나이에 병을 얻어 세상을 떠야 했다.

강릉 오죽헌은 신사임당이 생명의 근원처럼 사랑한 곳이다.

ⓒ 연합

사실상 신사임당에 대해 가장 글을 많이 쓴 사람이라 할 수 있는 노산 이은상이 구세대 사람이면서도 사임당의 인간에 대해 거시적이고 다이내믹하게 평가하고 있는 데 반해, 그 이후 세대 사람들의 사임당 평가는 오히려 국지적이거나 수동적이라는 느낌을 준다. 다시 한번 이은상의 평가로 들어가보자.

"유교 사상의 도가니 속에서…… 그 뛰어난 다방면의 재예로 한 시대를 풍미한 사임당이야말로 진기한 존재인 동시에 우리의 자랑이 아닐 수 없다.…… 오늘날 불과 몇 편밖에 전하지 않는 그녀의 작품만을 가지고서도 오늘의 사임당이 된 것을 생각해볼 때, 만일 그녀가 자유로운 현대적 분위기 속에서 생활했다면 틀림없이 절세의 대가가 됐을 것이다."

'사임당'의 반역 음모?

사임당(師任堂)이라는 호를 잘 보면 상당히 재미있다. 이제까지 많은 사람들이 이해하고 있는 사임당과는 전혀 다른 이미지가 이 호에 함축돼 있기 때문이다. 신사임당은 주나라 문왕의 어머니 태임(太任) 부인을 본받으려 '사임' 이라는 호를 지었다고 한다. 특히 사임당이 태임 부인의 태교를 본받으려 했다고 강조하는 후세의 해석은 넘치고도 넘친다. "사임당도 7남매를 두었을 때 몸을 매우 조심했다. 어머니의 몸가짐이 바라야 배 안에 든 아이도 바르게 자란다는 옛 어른들의 말씀에 따라 사미(邪味)한 음식은 먹지 않았으며, 좋지 못한 것은 보지 않았다." 그러나 태임 부인은 '역사상 가장 현숙한 부인의 전형' 이라는 측면과 함께, 전혀 다른 해석도 가능한 여성이다. 태임 부인은 바로 은나라를 갈아 치울 새로운 나라 주나라의 기틀을 닦은 문왕을 낳은 사람이다. 은나라 마지막 왕 주왕을 패퇴시켜 은왕조를 멸망시킨 것은 바로 그 손자인 주나라 무왕이다. 따라서 태임 부인은 '역성혁명'(易姓革命)의 토대를 쌓은 인물을 낳은 셈이다. 『사략』 등 역사서도 두루 독파한 신사임당이 이런 사실을 몰랐다고 보기는 어렵다. 만일 사임당이 이런 호를 지은 게 연산군 때(실제로는 연산군 다음인 중종 16년 무렵)였다면 반역 음모를 뒤집어씌우는 것도 가능했을지 모른다. 중종이 바로 주나라와 비슷한 방식인 반정을 통해 연산군을 몰아내고 왕위에 올랐기에 그런 호도 용인됐을 것이다.

그렇다고 하더라도 이 호는 여전히 매우 도전적이라는 느낌을 주기에 충분하다. 실제로 '태임'에 관련된 표현은 조선의 왕가에서 쓰는, 매우 엄중한 의미를 지녔기 때문이다. 조선 성종이 모후인 인수대비에게 올린 '인수대비 가상존호 옥책문'을 보자. "우러러 생각건대 도리로서는 우빈(虞嬪: 하나라 우 임금의 부인 도산씨)을 이으셨고, 덕은 문모(文母: 문왕의 어머니 태임 부인)에 협화하시여 선성(先聖: 성종의 부왕 덕종)의 배필이 되시니……"

사임당은 성종 때의 이 글을 이미 보았을지도 모른다. 그는 원래 꿈이 매우 컸을지도 모른다. 적어도 국모쯤은 되려는 꿈 말이다.

일본 지폐 모델의 불순한 의도

일본은 지금까지 두 차례 여성 인물을 지폐 모델로 등장시키고 있다. 맨 처음 1881년(메이지 14) 1엔권에 신공황후의 초상을 집어넣었다. 그 이듬해인 1882년에는 5엔권에, 다시 1883년에는 10엔권에 똑같은 신공황후가 잇따라 등장한다. 당시 일본 순사의 첫 월급이 6엔, 쌀 10킬로그램에 80전 하던 시절이므로 대단한 고액권인 셈이다. 그러나 그 배경에는 매우 정치적인 의도가 깔려 있다. 일본 역사에선 이 신공황후가 이른바 일본의 한반도 진출을 처음으로 시도한 인물로 평가된다. 기원 3세기의 인물인 그녀는 『일본서기』에 남장을 한 채 신라 정벌을 성공시킨 것으로 기술돼 있다. "신공황후가 병선을 이끌고 신라로 건너가자, 겁먹은 신라 왕은 싸우지도 않고 투항해왔다.…… 소식을 들은 고구려, 백제 왕도 찾아와 조공을 약속했다." 일본 학자들조차 대다수는 이것을 날조라고 보고 있지만, 상당수 일본인들은 이 터무니없는 이야기를 역사적 사실로 받아들이고 있다.

신공황후의 초상이 담긴 메이지시대의 일본 지폐. 이 배경엔 매우 정치적인 의도가 깔려 있다.

아이러니컬하게도 메이지시대 화폐에 등장한 신공황후의 초상은 일본인 모습이 아니다. 얼굴 모습과 목걸이 등이 영락없는 서양인의 모습이다. 당시 이 초상을 디자인한 사람은 일본 조폐창 기술 고문인 에두아르도 키오소네라는 이탈리아 사람이다. 그나마 그는 일본에 유일하게 존재하는 그녀의 목조 조각상(약사사에 국보로 보관돼 있음)조차 전혀 참고하지 않고 이 초상을 완성했다고 한다.

2004년 5000엔권에 히구치 이치요(1872~1896년)가 두번째 여성 인물로 등장한다. 일본 최초의 여성 전업작가인 그녀는 극심한 가난 속에서도 『흐린 강』, 『키재기』, 『섣달 그믐날』 등 소설을 남기고 24세에 요절한 인물이다. 1887년부터 죽을 때까지 쓴 방대한 양의 일기는 문학사적으로 높이 평가된다. 그러나 사실상 그녀보다 예술사적으로 나은 여성이 적지 않기 때문에 정치권에서는 인기 전술의 하나로 이치요를 선정했다는 비판도 나오고 있다. 여성층과 젊은층의 표를 의식했기 때문이라는 것이다.

한민족의 영원한 잔 다르크

화폐인물 여성 후보 3위 유관순, 어떤 남성 위인에도 뒤지지 않는 용기

3·1운동 때 의암 손병희 선생도 고문실로 끌려갔다. 여러 놈이 고개를 젖혀서 눕힌 뒤 손발 사지를 장의자에 붙들어 맸다. 입과 코에 걸레 조각을 올려놓고 물을 들이붓는 것이다. 입과 코로 물이 들어가면 숨이 칵칵 막힌다. 5분, 10분 계속하면 배가 불러올 뿐만 아니라 숨이 막혀 기절하고 만다.…… 그 다음날 또 고문실로 끌려가 '학춤'을 춘다. 오른손을 어깨 위로 돌리고 왼손을 허리 뒤로 돌려서 두 엄지손가락을 한데 단단히 매고서 천정에 박아 놓은 못에다가 바른 팔꿈치를 거는 것이다. 그 아래에는 숯불이 이글거리는 화롯불을 갖다놓는다. 동여 맨 엄지손가락이 끊어질 듯이 아픈 것은 말할 것도 없고 어깻죽지가 물러가고 가슴이 뻐개지며, 화롯불의 화기는 온몸을 엄습해 일초 동안도 견뎌내기 어렵다.…… 의암은 보석으로 나온 뒤 일찍 세상을 뜨고 말았다.…… 장로교의 대표로 3·1 독립선언서에 서명한 남강 이승훈 선생도 숱한 고문을 당했다. 취조실에서 격검대로 하나 둘, 하나 둘 하고 군호를 맞춰가며 어깨와 등 그리고 아무 데나 때리는 것은 오히려 대접해주는 셈이다. 고문실 장의자에 눕히고 잡아맨 뒤 고춧가루가 섞여 있는 설렁탕 국물을 입과 코에 들이붓는 것이다.…… 게다가 화롯불에 부젓가락을 달궈 허벅지를 쑤셔댄다.…… 남강 역시 출옥 뒤 일찍 돌아갔다.…… 3·1운동 당시 학생대표로 활동했던 김원벽도 몇 달 동안 고문을 받았다.…… 물 먹이고, 주

리 틀고, 때리는 것으로도 입을 열지 않자 일본 경찰은 '잠 안재우기 고문'을 동원했다. 눈만 조금 감기만 하면 바늘 끝으로 살을 찔러서 깜짝 놀라 깨게 하는 것이다. 이렇게 하루 이틀 잠을 못 자게 한 뒤 잠깐 눈을 붙이게 한다. 그래서 잠이 들락말락하면 사정없이 두들겨서 깨우는 것이다.…… 그 역시 출감 뒤 요절했다.

–『왜경고문비화』 중에서

세상에서 가장 잔인한 고문

소설가이자 언론인이던 조흔파는『왜경고문비화』에서 3·1운동 뒤 체포된 민족지도자들이 어떤 고문을 당했는지 이렇게 전하고 있다. 민족지도자로 존경하는 의암이며 남강조차도 일본 제국주의 경찰이 얼마나 악독하게 고문했는지 느낄 수 있다. 특히 3·1운동과 관련한 체포자, 사망·부상자 숫자를 자세히 보면 일제가 시위자들을 체포하는 대신 진압 과정에서 기술적으로 무더기 학살하는 음모를 실행하지 않았나 하는 의심을 떨치기 어렵다. 예컨대 박은식의『한국독립운동지혈사』에 따르면 체포자가 4만 6948명인데 반해 사망자가 무려 7509명, 부상자가 1만 5961명에 이르는 것으로 나타난다. 이건 체포를 통한 해산이 목적이 아니었

© 장광석

유관순.

다는 것을 강력히 시사한다. 살상이 목적이지 않았나 싶은 것이다.

유관순은 이 과정에서 체포된 조선인 4만여 명 가운데 한 사람이다. 그러나 그는 이 3·1운동의 불길 속에서 그 누구보다도 밝고 처절한 불꽃을 태웠다. 18세, 꽃 같은 나이에 조국의 해방을 위해 숨진 그는 겨레의 별이 되고, 신화가 됐다.

유관순은 1902년 충청도 천안에서 독실한 감리교 집안의 둘째 딸로 태어났다. 아버지 유중권은 일찍 기독교를 받아들여 개화한 사람으로 사재를 털어 '흥호학교' 라는 사립학교를 세우기도 했다. 아버지는 어려서부터 관순과 관순의 오빠 관옥을 불러놓고 이렇게 타이르곤 했다. "너희는 부지런히 배우고 착실한 사람이 되어서 훌륭한 나라의 일군 노릇을 해야 한다. 잃어버린 나라를 되찾는 일을 잠시라도 잊어서는 안 돼." 관순은 그렇게 존경스런 아버지가 홍호학교의 경영 관계로 300냥을 일본인에게 빌었다가 심한 욕설과 함께 폭행까지 당하는 모습을 보게 된다. 이자를 제때 갚지 못한다는 이유 때문이었다.

한편 관순은 매우 열심히 교회를 다녔다. 이런 배경에서 그는 그 뒤 장학생으로 서울 이화학당(이화여고의 전신)에 입학해 신식학문을 배우며 애국정신을 키우게 된다. 당시만 해도 여성의 교육이란 상상하기 어려운 매우 선진적인 움직임이었다. 그는 여성도 신학문을 열심히 공부하면 서양 부인들처럼 선교사도 되고 교장도 될 수 있다는 믿음으로 열심히 공부했다. 이와 함께 원래부터 신앙심이 깊은 그는 이런 기회를 가진 것에 깊이 감사하며 더욱 열심히 교회에 다녔다. 또한 일제에 주권을 빼앗긴 나라를 근심하며 간절한 마음으로 기도를 올리곤 했다. 그 무렵 일제는 데라우치의 무단통치 정책에 따라 우리 민족의 애국자 수백 명을 조작 사건으로 검거하는 등 노골적인 탄압을 서슴치 않고 있었고, 일제의 착취에 시달린 농민들은 만주 등지로 무더기로 유랑을 떠나고 있었다. 이런 상황에서 관순은 정동제일교회에 다닐 때도 늘 태극기를 가슴에 품고 기도했다고 한다.

만세시위를 이끈 18세 소녀

1919년 3월 1일 만세시위가 터지자 관순은 뒷담을 넘어서 다른 5명의 '시위특별결사대'와 함께 시위 행렬에 참가했다. 3·1운동의 여파로 학교가 휴교하자 관순은 고향인 천안으로 내려갔다. 관순은 이곳에서 만세운동을 조직하기로 결심한다. 그는 우선 가족이 다니던 매봉교회 어른들을 교회에 모이게 했다. 그리고 만세시위에 대해 알리고 천안에서도 시위를 벌여야 한다고 설득했다. 이렇게 여학생의 몸으로 기독교인들, 동리 유지들, 향교의 유림까지도 설득해 참여케 한다. 시위 예정일이 아우내 장날인 1919년 4월 1일로 잡혔다. 관순은 경찰의 눈을 피해 천안·목천·연기·청주·진천·안성 등지의 학교와 교회 그리고 유림을 돌며 시위 참가를 독려했다.

4월 1일이 되자 관순은 장터에 몰려든 사람들에게 연설을 시작했다. "여러분! 우리는 반만년의 유구한 역사를 가진 나라입니다. 그러나 일본은 강제로 합방하고, 온 천지를 활보하며 우리에게 갖은 학대와 모욕을 가했습니다. 10년 동안 우리는 나라 없는 백성이 되어 온갖 압제에 설움을 참고 살아왔지만, 이제 더 이상 참을 수 없습니다. 우리 다 같이 독립만세를 불러 나라를 찾읍시다!"

만세 소리가 울려퍼지면서 거리 행진이 벌어졌다. 일본 헌병이 몰려왔다. 이때 제일 앞장서서 만세를 부르던 김상헌이 칼에 찔려 피를 흘리면서 쓰러졌다. 군중들은 이 살상에 분노해 시체를 떠메고 헌병대를 습격했다. 이어 천안군에 주둔하고 있던 일본군 수비대 20여 명이 들이닥쳐 무차별 학살을 자행하기 시작했다. 일본 헌병의 총격과 총·검 공격으로 사람들이 여기저기 피를 흘리며 쓰러졌다. 장터는 피와 시체들로 아수라장이 됐다. 관순의 아버지 유중권은 시위를 벌이다가 일본 헌병의 쏜 총에 맞아 학살됐다. 어머니 이소제도 다른 헌병이 쏜 권총에 맞아 학살됐다. 부모가 일본 헌병에 잇따라 처참하게 학살되는 것을 본 관순은 더욱 열심히 시위를 지휘하면서 체포될 때까지 만세를 외치고 외쳤다. 이날 아우내 장터의 시위에는 모두 3000여 명의 주민들이 참가했으며, 일본 헌병의 무차별 발포와 진압으로 모두 19명이 학살됐다. 일본 헌병은 관순을 주모자로 지목해 천안헌병대로 끌고 갔다. 그 뒤 관순은 공주검사국, 공주재판소, 서울 복심법원재판소, 서대문형무소로 넘어갔으며, 넘어갈 때마다 계속해서 혹독한 고문을 받았다. 관순은 이렇게 옮겨가는 과정에서 사람이 모인 곳을 지날 때면 으레 '대한독립 만세'를 불러 호송하는 헌병들을 당황하게 했으며, 그 결과 칼에 찔리기도 했다. 공주재판소 법정에서 관순은 이렇게 말했다. "나는 조선 사람이다. 너희들은 우리 땅에 와서 우리 동포들을 수없이 죽이고 나의 아버지와 어머니를 죽였으니 죄를 지은 자들은 바로 너희들이다. 우리들이 너희들에게 형벌을 줄 권리는 있어도 너희가 우리를 재판할 그 어떤 권리도 명분도 없다" 그러자 검사가 "너희들 조선인이 무슨 독립이냐"고 핀잔을 주자 관순은 일어나 걸상을 들어 검사를 쳤다. 최종적으로 관순은 3년에서 7년으로 형이 더 늘어났다.

관순은 감옥에서도 여러 번 만세를 불러 그때마다 죽도록 매를 맞았으나 끝내 굽히지 않았다. 이런 끝없는 만세투쟁은 같은 감옥에 갇혀 있던 이화학당의 선생 박인덕이 잡역 일을 하는 한 여성을 통해 이렇게 조언한 뒤에야 멈추었다고 한다. "만세를 부른다고 지금 당장 무슨 일이 되는 것도 아니고 공연히 네 몸만 상할 뿐이다. 감옥 안에 있는 동지들에게도 해가 미치니 참도록 해라." 이처럼 관순은 불굴의 의지를 지닌 투사형 인간이었지만, 본질적으로 매우 따뜻한 마음씨를 지닌 착한 사람이었다. 감옥에 있을 때 관순은 젊은 여자가 아기를 데리고 있는 것을 보고는 자기 밥을 나눠주고 자신은 굶기도 했으며, 같은 수용실에 있는 또 다른 수인을 위해선 갓난 아이의 젖은 기저귀를 자기 허리에 감아 체온으로 말려서 채워주기도 했다고 전해진다. 감옥생활을 하며 그의 육신은 더할 나위 없이 쇠약해졌다. 그러면서도 그의 조국에 대한 뜨거운 충정은 더욱 깊어만 갔다.

충남 천안시 매봉교회 안에 있는 유관순 기념동상.

3·1운동 1주년이 되는 날에도 관순은 감옥에서 만세투쟁을 벌이도록 조직했다. 같은 감방의 어윤희와 상의하고 비밀리에 각 수용실로 연락을 취했다. 그 결과 서대문형무소에선 다시 한번 "대한독립만세!"라는 피맺힌 외침이 울려퍼질 수 있었다. 이렇게 감옥에서도 굽히지 않고 수감투쟁을 하던 관순은 오랫동안 계속된 고문과 상처의 후유증, 영양실조 등으로 1920년 10월 감방에서 순국하고 말았다. 일부 연구자

들은 옥중 시위에 따른 고문 등으로 방광이 터져 갖은 고생을 하다가 끝내 숨졌다고 전한다.

용기의 월계관을 여성에게 씌워준 '일대사건'

2004년 1월 포털사이트 다음에서 실시한 '10만 원권 화폐인물의 새로운 모델'을 묻는 설문에서 유관순은 1위 광개토대왕(40.7퍼센트), 2위 백범 김구(17.7퍼센트), 3위 신사임당(16.4퍼센트)에 이어 15.7퍼센트로 4위에 올랐다. 그가 여성 후보 중에선 사실상 2위에 육박할 정도로 네티즌으로부터 폭넓게 호감받는 이유는 무엇일까?

크게 두 가지 요소가 작용하고 있다고 할 수 있다. 먼저 유관순이 '역사상 그 어떤 남성 위인에도 뒤지지 않는 용기를 발휘했다'는 점이

"화폐도 산업이다." 중국 정부가 발행한 미인도 시리즈 기념주화 모조품.

다. 조흔파의 『왜경고문비화』 유관순 편을 보자.

> 관순은 취조를 받을 때에도 '대한독립만세!'를 부르곤 했다. 약이 오른 왜놈들은 다른 피의자보다 더 지독한 고문을 가했다. 국부에다가 호스를 박고서 수돗물을 틀어놓기도 했으며…… 거의 20개월 동안 지속적으로 고문을 받았는데…… 추운 겨울에 밖에 묶어 앉히고 호스로 물벼락을 퍼부어 입은 옷과 살이 꽁꽁 얼어서 거의 죽을 지경이 되면 집어다가 이글거리는 난로 옆에 놓아서 녹히곤 했다. 어떤 때는 밧줄로 오랫동안 마구 때린 뒤 까무러치면 캄풀 주사로 회생시키고 다시 때리곤 했다.

그래도 관순의 영혼은 꺾이지 않았다. 연약한 육신이 일제의 물리력에 100퍼센트 갇혀 있는 상황에서도 계속 항전한 것이다. 역사상 유관순이야말로 남성의 전유물처럼 여겨지고 조작돼온 '용기'의 월계관을 남성의 이마로부터 들어내 여성에게 씌워준 '일대사건'의 상징이라고 할 수 있다. 점차 여러 분야에서 남성들과 경쟁을 벌여야 하는 현대 여성들에게 유관순의 존재는 자부심과 자신감으로 이어진다. 여성도 할 수 있다, 아니 기회와 여건만 주어진다면 남성보다 훨씬 더 잘할 수 있다는 믿음을 갖게 하는 것이다.

그녀를 새로운 화폐인물 후보로 꼽게 한 또 하나의 요소는 관순이야말로 '슬픔도 힘'이라는 매우 한민족적인 논법을 증명하는 최고의 인물이라는 점이다. 모든 제국주의와 독재에 패배하기만 해왔던 제3세계 민중들이 역사를 사랑하는 방식은 바로 죽을지언정 결코 굴복하지 않는 투사나 혁명가에 대한 연민과 존경이라고 할 수 있다. 니카라과의 산디노가, 볼리비아에서 죽은 게바라가, 필리핀의 호세 리잘이, 우리나라의 김구가 그런 대상인 셈이다. 물론 이 과정에서 죽임을 당하지도 않고, 지지도 않은 승리자들도 있다. 그러나 그 승리자와 민중의 관계는 대부분 일정 기간이 지나면 통치자와 피치자(잘못 발전하면 가해자와 피해자)의 그것으로 전환하곤 한다. 거기에는 이성과 현실은 존재하지만, 그 모든 것을 뛰어넘는 감성과 상상력이 없다.

바로 이런 점 때문에 민중은 역사적으로 현실의 승리자와는 오래 '연애' 하지 않는 것은 아닐까? 역사가 이성으로만 이뤄지는 것만은 아니기에 유관순이 있는 사이트에선 이 시대에도 눈물과 존경과 놀람과 무엇보다도 어린이들의 감동이 이어지고 있는 것은 아닐까? 그 어떤 인물의 사이트에도 이런 종류의 파토스는 없다. 그것은 바로 슬픔의 힘이다.

불굴의 소녀, 잔 다르크 VS 유관순

잔 다르크와 유관순은 둘 다 소녀의 몸으로 구국에 나서 민족의 수호자로 승화하는 등 닮은 점이 많다. 두 사람 모두 17세에 조국의 위난을 보고 떨쳐 일어났다는 점부터가 그러하다. 1412년 프랑스에서 농부의 딸로 태어난 잔다르크는 17세 때인 1429년 영국과의 '백년전쟁' 에서 패색이 짙던 조국을 구하기 위해 전장에 나선다. 1902년 역시 농부의 딸로 태어난 유관순도 17세 때인 1919년 3·1운동에 온몸을 던져 일본 제국주의에 맞섰다. 두 사람은 또 종교적 열정과 정치적 신념을 결합해 어떤 고난에도 꺾이지 않는 불굴의 인간상으로 역사에 기록됐다. 잔 다르크는 독실한 가톨릭 신자로서 천사장 미카엘의 계시를 받고 전장에 뛰어들었으며, 유관순도 독실한 감리교인으로서 온갖 고비마다 투철한 신앙심으로 헤쳐나갔다고 전해진다. 두 사람은 또 직관에서 비롯되는 탁월한 정치적 통찰력을 발휘한다. 잔 다르크는 "프랑스가 하나님으로부터 정통성을 부여받았으므로 반드시 승리한다", "하나님으로부터 정통성을 부여받았음을 증명하기 위해 역대 프랑스 왕의 대관식을 열던 랭스를 점령해 먼저 대관식을 열어야 한다"고 주장했다. 유관순은 자신이 왜 그처럼 극한적 비타협투쟁을 벌이는지 이렇게 설명했다. "2천만 동포의 10분의 1만이라도 순국할 것을 결심한다면 독립은 저절로 될 것입니다." 두 사람은 어릴 때부터 적국의 탄압을 직접 경험하면서 성장했다. 잔 다르크의 고향 동레미는 주민들이 프랑스의 샤를르 황태자를 지원한다는 이유로 영국군과 부르고뉴군으로부터 여러 번 습격·약탈·살인·방화·납치의 피해를 겪었다. 유관순의 경우도 가족들이 세우고 다니던 매봉교회가 의병들을 돕는다는 이유로 일제에 의해 여러 번 불태워졌다. 두 사람 다 적국에 붙잡혀 타협을 거절한 채 순국한 점도 같다.

17세 때 영국과의 '백년전쟁'에서 패색이 짙던 조국 프랑스를 구하기 위해 전장에 나섰던 잔 다르크. 유관순은 '조선의 잔 다르크'라 칭할 만하다.

유관순은 비록 잔 다르크처럼 직접 전쟁터에 나가 결정적인 전과를 올리지는 못했지만, 이런 유사성 때문에 프랑스 쪽의 인정을 받아 파리 잔 다르크 기념관에 영정이 봉안되기에 이른다. 일본의 일부 교과서도 그를 사진과 함께 '조선의 잔 다르크'로 묘사하고 있다.

세계 화폐에 새겨진 '운동권 여성들'

세계적으로 유관순과 같은 독립운동가나 혁명가를 화폐에 실은 나라는 적지 않다. 이른바 운동권 인물이 화폐에서 터부시되는 것은 아닌 셈이다.

특히 제국주의의 질곡으로부터 독립한 나라가 많은 라틴아메리카에서 이런 경향이 강하다. 20세기 초 멕시코혁명을 겪으며 많은 혁명 투쟁가를 낸 멕시코에서는 급진적 인물들도 화폐의 주인공으로 당당하게 자리잡고 있다. 10페소 지폐에는 20세기 초 멕시코 혁명 때 농민군 지도자였던 에밀리아노 사파타가 그 특유의 콧수염을 자랑하며 등장한다. 50페소 지폐에는 사파타보다 약 100년 앞서 19세기 초에 활약하던 성직자 출신의 독립운동가이자 혁명가인 호세 마리아 모렐로스가 출연한다. 가난한 사람들을 조직해 게릴라 투쟁을 벌였던 그는 나중에 왕당파에 붙잡혀 파문당한 뒤 처형됐지만, 화폐인물로 부활했다. 아르헨티나 5페소와 10페소짜리 화폐에는 민족운동 지도자인 호세 데 산 마르틴과 마누엘 벨그라노가 각각 등장하고 있다. 역시 스페인으로부터 독립한 베네주엘라의 화폐에는 독립운동가 세 명이 잇따라 등장한다. 1000볼리바르 지폐에는 '라틴아메리카 해방의 아버지' 라는 별명이 붙은 시몬 볼리바르가, 5000볼리바르 지폐에는 역시 민족운동 지도자인 프란시스코 데 마란다가, 1만 볼리바르 지폐에는 시몬 볼리바르를 도와 역시 민족해방투쟁을 벌인 안토니오 호세 데 수크레가 등장한다.

인도네시아 독립운동의 여걸 튜트 낙 디엔. 1만루피아 화폐에 등장한다.

유럽 화폐에도 민족운동 지도자들이 등장한다. 헝가리 500포린트 지폐에는 18세기 초반 민족운동 지도자인 페렌치 라코스치가 주인공이며, 아이슬란드 500크로나 화폐에도 역시 19세기 후반 민족운동 지도자인 욘 시구르드스손이 출연한다. 타이완의 100타이완 지폐에는 손문이 등장하고 있고, 중국에선 마오쩌둥이 5위안에서 100위안까지 다섯 가지 종류의 화폐에 등장한다. 이란 회교혁명을 이끈 호메이니도 이란의 1000, 5000, 1만 리알 화폐에 잇따라 등장한다.

여성으로서는 18세기 초 인도네시아에서 독립운동을 벌였던 튜트 낙 디엔이 인도네시아 1만 루피아 화폐에 등장하고 있는 것이 거의 유일한 사례라고 할 수 있다. 조금 다른 범주라 할 수 있는 여권운동가로서는 뉴질랜드의 케이트 셰퍼드가 10뉴질랜드달러에 등장한다.

온 + 오프 항해지도

더 읽을 만한 자료들

천상천하 중화독존!

중고생용

고구려 연구회 사이트(www.koguryo.org).

http://shindonga.donga.com=검색=2003년 9월호=국제=중국 광명일보의 '고구려 역사 연구의 몇 가지 문제에 대한 시론'.

http://www.hani.co.kr=검색=한겨레21=2004년 2월 19일자=표지이야기=광개토대왕 납치사건.

대학생 이상

『고구려사』, 신형식, 이화여자대학교출판부, 2003.

『고구려사 연구』, 노태돈, 사계절, 2003.

『고대로부터의 통신』, 한국역사연구회 고대사분과 엮음, 푸른역사, 2004.

『康乾盛世 歷史報告』, 郭成康 외, 中國言實出版社, 2002.

http://www.britannica.com=검색=koguryo.

중국 역사전쟁, '악비의 벽'에 부닥치다

중고생용

『중국오천년』, 진순신, 다락원, 2002.

kr.yahoo.com=검색=(백과사전)=악비, 문천상.

대학생 이상

『시와 사진으로 보는 중국기행』, 진순신, 예담, 2000.

『文化 岳飛』, 皇甫中行, 中國華僑出版社, 2003.

『中國通史』, 喬台山, 海燕出版社, 2002.

동명성왕, 개척 정신으로 고구려를 세우다

중고생용

『고분벽화로 본 고구려 이야기』, 전호태, 풀빛, 2002.

『삼국사기』 상, 김부식, 명문당, 1988.

『역사스페셜』 4, KBS역사스페셜 제작팀, 효형출판, 2002.

『인물로 보는 고구려사』, 김용만, 창해, 2001.

『한국의 역사』 1, 이상옥, 마당, 하서출판사, 1971.

대학생 이상

『고구려사 연구』, 노태돈, 사계절, 2003.

『인물로 본 한국고대사』, 천관우, 정음문화사, 1982.

『중국정사 조선전』 1, 2, 국사편찬위원회 편찬, 신서원, 2004.

중국변강사지연구중심 사이트(www.chinaborderland.com).

국강상광개토경평안호태왕

중고생용

『광개토대왕이 중국인이라고?』, 월간중앙 역사탐험팀 엮음, 중앙일보시사미디어, 2004.

『인물로 보는 고구려사』, 김용만, 창해, 2001.

『인물로 본 한국고대사』, 천관우, 정음문화사, 1982.

『중국의 고구려사 왜곡』, 최광식, 살림, 2004.

『한국의 인간상』 1, 신구문화사 편, 신구문화사, 1974.

대학생 이상

『고구려연구』 1~17집, 고구려연구회 엮음, 학연문화사, 1995~2004.

『고구려연구회 학술총서 2-서희와 고려의 고구려 계승의식』, 고구려연구회, 학연문화사, 1999.

『고구려연구회 학술총서 3-광개토대왕과 고구려 남진정책』, 고구려연구회, 학연문화사, 2002.

정화, 아메리카를 발견하다
정화 함대의 기록을 불태워라

중고생용

『정화의 남해 대원정』, 미야자키 마사카츠, 일빛, 1999.

『중국걸물전』, 진순신, 서울출판미디어, 1996.

www.1421.tv
대학생 이상
『1421 중국, 세계를 발견하다』, 개빈 멘지스, 사계절출판사, 2004.
『서양고지도와 한국』, 서정철, 대원사, 1996.
『세계지도의 역사와 한반도의 발견』, 김상근, 살림, 2004.
『한국의 지도』, 방동인, 세종대왕기념사업회, 2000.
『When China Ruled the Seas』, Louise Levathes, Oxford University Press, 1997.
www.amazon.com=검색=1421, zhengehe.
www.yahoo.com=검색=1421, zhenghe.
www.telegraph.co.uk=검색=1421, menzies.
http://planet.time.net.my/CentralMarket/melaka101/chengho.htm
http://www.admiralzhenghe.org

장보고, 해양왕국을 꿈꾸다

중학생용
『역사스페셜』 5, KBS역사스페셜 제작팀, 효형출판, 2003.
『장보고-역사학자 33인이 추천하는 역사 인물 동화』 7, 김종상, 파랑새어린이, 2003.
『해신』, 최인호, 열림원, 2003.
http://www.changpogo.or.kr
대학생 이상
『장보고』, 강봉룡, 한얼미디어, 2004.
『장보고시대의 해양활동과 동아지중해』, 윤명철, 학연문화사, 2002.
『장보고와 청해진』, 손보기, 혜안, 1996.
『중국정사 조선전』 2, 국사편찬위원회 편찬, 신서원, 2004.
『천년을 여는 미래인 해상왕 장보고』, 최광식 외, 청아출판사, 2003.
『천년전의 글로벌 CEO, 해상왕 장보고』, 한창수, 삼성경제연구소, 2004.

140만 목숨을 구한 생명의 수호자, 야율초재

중고생용
『중국걸물전』, 진순신, 서울출판미디어, 1996.
『칭기즈칸 일족』 1, 2, 진순신, 한국경제신문, 1997.
대학생 이상

『Genghis Khan-His Life and Legacy』, Paul Ratchnevsky, Blackwell Publishers, 1993.
『The Devil's Horsemen』, James Chambers, Castle Books, 2003.
『The History of the Mongol Conquests』, J.J. Sanders, University of Pennsylvania Press, 2001.
『The Mongols』, David Morgan, Blackwell Publishers, 1990.
『The Mongols』, Stephen Turnbull, Osprey, 1980.
http://framed-art-prints.vendimus.com/calligraphy-a-seven-word-poem--10082512.html

도쿠가와 이에야스, '인내'를 무기로 천하를 얻다

중고생용
『사건과 에피소드로 보는 도쿠가와 3대』, 오와다 데쓰오, 청어람미디어, 2003.
『연표와 사진으로 보는 일본사』, 박경희, 일빛, 1998.
대학생 이상
『노부나가 히데요시 이에야스의 천하제패경영』, 구스도 요시아키, 작가정신, 2000.
『도쿠가와 이에야스의 인간경영』, 도몬 후유지, 작가정신, 2004.
『A Modern History of Japan』, Andrew Gorden, Oxford University Press, 2003.
『Samurai William』, Giles Milton, Sceptre, 2003.
『徳川家康-歴史群像シリズ』 11, 學習研究社, 1989.
『ビヅュアルワイド 圖設日本史』, 東京書籍編集部, 東京書籍, 1997.
『痛快! 歴史人物』, 桂文珍, PHP研究所, 2001.

이순신, 내부의 적과 싸우다
울돌목에서 불가능의 목을 치다

중고생용
『충무공 이순신의 짧은 생애, 빛나는 삶』, 장학근, 한국해양전략연구소, 2002.
『충무공의 생애와 사상』, 조성도, 명문당, 1989.
『칼의 노래』, 김훈, 생각의나무, 2003.
대학생 이상
『경제전쟁시대 이순신을 만나다』, 지용희, 디자인하우스, 2003.
『사야가 한일교과서 등장과 교류의 가교』, 김재덕, 서진출판사, 1999.
『이순신의 일기』, 박혜일 외, 서울대출판부, 1998.

『역사스페셜』 5, KBS역사스페셜 제작팀, 효형출판, 2003.
『역사스페셜』 6, KBS역사스페셜 제작팀, 효형출판, 2003.
『임진왜란 종군기』, 케이넨, 경서원, 1997.
『임진왜란 해전사』, 이민웅, 청어람미디어, 2004.
『한나라 기행』, 시바 료타로, 학고재, 1998.
『Fighting Ships of the Far East(2) : Japan's Korean AD 612-1639』, Stephen Turnbull, Osprey, 2003.
『Samurai Invasion : Japan's Korean War』, Stephen Turnbull, Cassell & Co, 2002.
『亂世をスクープ! 戰國史新聞』, 全國史新聞編纂委員會, 株式會社日本文化史, 1996.

요셉, 인류 최초의 재테크

중고생용
『구약성경』「창세기」 35~50장.
http://www.virtualchurch.org/joseph.htm
대학생 이상
『구약성서배경사』, 문희석, 대한기독교서회, 1997.
『요셉과 그 형제들』, 토마스 만, 살림출판사, 2001.
『이스라엘의 역사』, 월터 카이즈, 크리스찬출판사, 2003.
『제사장의 나라—구약이스라엘의 역사』, 유진 H. 메릴, 기독교문서선교회, 1997.
『Joseph Great Lives Series』, Charles R. Swindoll, W Publishing Group, 1998.
http://www.newadvent.org/cathen/08506a.htm

경영학원론, 석가의 가르침

중고생용
『불교성전』, 불교성전편찬회, 문예마당, 2003.
『붓다-꺼지지 않는 등불』, 장 부아슬리에, 시공사, 1996.
대학생 이상
『불교의 역사』, 이봉춘, 민족사, 1998.
『비즈니스의 달인 붓다』, 마이클 로치, 중앙M&B, 2000.
『상생의 불교 경영학』, 이노우에 신이지, 이지북, 2000.
『Buddha』, Karen Armstrong, Viking Penguin, 2001.
『Buddha』, Jon Ortner, Welcome Books, 2003.

『What Would Buddha Do at Work?』, Franz Metcalf, Seastone, 2001.
『圖說 ブッダ』, 安田治樹, 河出書房新社, 1996.
『インド佛教の歷史』, 竹村牧男, 講談社學術文庫, 2004.

마호메트, 독자적인 이슬람교의 근원

중고생용
『마호메트-알라의 메신저』, 알 마리 델캉브르, 시공사, 1997.
『사진과 그림으로 보는 케임브리지 이슬람사』, 프랜시스 로빈슨 외, 시공사, 2002.
『이슬람』, 지아우딘 사르다르, 김영사, 2002.
대학생 이상
『마호메트 평전』, 카렌 암스트롱, 미다스북스, 2002.
『마호메트 평전』, 콘스탄틴 버질 게오르규, 초당, 2002.
『Islam in the Context : Past, Present, and Future』, Peter Riddell, Baker Academic, 2003.
『Muhammad : His Life Based on the Earliest Sources』, Martin Lings, Inner Traditions International, 1983.
『The Sword of the Prophet』, Serge Trifkovic, Regina Orthodox Press, 2002.

사마천, 애덤 스미스의 뺨을 치다

중고생용
『고대 중국의 재발견』, 코린 드벤 프랑포리, 시공사, 2000.
『사기열전』 하, 사마천, 을유문화사, 2002.
『역사의 혼 사마천』, 천퉁성, 이끌리오, 2002.
대학생 이상
『중국의 역사』, 진순신, 한길사, 1995.
『한국의 부자들』, 한상복, 위즈덤하우스, 2003.
『中國通史』 第二卷, 喬台山, 海燕出版社, 2002.
『秦始皇帝-歷史群像シリズ』 44, 學習研究社, 1995.

노예들의 유통 프랜차이즈

중고생용

『고대 중국의 재발견』, 코린 드벤 프랑포리, 시공사, 2000.
『사기열전』 하, 사마천, 을유문화사, 2002.
대학생 이상
『사기』 2, 사마천, 까치, 1996.
『중국의 역사』, 진순신, 한길사, 1995.
『한국의 부자들』, 한상복, 위즈덤하우스, 2003.
『中國通史』, 喬台山, 海燕出版社, 2002.
『秦始皇帝-歷史群像シリズ』 44, 學習研究社, 1995.

돈과 권력을 모두 얻은 여불위와 범려

중고생용
『사기열전』 상·하, 사마천, 을유문화사, 2002.
『중국걸물전』, 진순신, 서울출판미디어, 1996.
대학생 이상
『The Cambridge Illustrated History of CHINA』, Patricia Buckley Ebrey, Cambridge University Press, 1999.
『白話 史記』, 光明日報出版社, 2002.
『司馬遷の旅』, 藤田勝久, 中央公論新社, 2003.

다섯 발의 화살, 유럽에 명중하다

중고생용
『가난한 아빠 부자 아들』 1, 2, 3, 데릭 윌슨, 동서문화사, 2002.
대학생 이상
『미국 경제의 유태인 파워』, 사토 다다유키, 가야넷, 2002.
『미국의 경제 지배자들』, 히로세 다카시, 동방미디어, 2000.
『세계 종교 둘러보기』, 오강남, 현암사, 2003.
『솔로몬 탈무드』, 이희영, 동서문화사, 2004.
『The House of Rothschild 1798～1848』, Niall Perguson, Penguin Books, 1998.
『The House of Rothschild 1849～1998』, Niall Perguson, Penguin Books, 1998.
『世界財閥マップ』, 久保巖, 平凡社, 2002.

엘리자베스, 비밀의 열쇠를 찾아라

중고생용

『엘리자베스 여왕』, 로버트 레이시, 일신서적출판사, 1994.

www.royal.gov.uk

대학생 이상

『대영제국 쇠망사』, 나카니시 데루마사, 까치, 2000.

『영국사』, 앙드레 모로아, 기린원, 1999.

『옥스퍼드 영국사』, 케네스 모건, 한울아카데미, 1994.

『Queen and Country』, William Shawcrossm, Simon & Schuster, 2002.

『Queen Elizabeth II』, Tim Graham, Rizzoli, 2002.

영원에 도전한 '오씨' 가문

중고생용

『사기열전』, 사마천, 을유문화사, 2002.

대학생 이상

『사기세가』 상, 사마천, 까치, 1996.

『성씨의 고향』, 중앙일보사, 1995.

『패자』, 진순신, 솔출판사, 2002.

『한국인의 족보』, 한국인의 족보 편찬위원회, 일신각, 1996.

『百家姓書庫-秦』, 楊玲, 陝西人民出版社, 2002.

『蘇州』, 中國旅游出版社, 1997.

『中國通史』, 喬台山, 海燕出版社, 2002.

『中華姓氏通史-吳姓』, 劉佑平, 東方出版社, 2000.

『秦始皇帝-歷史群像シリズ』 44, 學習硏究社, 1995.

백 리 안에 굶는 이가 없게 하라

중고생용

『세상을 깜짝 놀라게 한 오천년 우리 부자』, 민병덕, 계림, 2003.

『청소년을 위한 명문가 이야기』, 조용헌, 이룸, 2004.

대학생 이상

『경주 최 부잣집 300년 부의 비밀』, 전진문, 황금가지, 2004.

『부자열전-고전에서 찾은 인생 역전기』, 이수광, 흐름출판, 2004.
『5백년 내력의 명문가 이야기』, 조용헌, 푸른역사, 2002.

당신도 고구려인일 수 있다

중고생용

『고분벽화로 본 고구려 이야기』, 전호태, 풀빛, 2002.
『삼국의 세력다툼과 중국과의 전쟁』, 이이화, 한길사, 1998.

대학생 이상

『고구려연구회 학술총서 3-광개토대왕과 고구려 남진정책』, 고구려연구회, 학연문화사, 1997.
『만주에 거주하는 고구려 장수황 후손에 관한 연구』, 고구려연구소 제1차 국제학술회의.
『삼국사기』, 김부식, 명문당, 1988.
『페이퍼로드』, 진순신, 예담, 2002.
『한국사 오디세이』, 김정환, 바다출판사, 2003.
『한국의 인간상』 2, 신구문화사 편, 신구문화사, 1972.

난세를 치유한 한민족 최초의 여왕

중고생용

『사진과 함께 읽는 삼국유사』, 일연, 까치, 1999.
『삼국사기』 상, 김부식, 명문당, 1988.
『우리의 화폐, 세계의 화폐』, 한국은행 편, 한국은행, 1996.

대학생 이상

『세계 주요국의 화폐』, 한국은행 편, 한국은행, 2003.
『역사스페셜』 1, KBS역사스페셜 제작팀, 효형출판, 2000.
『우리 역사의 여왕들』, 조범환, 책세상, 2000.
『한국의 불교』, 이기영, 세종대왕기념사업회, 1974.
『紙幣は語る』, 中野京子, 株式會社 洋泉社, 2002.

그를 '현모양처'에 가두지 말라

중고생용

『신사임당』, 이헌숙, 중앙출판사(JDM), 1999.

『신사임당』, 장정예, 파랑새어린이, 2002.
『우리의 화폐, 세계의 화폐』, 한국은행 편, 한국은행, 1996.
http://kr.image.search.yahoo.com/search/images=신사임당.
대학생 이상
『한국의 인간상』 5, 신구문화사 편, 신구문화사, 1965.
『한국의 화폐』, 장상진, 대원사, 1997.

한민족의 영원한 잔 다르크

중고생용
『유관순』, 소중애, 파랑새어린이, 2002.
이화여고 사이트(http://ewha.hs.kr/history/body1.html).
http://www.yugwansun.or.kr
대학생 이상
『아리랑』, 김산, 님 웨일즈 공저, 동녘, 2000.
『한국인의 인간상』 6, 신구문화사 편, 신구문화사, 1972.
세계화폐 사이트(www.numerousmoney.com).

사진 출처

국내

KBS역사스페셜 제작팀, 『역사스페셜』 4, 효형출판, 2002.

개빈 멘지스, 『1421 중국, 세계를 발견하다』, 사계절출판사, 2004.

고구려연구회, 『고구려연구회 학술총서 2-서희와 고려의 고구려 계승의식』, 학연문화사, 1999.

김상목 편저, 『충무공 이순신 어록』, 도서출판 한원, 1993.

앙드레 프로사르 외 편저, 『도설 대성서』 제1권, 한국광보개발원, 1982.

이용범 감수, 『대세계사 2-아시아 국가의 전개』, 태극출판사, 1984.

장학근, 『충무공 이순신의 짧은 생애, 빛나는 삶』, 한국해양전략연구소, 2002.

전진문, 『경주 최 부잣집 300년 부의 비밀』, 황금가지, 2004.

조용헌, 『청소년을 위한 명문가 이야기』, 이룸, 2004.

최광식 외, 『천년을 여는 미래인 해상왕 장보고』, 청아출판사, 2003.

코린 드벤-프랑포르, 『고대 중국의 재발견』, 시공사, 2000.

프랜시스 로빈슨 외, 『사진과 그림으로 보는 케임브리지 이슬람사』, 시공사, 2002.

한국은행 편, 『세계 주요국의 화폐』, 한국은행, 2003.

한국찬송가공회 편, 『좋은 성경』, 성서원, 2003.

홍한유 감수, 『대세계사 4-대서양시대의 개막』, 태극출판사, 1984.

해외

http://framed-art-prints.vendimus.com/calligraphy-a-seven-word-poem--10082512.htm

http://www.chinapage.com/zhenghe.htm

http://www.chinapage.com/zhenghe.htm

http://www.time.com

Jon Ortner, 『Buddha』, Welcome Books, 2003.

Niall Perguson, 『The House of Rothschild 1798~1848』, Penguin Books, 1998.

Niall Perguson, 『The House of Rothschild 1849~1999』, Penguin Books, 1998.

Patricia Buckley Ebrey, 『Cambridge Illustrated History China』, Cambridge University Press, 1996.

Stephen Turnbull, 『Samurai Invasion : Japan's Korean War』, Cassell&Co, 2002.

Stephen Turnbull, 『The Mongols』, Osprey Publishing Ltd, 1980.

Tim Graham, 『Queen Elizabeth II』, Rizzoli, 2002.

William Shawcrossm, 『Queen and Country』, Simon & Schuster, 2002.

www.1421.tv → map

『戴敦邦人物畵集』, 天津楊柳青畵社, 2001.

『白話 史記』 第一卷, 光明日報出版社, 2002.

『蘇州』, 中國旅游出版社, 1997.

『中國歷史紀行』, 學習硏究社, 1998.

『中國歷史地圖集』 2, 4, 5, 中國地圖出版社, 1996.

『中國通史』, 光明日報出版社, 2002.

喬台山, 『中國通史』 第一卷, 第三卷, 海燕出版社, 2002.

東京書籍編集部, 『ビジュアルワイド 圖說日本史』, 東京書籍, 1997.

安田治樹, 『圖說 ブッダ』, 河出書房新社, 1996.

劉佑平, 『中華姓氏通史-吳姓』, 東方出版社, 2000.

戰國史新聞編纂委員會, 『亂世をスクープ! 戰國史新聞』, 株式會社日本文化社, 1996.

中野京子, 『紙幣は語る』, 株式會社 洋泉社, 2002.

사마천, 애덤 스미스의 뺨을 치다
-21세기 역사 오디세이1

초판 1쇄 발행 _ 2005년 6월 20일
4쇄 발행 _ 2009년 3월 26일

지은이 오귀환
펴낸이 이기섭
편집주간 김수영
기획편집 김윤희 박상준 김윤정 조사라
마케팅 조재성 성기준 김미란 한아름

펴낸곳 한겨레출판(주)
등록 2006년 1월 4일 제313-2006-00003호
주소 121-750 서울시 마포구 공덕동 116-25 한겨레신문사 4층
전화 마케팅 6383-1602~4 기획편집 6383-1607~9
팩시밀리 6383-1610
홈페이지 www.hanibook.co.kr
전자우편 book@hanibook.co.kr

• 값은 표지에 있습니다.

ISBN 978-89-8431-156-5 03900
ISBN 978-89-8431-155-8 03900(전2권)